会计真账实操全图解

全新升级版

赵英东　编著

中国铁道出版社有限公司
CHINA RAILWAY PUBLISHING HOUSE CO., LTD.

图书在版编目(CIP)数据

会计真账实操全图解:全新升级版/赵英东编著.—2版.—北京:中国铁道出版社有限公司,2019.6

ISBN 978-7-113-25655-5

Ⅰ.①会… Ⅱ.①赵… Ⅲ.①会计学-图解 Ⅳ.①F230-64

中国版本图书馆CIP数据核字(2019)第053079号

书　　名: 会计真账实操全图解(全新升级版)

作　　者: 赵英东

责任编辑: 王淑艳　**编辑部电话:** 010-51873457　**电子信箱:** wangsy20008@126.com

封面设计: 王　岩

责任校对: 王　杰

责任印制: 赵星辰

出版发行: 中国铁道出版社有限公司(100054,北京市西城区右安门西街8号)

网　　址: http://www.tdpress.com

印　　刷: 三河市宏盛印务有限公司

版　　次: 2017年1月第1版　2019年6月第2版　2019年6月第1次印刷

开　　本: 710 mm×1 000 mm　1/16　印张:17.5　字数:278千

书　　号: ISBN 978-7-113-25655-5

定　　价: 49.80元

前 言

“会计真账实操全图解”系列图书自出版后，不断重印，深受读者喜爱。此次再版，缘于2017年7月5日，财政部正式发布的《关于修订印发〈企业会计准则第14号——收入〉的通知》（财会〔2017〕22号）（以下简称“新收入准则”）。新收入准则改变了收入确认的理念。将对制造业、建筑施工、房地产、电信、商品零售、外贸、信息技术和软件、医疗和制药行业、媒体和其他新兴产业产生较大的影响。

新收入准则要点如下：

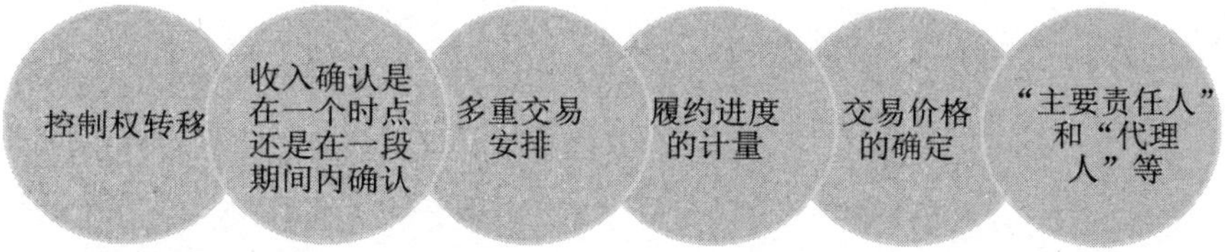

新收入准则将替代以下准则：

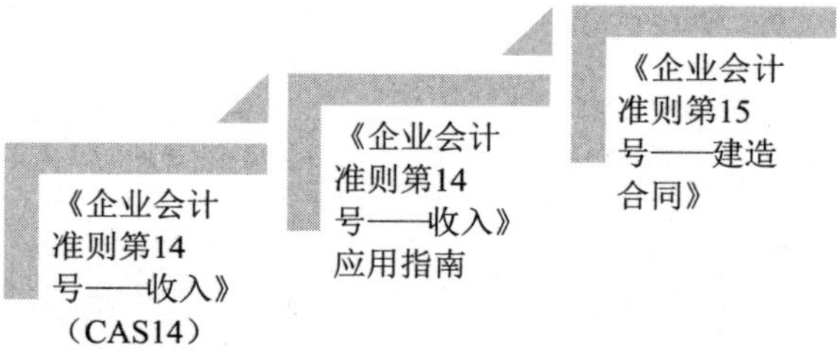

新收入准则适用于所有与客户之间的合同，但下列各项除外：

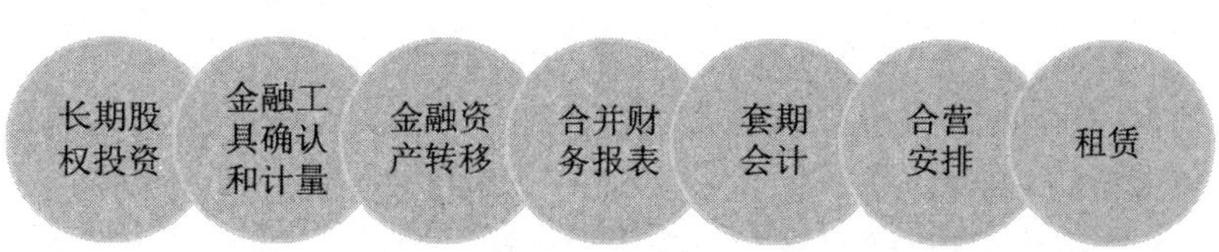

新收入准则生效时间：

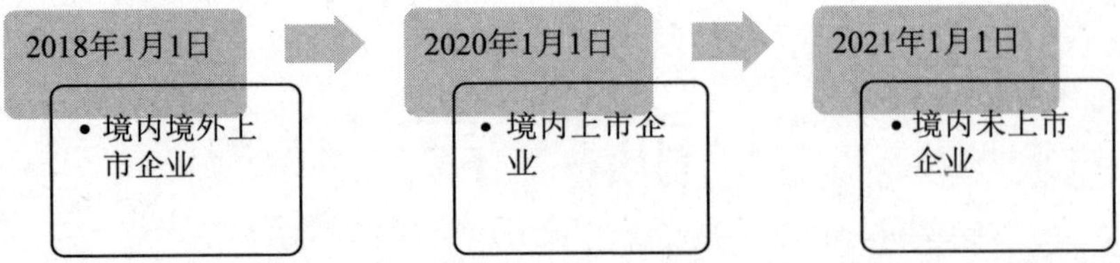

本书按照新收入准则编写。另外，为了配合新收入准则及新金融工具准则的应用，财政部颁布《关于修订印发2018年度一般企业财务报表格式的通知》（财会〔2018〕15号），对财务报表格式进行修改，本书财务报表采用新格式编制。同时根据国务院“减税降费”的精神，尽量采用最新的政策，并运用到案例中。如制造业增值税率由16%降至13%，交通运输等行业由10%降至9%等，以及其他税种，如印花税、所得税的最新变化等。

本套图书的作者是工作在财务领域的业务骨干，具有扎实的理论基础和丰富的实践经验。但由于时间有限，编书过程中难免存在着一些不足和遗憾，希望广大读者多提宝贵意见。

编者

目录

第 8 章　投资者投入资本的核算

第 9 章　期间费用的核算

第 10 章　企业税费的核算

第 11 章 资产负债表

第 12 章 利润表

第1章 会计基础知识

会计是以货币为主要计量单位（而不是以实物、劳务计量），以会计凭证为依据，运用专门的方法，对特定会计主体的经济活动进行核算和监督的一种经济管理活动。本章主要介绍会计要素、会计科目、会计账户、会计凭证等内容。

1.1 会计要素

会计要素又称会计对象要素，是指按照交易或事项的经济特征所做的基本分类，也是指对会计对象按经济性质所做的基本分类，是会计核算和监督的具体对象和内容，是构成会计对象具体内容的主要因素，分为反映企业财务状况的会计要素和反映企业经营成果的会计要素。我国《企业会计准则》明确规定了企业会计要素为：资产、负债、所有者权益、收入、费用和利润六大基本会计要素。

1.1.1 会计要素的特征与确认

资产、负债和所有者权益要素侧重于反映企业的财务状况（与资产负债表有关），收入、费用和利润要素侧重于反映企业的经营成果（与利润表有关），见表1-1。

表1-1 企业的会计要素

会计要素	特　征	确认条件
资产	(1) 资产预期会给企业带来经济利益。 (2) 资产应为企业拥有（有所有权）或者控制（没有所有权）的资源。 (3) 资产是由企业过去的交易或事项形成的。企业预期在未来发生的交易或者事项不形成资产	(1) 与该资源有关的经济利益很可能流入企业。 (2) 该资源的成本或者价值能够可靠地计量
负债	(1) 负债是企业承担的现时义务。 (2) 负债预期会导致经济利益流出企业。 (3) 负债是由企业过去的交易或者事项形成的	(1) 与该义务有关的经济利益很可能流出企业。 (2) 未来流出的经济利益的金额能够可靠地计量

续上表

会计要素	特　征	确认条件
所有者权益	所有者权益是企业资产扣除负债后，由所有者享有的剩余权益。公司的所有者权益又称为股东权益。所有者权益通常由股本（或实收资本）、资本公积（含股本溢价或资本溢价、其他资本公积）、盈余公积和未分配利润等构成	所有者权益体现的是所有者在企业中的剩余权益，其确认主要依赖于其他会计要素，尤其是资产和负债的确认；其金额的确定也主要取决于资产和负债的计量
收入	（1）收入是企业在日常活动中形成的。 （2）收入是与所有者投入资本有关的经济利益的总流入。 （3）收入（本身）会导致所有者权益的增加	第一步：识别合同； 第二步：识别履约义务； 第三步：确定交易价格； 第四步：分摊交易价格； 第五步：收入确认时点或期间
费用	（1）费用是企业在日常活动中形成的。 （2）费用是与向所有者分配利润无关的经济利益的总流出。 （3）费用（本身）会导致所有者权益的减少	（1）与费用相关的经济利益应当很可能流出企业。 （2）经济利益流出企业的结果会导致资产的减少或者负债的增加。 （3）经济利益的流出额能够可靠计量
利润	利润包括收入减去费用后的净额、直接计入当期利润的利得和损失等。直接计入当期利润的利得和损失是应当计入当期损益	主要依赖于收入和费用以及利得和损失的确认，其金额的确定也主要取决于收入、费用、利得和损失金额的计量

1.1.2　会计要素之间的关系

会计要素之间存在等式关系，即会计等式，也称会计平衡公式，或会计方程式，它是对各会计要素的内在经济关系利用数学公式所做的概括表达。即反映各会计要素数量关系的等式。它提示各会计要素之间的联系，是复式记账、试算平衡和编制会计报表的理论依据。

企业反映资产负债表要素之间的数量关系的等式是：

资产＝负债＋所有者权益

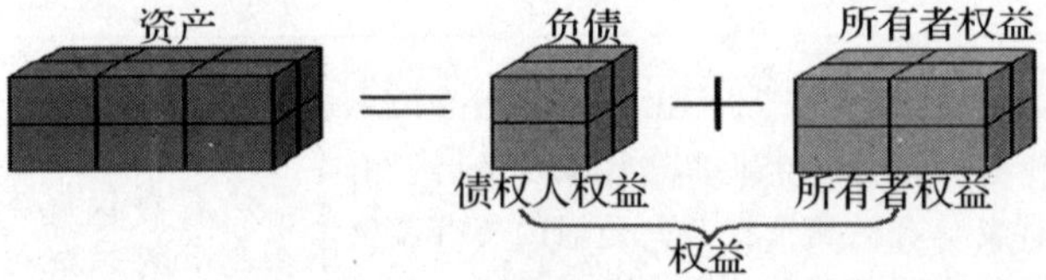

这是会计恒等式，也是静态等式。资产负债表就是根据这个基本会计等式编制的。

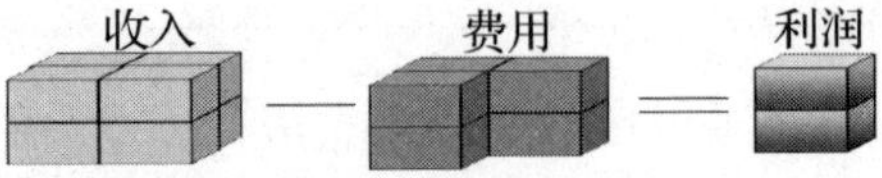

反映上面要素之间的数量关系的等式是：

收入－费用＝利润

这是动态等式，直观地反映企业当期发生的收入、费用。如果收入大于费用，即为盈利；反之则为亏损。利润表就是根据这个会计等式编制的。

1.2 会计科目与会计账户

1.2.1 会计科目

会计科目简称“科目”，是对会计要素的具体内容进行分类核算的项目。每一个会计科目都应当明确反映一定的经济内容，科目和科目之间在内容上不能相互交叉。

会计科目的设置应符合会计核算的一般原则及会计核算工作基本要求，以保证会计信息的质量。为此，企业对会计科目的设置应遵循以下原则。

1. 合法性原则

为了保证会计信息的可比性，所设置的会计科目应当符合国家统一的会计制度的规定。

2. 相关性原则

会计科目的设置，应为提供有关各方所需要的会计信息服务，满足对外报告与对内管理的要求。

3. 实用性原则

具体会计科目的设置一般是从会计要素出发，将会计科目分为资产、负债、共同、所有者权益、成本、损益六大类，涵盖了我国所有企业的交易或事项。企业在不违反会计准则中确认、计量和报告规定的前提下，可以根据本企业的实际情况自行增设、分拆、合并会计科目，见表 1-2。

表 1-2　　企业会计科目表

序号	编号	会计科目名称	序号	编号	会计科目名称
一、资产类			24	1503	可供出售金融资产
1	1001	库存现金	25	1511	长期股权投资
2	1002	银行存款	26	1512	长期股权投资减值准备
3	1012	其他货币资金	27	1521	投资性房地产
4	1101	交易性金融资产	28	1531	长期应收款
5	1121	应收票据	29	1601	固定资产
6	1122	应收账款	30	1602	累计折旧
7	1123	预付账款	31	1603	固定资产减值准备
8	1131	应收股利	32	1604	在建工程
9	1132	应收利息	33	1605	工程物资
10	1221	其他应收款	34	1606	固定资产清理
11	1231	坏账准备	35	1701	无形资产
12	1401	材料采购	36	1702	累计摊销
13	1402	在途物资	37	1703	无形资产减值准备
14	1403	原材料	38	1711	商誉
15	1404	材料成本差异	39	1801	长期待摊费用
16	1405	库存商品	40	1811	递延所得税资产
17	1406	发出商品	41	1901	待处理财产损溢
18	1408	委托加工物资	二、负债类		
19	1411	周转材料	42	2001	短期借款
20	1461	融资租赁资产	43	2101	交易性金融负债
21	1471	存货跌价准备	44	2201	应付票据
22	1501	持有至到期投资	45	2202	应付账款
23	1502	持有至到期投资减值准备	46	2203	预收账款

续上表

序号	编号	会计科目名称	序号	编号	会计科目名称
47	2211	应付职工薪酬	71	5403	机械作业
48	2221	应交税费			五、损益类
49	2231	应付利息	72	6001	主营业务收入
50	2232	应付股利	73	6011	利息收入
51	2241	其他应付款	74	6021	手续费及佣金收入
52	2401	递延收益	75	6031	保费收入
53	2501	长期借款	76	6041	租赁收入
54	2502	应付债券	77	6051	其他业务收入
55	2701	长期应付款	78	6061	汇总损益
56	2702	未确认融资费用	79	6101	公允价值变动损益
57	2801	预计负债	80	6111	投资收益
58	2901	递延所得税负债	81	6115	资产处置损益
		三、所有者权益类	82	6301	营业外收入
59	4001	实收资本	83	6401	主营业务成本
60	4002	资本公积	84	6402	其他业务成本
61	4104	利润分配	85	6403	税金及附加
62	4201	库存股	86	6411	利息支出
		四、成本类	87	6421	手续费及佣金支出
63	4101	盈余公积	88	6511	赔付支出
64	4103	本年利润	89	6601	销售费用
65	5001	生产成本	90	6602	管理费用
66	5101	制造费用	91	6603	财务费用
67	5201	劳务成本	92	6701	资产减值损失
68	5301	研发支出	93	6711	营业外支出
69	5401	工程施工	94	6801	所得税费用
70	5402	工程结算	95	6901	以前年度损益调整

新收入准则应用指南增加“合同资产”“合同负债”“合同履约成本”“合同取得成本”“合同退货成本”等会计科目，但没有给出科目代码，因此未列入表 1-2 中。

1.2.2 会计账户

会计账户是根据会计科目设置的，具有一定格式和结构，用于分类反映会计要素增减变动情况及其结果的载体。

1. 会计账户的分类

（1）按照所提供信息的详细程度及统驭关系分为总分类账户和明细分类账户。

（2）账户按经济内容可分为资产类账户、负债类账户、所有者权益类账户、成本类账户和损益类账户等五类，见表 1-3。

表 1-3　　账户按经济内容分类

账户总分类	明细分类	包含会计科目
资产类账户	流动资产类账户	库存现金、银行存款、交易性金融资产、应收账款、合同资产、原材料、库存商品等
	非流动资产类账户	长期股权投资、固定资产、累计折旧、无形资产、长期待摊费用等
负债类账户	流动性负债类账户	短期借款、应付账款、合同负债、应付职工薪酬、应交税费等
	长期负债类账户	长期借款、应付债券、长期应付款等
所有者权益类账户	投入资本类所有者权益账户	实收资本、资本公积等
	资本积累类所有者权益账户	盈余公积、本年利润、利润分配等
成本类账户	直接计入成本账户	生产成本（包括：基本生产成本、辅助生产成本）合同取得成本、合同履约成本等
	分配计入成本账户	制造费用等

续上表

账户总分类	明细分类	包含会计科目
损益类账户	营业损益类账户	主营业务收入、主营业务成本、税金及附加、其他业务收入、投资收益等
	非营业损益类账户	营业外收入、营业外支出、销售费用、管理费用、财务费用、所得税等

（3）账户按用途和结构分类。

账户按照用途和结构可以分为盘存类账户、结算类账户、跨期摊配类账户、资本类账户、调整类账户、集合分配类账户、成本计算类账户、集合配比类账户和财务成果类账户等九类。

2. 账户的结构

账户的内容具体包括账户名称，记录经济业务的日期，所依据记账凭证的编号，经济业务摘要，增减金额和余额等，见表1-4。

表1-4　　库存现金

2019年		凭证号	摘要	借方	贷方	借或贷	余额
月	日		期初余额			借	1 000
1	3	付款001	提取现金	5 000		借	6 000
1	5	付款002	支付差旅费		2 500	借	3 500
1	9	付款002	购买办公用品		800	借	2 700
1	11	收款009	销售收入	900		借	3 600
1							
1	31		本期发生额及期末余额	5 900	3 300	借	3 600

所有经济业务的发生所引起的企业资产、负债、所有者权益等的变动，从数量上看，不外乎“增加”和“减少”两种情况。因此，每个账户起码要划分出两个方位，左方（记账符号为“借”），右方（记账符号为“贷”）两个方向，一方登记增加，另一方登记减少。资产、成本、费用类账户借方登记增加额，贷方登记减少额；负债、所有者权益、收入类账户借方登记减少额，

贷方登记增加额。为了便于说明问题，可简化为左右两方，即“丁字形”账户，如图 1-1 所示。

库存现金（资产类）

借方		贷方
期初余额	1 000	
	5 000 900	2 500 800
本期发生额	5 900	3 300
期末余额	3 600	

图 1-1　库存现金丁字形账户

3. 账户中的关系

账户中登记本期增加的金额，称为本期增加发生额；登记本期减少的金额，称为本期减少发生额；增减相抵后的差额，称为余额，余额按照时间不同，分为期初余额和期末余额。其基本关系如下：

期末余额＝期初余额＋本期增加发生额－本期减少发生额

上式中的四个部分也称为账户的四个金额要素，对于不同经济内容账户反映也不同。

（1）资产类账户结构，如图 1-2 所示。

期末余额＝期初余额＋借方本期发生额合计－贷方本期发生额合计

资产类账户

借方	贷方
期初余额	
本期资产增加额 ……	本期资产减少额 ……
本期借方发生额合计	本期贷方发生额合计
期末余额	

图 1-2　资产类账户结构

（2）负债类账户结构，如图 1-3 所示。

期末余额＝期初余额－借方本期发生额合计＋贷方本期发生额合计

负债类账户

借方	贷方
	期初余额
本期负债减少额 ……	本期负债增加额 ……
本期借方发生额合计	本期贷方发生额合计
	期末余额

图 1-3　负债类账户结构

（3）所有者权益类账户结构，如图 1-4 所示。

期末余额＝期初余额－借方本期发生额合计＋贷方本期发生额合计

所有者权益类账户

借方	贷方
	期初余额
本期所有者权益减少额 ……	本期所有者权益增加额 ……
本期借方发生额合计	本期贷方发生额合计
	期末余额

图 1-4　所有者权益类账户结构

（4）收入类账户结构，如图 1-5 所示。

期末余额＝期初余额＋本期贷方发生额合计－本期借方发生额合计

收入类账户

借方	贷方
本期收入减少额： 本期转出额	本期收入增加额： ……
本期借方发生额合计	本期贷方发生额合计

图 1-5　收入类账户结构

(5) 费用类账户结构，如图 1-6 所示。

期末余额=期初余额+本期借方发生额合计−本期贷方发生额合计

费用类账户

借方　　　　　　　　　　　　　　　　　　　　　　贷方

本期费用增加额 ……	本期费用减少额 本期转出额
本期借方发生额合计	本期贷方发生额合计
期末余额	

图 1-6　费用类账户结构

(6) 成本类账户结构，如图 1-7 所示。

期末余额=期初余额+本期借方发生额合计−本期贷方发生额合计

成本类账户

借方　　　　　　　　　　　　　　　　　　　　　　贷方

期初余额	
本期成本增加额 ……	本期成本转销额 ……
本期借方发生额合计	本期贷方发生额合计
期末余额	

图 1-7　成本类账户结构

1.3　借贷记账法及会计分录

借贷记账法是编制会计分录的依据，有借必有贷，借贷必相等。

1.3.1　借贷记账法

借贷记账法是以“借”和“贷”为记账符号的一种复式记账法。我国规定所有企业、事业单位一律采用借贷记账法。

1. 借贷记账法的依据

借贷记账法的理论依据会计恒等式：

资产=负债+所有者权益

(1) 以“借”和“贷”作为记账符号

"借"和"贷"已经失去了原来的字面含义，成为专门的记账符号，其含义因账户性质而异。在借贷记账法下，"借"和"贷"的具体含义取决于账户反映的经济内容，一般以"借"表示资产和成本、费用的增加，负债、所有者权益和收入、利润的减少；以"贷"表示负债、所有者权益和收入、利润的增加，资产和成本、费用的减少。

（2）以"有借必有贷，借贷必相等"作为记账规则

采用借贷记账法，对于每笔经济业务，都要在记入一个账户借方的同时，记入另一个或几个账户的贷方；或者在记入一个账户贷方的同时，记入另一个或者几个账户的借方。而且记入借方的金额必须等于记入贷方的金额。也就是说，任何一笔经济业务所引起的一个账户借方的变化应该等于另一个账户贷方的变化，任何情况都不例外。

账户中登记本期增加的金额，称为本期增加发生额；登记本期减少的金额，称为本期减少发生额；增减相抵后的差额，称为余额，余额按照时间不同，分为期初余额和期末余额。其基本关系如下：

期末余额＝期初余额＋本期增加发生额－本期减少发生额

本期借方发生额＝在本会计期间某会计账户借方发生额的合计数

本期贷方发生额＝在本会计期间某会计账户的贷方发生额的合计数

本期期初余额＝上期期末余额

2. 试算平衡法

试算平衡是指利用"资产＝负债＋所有者权益"的平衡原理，按照记账规则的要求，通过汇总、计算和比较，来检查会计账户处理和账簿记录的正确性、完整性的一种方法，或者说通过账户余额或发生额合计数之间的平衡关系，检验记账工作正确与否的一种方法。

试算平衡有两种计算方法：一是账户发生额试算平衡法；二是账户余额试算平衡法。

（1）账户发生额试算平衡法。

在借贷记账法下，根据"有借必有贷，借贷必相等"的记账规则，所有账户的本期借方发生额合计与所有账户本期贷方发生额合计必然是相等的，可用公式表示如下：

全部账户本期借方发生额合计＝全部账户本期贷方发生额合计

【**例 1-1**】朝阳公司 2019 年 1 月 31 日，有关账户余额见表 1-5。

表 1-5 **相关账户余额**

资产账户	借方余额	负债和所有者权益	贷方金额
库存现金	880	短期借款	110 000
银行存款	970 000	应付账款	755 000
原材料	430 000	实收资本	485 880
		资本公积	50 000
合计	1 400 880	合计	1 400 880

本期发生额及余额，见表 1-6。

表 1-6 **余额试算平衡表**

会计科目	期初余额		本期发生额		期末余额	
	借方	贷方	借方	贷方	借方	贷方
库存现金	880		8 000		8 880	
银行存款	970 000		150 000	448 800	671 200	
原材料	430 000		40 000		470 000	
短期借款		110 000	250 000	35 000	105 000	
应付账款		755 000	299 000	106 800		562 800
实收资本		485 880		249 000		734 880
资本公积		50 000	20 000			30 000
管理费用			60 000		60 000	
其他应付款			5 800		5 800	
应交税费			6 800		6 800	
合计	1 400 880	1 400 880	839 600	839 600	1 327 680	1 327 680

（2）账户余额试算平衡法。

账户余额试算平衡法是根据本期所有账户借方余额合计与贷方余额合计的恒等关系，检验本期账户记录是否正确的方法。根据余额时间不同，又分为期初余额平衡与期末余额平衡两类。期初余额平衡是期初所有账户借方余额合计与贷方余额合计相等，期末余额平衡是期末所有账户借方余额合计与贷方余额合计相等。公式为：

全部账户的借方期初余额合计＝全部账户的贷方期初余额合计

全部账户的借方期末余额合计＝全部账户的贷方期末余额合计

实际工作中，余额试算平衡通过编制试算平衡表方式进行。

如果试算平衡表借方余额合计数和贷方余额合计数不相等，说明肯定存在错误，应当予以查明纠正。

【例 1-2】朝阳公司 2019 年 1 月 31 日总账账户余额如图 1-8 所示。

资　产

借	贷
库存现金	600
银行存款	30 000
应收账款	4 000
其他应收款	400
原材料	50 000
生产成本	5 000
库存商品	8 000
固定资产	1 500 000
合计	1 598 000

负债及所有者权益

借	贷
短期借款	35 000
应付账款	5 000
实收资本	1 558 000
合计	1 598 000

图 1-8　总账账户余额的计算

1.3.2　会计分录

会计分录简称分录，是依据借贷记账规则，对每一项经济业务列示出应借、应贷账户的名称及其金额的一种书面记录，即一笔会计分录主要包括三个要素：记账符号、会计科目、变动金额。

会计分录的种类包括简单分录和复合分录两种，其中简单分录即一借一贷的分录；复合分录则是一借多贷分录、多借一贷以及多借多贷分录。为了保持账户对应关系的清楚，一般不宜把不同经济业务合并在一起，编制多借多贷的会计分录。但在某些特殊情况下为了反映经济业务的全貌，也可以编制多借多贷的会计分录。例如：

借：销售费用——工资　　　45 500

　　贷：应付职工薪酬——销售中心　　　45 500

会计分录构成了记账凭证的基本内容，简单来说，会计分录的格式化就是记账凭证。在实际工作中，会计分录是通过填制记账凭证来完成的。见表 1-7。

表 1-7　　**记账凭证**

2019 年 1 月 31 日　　记字第 1 号

摘　要	会计科目		借方金额	贷方金额
	一级科目	二级或明细科目		
计提销售人员工资	销售费用	工资	45 500	
	应付职工薪酬	工资		45 500
合计	45 500	45 500		

会计主管：　记账：　出纳：　审核：　制单：

1. 会计分录编制步骤

在分析经济业务的基础上，按照会计分录的格式书写出会计分录，要按如下五个步骤。

（1）分析经济业务涉及的会计科目。

（2）确定金额增减。

（3）确定借贷方。

（4）检查应借应贷科目是否正确、借贷方及金额是否相等。

（5）编制会计分录。

2. 会计分录的书写格式

（1）先借后贷：借和贷要分行写，并且文字和金额的数字都应错开；在一借多贷或一贷多借的情况下，要求借方或贷方的文字和金额数字必须对齐。

（2）贷方记账符号、账户、金额都要比借方退后一格，表明借方在左，贷方在右。

【例 1-3】华文在线科技有限公司发生银行收款业务如下：从银行借入半年期限的借款 90 000 元；销售电子产品 20 000 元，销项增值税额 2 600 元，当即收到转账支票 22 600 元存入银行；收到银行存款利息 8 000 元。

借：银行存款　　90 000

　　贷：短期借款　　90 000

借：银行存款　　22 600

　　贷：主营业务收入　　20 000

应交税费——应交增值税（销项税额）　　2 600

借：银行存款　　8 000

贷：财务费用　　8 000

1.4 会计凭证

会计凭证，简称凭证，是记录经济活动、明确经济责任的书面证明。会计凭证多种多样，按其用途和填制程序，可以分为原始凭证和记账凭证两种。

1.4.1 原始凭证的填制与审核

原始凭证，又称单据，是在经济业务发生或完成时取得或填制的，用以记录或证明经济业务的发生或完成情况的文字凭据。它不仅能用来记录经济业务发生或完成情况，还可以明确经济责任，是进行会计核算工作的原始资料和重要依据，是会计资料中最具有法律效力的一种文件。

1. 原始凭证的分类

原始凭证是多种多样的，但可以按不同的标准将其加以分类，具体见图 1-9。

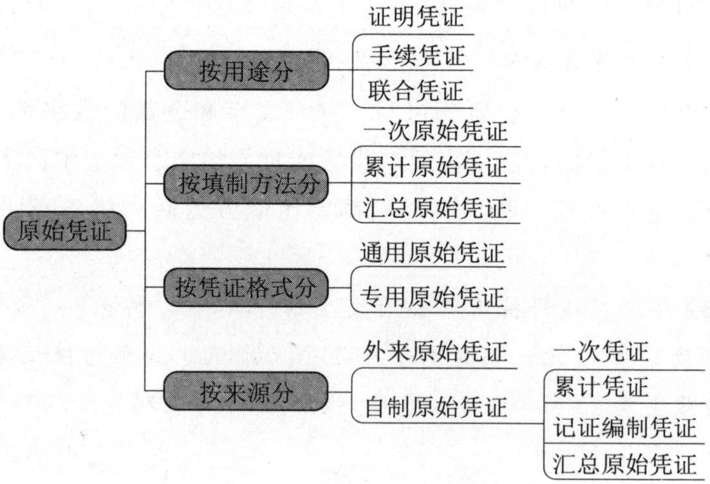

图 1-9　原始凭证分类详图

需要注意的是，原始凭证作废时不得撕毁，而应在凭证上加盖“作废”戳记，并连同存根一起保存；而且不得有涂改或挖补现象，如发现原始凭证有误，应当由开出单位重开或者更正，更正处应当加盖开出单位的公章。

原始凭证上的内容应书写完整、清楚。

作为记录和证明经济业务的发生或完成情况、明确经办单位和人员的经济责任的原始证据。

2. 原始凭证的填制要求

（1）记录要真实。

原始凭证所填列的经济业务内容和数字，必须真实可靠，符合实际情况。

（2）内容要完整。

原始凭证所要求填列的项目必须逐项填列齐全，不得遗漏和省略。

（3）手续要完备。

单位自制的原始凭证必须有经办单位领导人或者其他指定的人员签名盖章；对外开出的原始凭证必须加盖本单位公章；从外部取得的原始凭证，必须盖有填制单位的公章；从个人取得的原始凭证，必须有填制人员的签名盖章。

图 1-10 是一张完整的原始凭证。

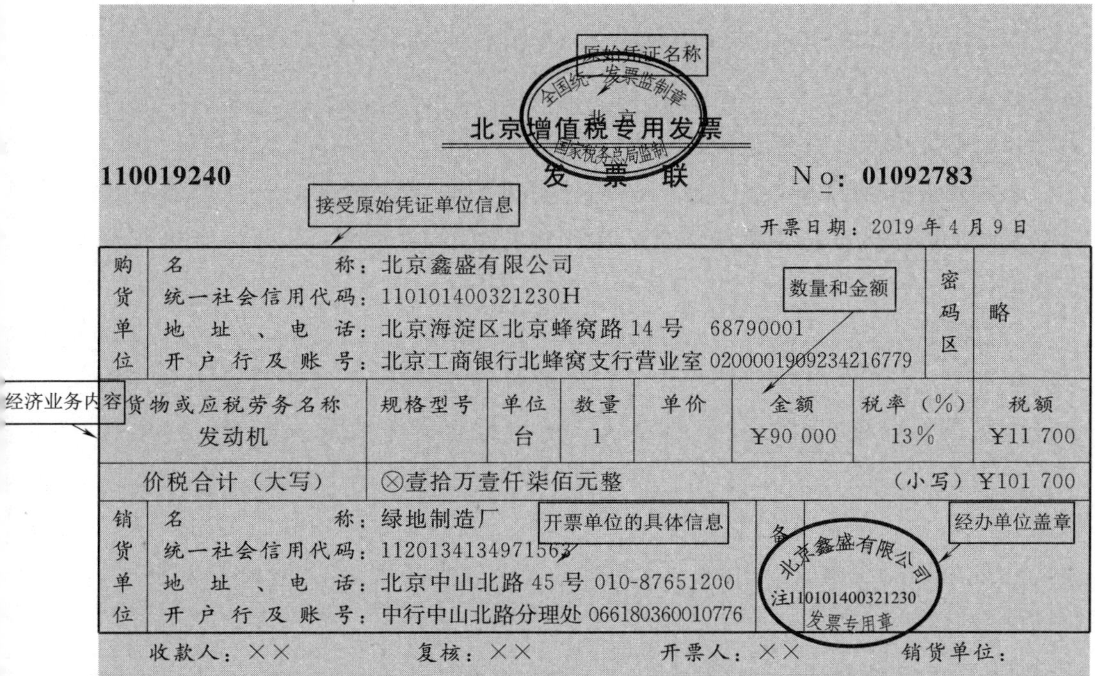

北京增值税专用发票

110019240　　发　票　联　　No：01092783

开票日期：2019 年 4 月 9 日

购货单位	名　　称：北京鑫盛有限公司 统一社会信用代码：110101400321230H 地 址 、电 话：北京海淀区北京蜂窝路 14 号　68790001 开 户 行 及 账 号：北京工商银行北蜂窝支行营业室 0200001909234216779					密码区	略	
货物或应税劳务名称	规格型号	单位	数量	单价	金额	税率（%）	税额	
发动机		台	1		¥90 000	13%	¥11 700	
价税合计（大写）	⊗壹拾万壹仟柒佰元整					（小写）¥101 700		
销货单位	名　　称：绿地制造厂 统一社会信用代码：112013413497156? 地 址 、电 话：北京中山北路 45 号 010-87651200 开 户 行 及 账 号：中行中山北路分理处 066180360010776					备注		

收款人：××　　复核：××　　开票人：××　　销货单位：

图 1-10　原始凭证记载的基本内容

(4) 书写要清楚、规范。

①原始凭证要按规定填写，文字要简要，字迹要清楚，易于辨认，不得使用未经国务院公布的简化汉字；

②大小写金额必须相符且填写规范，小写金额用阿拉伯数字逐个书写，不得写连笔字；

③在金额前要填写人民币符号“¥”。人民币符号“¥”与阿拉伯数字之间不得留有空白。金额数字一律填写到角、分，无角、分的，写“00”或符号“—”；有角无分的，分位写“0”，不得用符号“—”；

④大写金额用汉字壹、贰、叁、肆、伍、陆、柒、捌、玖、拾、佰、仟、万、亿、元、角、分、零、整等，一律用正楷或行书书写。大写金额前未印有“人民币”字样的，应加写“人民币”三个字，“人民币”字样和大写金额之间不得留有空白。

⑤大写金额到元或角为止的，后面要写“整”或“正”字；有分的，不写“整”或“正”字。如小写金额为¥ 1 008.00，大写金额应写成“壹仟零捌元整”。

(5) 编号要连续。

如果原始凭证已预先印定编号，在写错作废时，应加盖“作废”戳记，妥善保管，不得撕毁。

(6) 不得涂改、刮擦、挖补。

原始凭证有错误的，应当由出具单位重开或更正，更正处应当加盖出具单位印章。原始凭证金额有错误的，应当由出具单位重开，不得在原始凭证上更正。

(7) 填制要及时。

各种原始凭证一定要及时填写，并按规定的程序及时送交会计机构、会计人员进行审核。原始凭证的审核人员应检查有关数量、单价、金额是否正确无误，是否与实际业务一致。会计原始凭证的基本内容包括：会计原始凭证名称、填制会计原始凭证的日期、接受会计原始凭证单位名称、经济业务内容（含数量、单价、金额等）、填制单位签章、有关人员签章、凭证附件。

3. 特殊的原始凭证

一张原始凭证所列的支出需要由两个以上单位共同负担时，应当由保存该原始凭证的单位开给其他应负担单位原始凭证分割单。收到原始凭证分割单的单位以分割单作为记账凭证的附件。原始凭证分割单必须具备原始凭证的基本内容：凭证名称、填制凭证日期、填制凭证单位名称或者填制人姓名、经办人的签名或者盖章、接受凭证单位名称、经济业务内容、数量、单价、金额和费用分摊情况等，见表 1-8。

表 1-8　　原始凭证分割单

年　　月　　日　　　　编号

<table>
<tr><td>接受单位名称</td><td colspan="6"></td><td colspan="2">地址</td><td colspan="4"></td></tr>
<tr><td rowspan="2">原始凭证</td><td>单位名称</td><td colspan="5"></td><td colspan="2">地址</td><td colspan="4"></td></tr>
<tr><td>名称</td><td colspan="3"></td><td colspan="2">日期</td><td colspan="2"></td><td colspan="2">编号</td><td colspan="2"></td></tr>
<tr><td rowspan="2">总金额</td><td rowspan="2">人民币
（大写）</td><td rowspan="2"></td><td>千</td><td>百</td><td>十</td><td>万</td><td>千</td><td>百</td><td>十</td><td>元</td><td>角</td><td>分</td></tr>
<tr><td></td><td></td><td></td><td></td><td></td><td></td><td></td><td></td><td></td><td></td></tr>
<tr><td rowspan="2">分割金额</td><td rowspan="2">人民币
（大写）</td><td rowspan="2"></td><td>千</td><td>百</td><td>十</td><td>万</td><td>千</td><td>百</td><td>十</td><td>元</td><td>角</td><td>分</td></tr>
<tr><td></td><td></td><td></td><td></td><td></td><td></td><td></td><td></td><td></td><td></td></tr>
<tr><td colspan="2">原始凭证主要内容，分割原因</td><td colspan="11"></td></tr>
<tr><td colspan="2">备注</td><td colspan="11"></td></tr>
</table>

4. 原始凭证的审核

记账凭证应以审核后的原始凭证为依据，而原始凭证的审核质量取决于审核人的经验、素质、性格以及企业内控环境等的限制。

原始凭证的审核包括以下内容，见表 1-9。

表 1-9　　原始凭证的审核

审核内容	审核事项
审核发票的票面	仔细查看是否有涂改的痕迹，防止把无关的发票拿来报销，或者将小数改大数
审出具发票的单位名称	①与本单位有无经济业务关系； ②发票名称与经济内容是否相符； ③发票内容与售货单位的经营范围是否吻合

续上表

审核内容	审核事项
审核发票的抬头	查看所填单位名称是否为本单位，防止把私人或者其他单位的购货发票拿来报销
审核发票的数字	检查数量乘以单价是否等于总金额；大小写金额是否一致；小写金额前面是否有“¥”字样，大写金额前面是否顶格等
审核发票所开出物品的价格	检查与以往所购物品是否相同，如果相差过大，应查明原因
审核发票的编号	检查有无连号现象，防止把其他的发票拿来报销
审核发票的开出时间	①检查是否有同一经济内容、同一金额的发票在相近时间内出现，防止重复报账； ②检查发票之间在时间和内容上的内在联系，如购买大件商品与其运费发生的时间是否前后相距太远等
审核发票的印章	①检查有无税务部门的监制章； ②检查有无售货单位的财务专用章或发票专用章； ③检查有无经手人签章。只有印章齐全，才能报销
审核发票的备注	检查备注栏有何规定，如有无“违章罚款，不得报销”“滋补药品、费用自理”等字样
审核发票的背面	发票背面虽然没有内容，但由于发票基本上都是用复写纸写的，因而背面一般应有复写的痕迹，如果没有，应特别注意
审核发票的印制日期	按照规定，开具发票的单位每年度都应从税务部门领取本年度版本的发票，即便是可使用上一年度版本的发票，按规定也不宜时间跨度太长
审核发票的报销手续	检查有无经手人、验收人、批准人签字。如没有，应先补齐手续

此外，在审核发票时，还应注意分析一些不能通过票面而反映的问题。例如，采购物资是否存在舍近求远、舍优求劣；购买的办公用品是否只写金额，没有具体内容。如有类似的问题必须问清缘由，防止被少数人钻了空子。

5. 原始单据遗失

从外单位取得的原始凭证如有遗失，应当取得原开出单位盖有公章的证明，并注明原来凭证的号码、金额和内容等，对方原始单据存根的复印件（加盖对方财务公章），由经办单位会计机构负责人、会计主管人员和单位领导人批准后，才能代作原始凭证。

如果确实无法取得证明的，如火车、轮船、飞机票等凭证，由当事人写出详细情况，由经办单位会计机构负责人、会计主管人员和单位领导人批准后，代作原始凭证。

1.4.2 记账凭证的填制与审核

1. 记账凭证的分类

记账凭证，是会计人员根据审核后的原始凭证进行归类、整理，并确定会计分录而编制的凭证，是直接据以登账的依据。记账凭证按照不同的分类标准又可以分为不同的种类（如图 1-11 所示）。

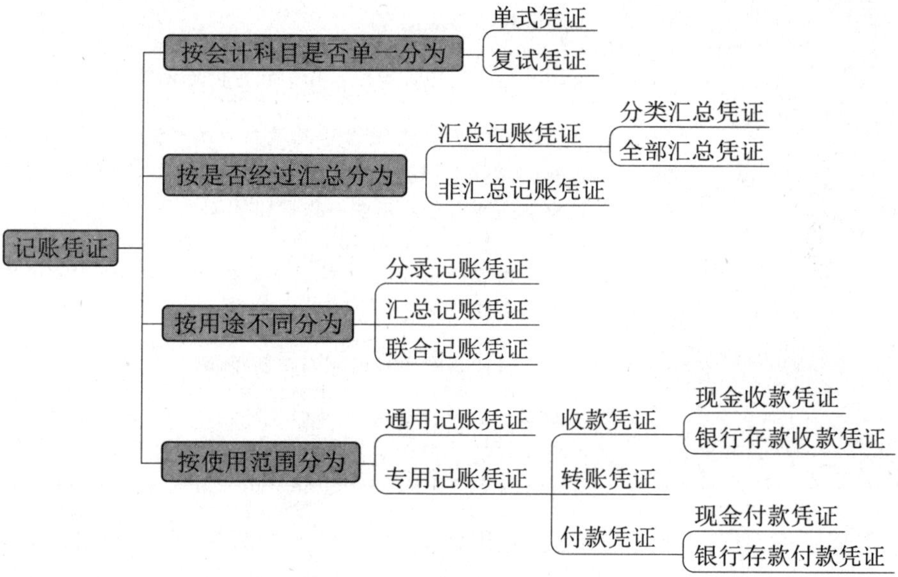

图 1-11 记账凭证分类详图

2. 记账凭证的编制

（1）记账凭证基本内容，见表 1-10。

表 1-10　　记账凭证基本内容

记账凭证基本内容	记账凭证的名称
	填制记账凭证的日期
	记账凭证的编号
	经济业务事项的内容摘要
	经济业务事项所涉及的会计科目及其记账方向
	经济业务事项的金额
	记账标记
	所附原始凭证张数
	会计主管、记账、审核、出纳、制单等有关人员的签章

（2）记账凭证基本编制要求，见表 1-11。

表 1-11　　记账凭证基本编制要求

记账凭证基本编制要求	记账凭证各项内容必须完整
	记账凭证应连续编号。一笔经济业务需要填制两张以上记账凭证的，可以采用分数编号法编号
	记账凭证的书写应清楚、规范。相关要求同原始凭证
	记账凭证可以根据每一张原始凭证填制，或根据若干张同类原始凭证汇总编制，也可以根据原始凭证汇总表填制。但不得将不同内容和类别的原始凭证汇总填制在一张记账凭证上
	除结账和更正错误的记账凭证可以不附原始凭证外，其他记账凭证必须附有原始凭证
	填制记账凭证时如果发生错误应当重新填制
	记账凭证填制完成经济业务事项后，如有空行，应当自金额栏最后一笔金额数字下的空行处至合计数上的空行处划线注销

需要注意的是，已登记入账的记账凭证在当年内发现填写错误时，可以用红字填写一张与原内容相同的记账凭证，在摘要栏注明“注销某月某日某号凭证”字样，同时再用蓝字重新填制一张正确的记账凭证，注明“订正某月某日某号凭证”字样。如果会计科目没有错误，只是金额错误，也可将正确数字与错误数字之间的差额，另编一张调整的记账凭证，调增金额用蓝字、

调减金额用红字。发现以前年度记账凭证有错误的，应当用蓝字填制一张更正的记账凭证。

3. 记账凭证的填制

记账凭证是一项重要的会计工作，如果填制时出现差错，不仅要影响到账簿登记，而且要影响到经费收支、费用归集与分配、成本计算和编制会计报表。查找与更正也要花费大量的时间和精力。

（1）收款凭证的填制。

收款凭证根据现金和银行存款收款业务的原始凭证填制。凡是涉及增加现金或者银行存款账户的金额的，都必须填制收款凭证。收款凭证左上方的“借方科目（或账户）”，应填写“库存现金”或“银行存款”；右上方应填写凭证编号。收款凭证的编号一般按“现收×号”和“银收×号”分类，业务量少的单位也可不分“现收”与“银收”，而按收款业务发生的先后顺序统一编号，如“收字×号”。“摘要”栏内填写经济业务的内容梗概；“贷方科目（或账户）”栏内填写与“库存现金”或“银行存款”科目相对应的总账（一级）科目及其所属明细（二级）科目；“金额”栏内填写实际收到的现金或银行存款数额；“记账符号”栏供记账员在根据收款凭证登记有关账簿以后做记号用，表示该项金额已经记入有关账户，避免重记或漏记。

收款凭证样式，见表 1-12。

表 1-12 　　　　　　　　　　**收款凭证** 　　　　　　　　　　总号______

借方科目：　　　　　　　　　　年　　月　　日　　　　　　　　　　收字第____号

摘要	贷方科目		账页	金额								
	一级科目	二级或明细科目		百	十	万	千	百	十	元	角	分
合计												

会计主管：　　　　记账：　　　　出纳：　　　　审核：　　　　填制：

（2）付款凭证的填制。

付款凭证是由出纳人员根据审核无误的原始凭证付款后填制的。在借贷记账法下，付款凭证左上方是贷方科目，应是“库存现金”或“银行存款”科目。在凭证内所反映的借方科目，应填列与“库存现金”或“银行存款”相对应的科目。金额栏填列经济业务实际发生的数额，在凭证的右侧填写所附原始凭证的张数，并在出纳及制单处签名或盖章。

付款凭证样式，见表1-13。

表 1-13 付款凭证 总号______

贷方科目： 年 月 日 付字第____号

摘要	借方科目		账页	金额								
	一级科目	二级或明细科目		百	十	万	千	百	十	元	角	分
合计												

会计主管： 记账： 出纳： 审核： 填制：

（3）转账凭证的填制。

转账凭证根据不涉及现金和银行存款收付的转账业务的原始凭证填制。凡是不涉及现金和银行存款增加或减少的业务，都必须填制转账凭证。

转账凭证样式，见表1-14。

表 1-14 转账凭证 总号______

年 月 日 转字第____号

摘要	一级科目	二级或明细科目	账页	借方金额									贷方金额								
				百	十	万	千	百	十	元	角	分	百	十	万	千	百	十	元	角	分
合计																					

会计主管： 记账： 出纳： 审核： 填制：

转账凭证的填制要求如图 1-12 所示。

- 要求1 → 由会计人员根据审核无误的原始凭证填制
- 要求2 → 填写日期（一般情况下按收到原始凭证的日期填写；如果某类原始凭证有几份，涉及到不同日期，可以按填制转账凭证的日期填写）和凭证编号
- 要求3 → 在凭证内填写经济业务的摘要
- 要求4 → 在凭证内填写经济业务涉及的全部会计科目，顺序是先借后贷
- 要求5 → 在“金额”栏填写金额
- 要求6 → 在凭证的右侧填写所附原始凭证的张数
- 要求7 → 在凭证的下方由相关责任人签字、盖章

图 1-12　转账凭证的填制要求

4. 记账凭证的审核

为了保证账簿记录的正确性，会计人员除了应当正确填制记账凭证外，在记账前必须对已编制的记账凭证由专人认真、严格地审核。审核的主要内容包括以下三项，如图 1-13 所示。

记账凭证审核的内容

- 对记账凭证所附的原始凭证进行审核
- 对记账凭证中使用的会计科目进行审核
- 审核记账凭证的有关要素的填写是否完备有关人员是否都已签章

图 1-13　记账凭证审核的三项内容

5. 记账凭证的附件

记账凭证的附件就是所附的原始凭证，填制记账凭证所依据的原始凭证必须附在相应的记账凭证后面，并在记账凭证上标明所附原始凭证的张数。

（1）附件为原始凭证的处理方法。

根据《会计基础工作规范》第五十一条规定，对附件应当区别不同情况进行处理。

①一张原始凭证只对应一张记账凭证的，将原始凭证直接附在记账凭证后面。

②结账的记账凭证、更正错误的记账凭证可以不附原始凭证。

③一张原始凭证涉及几张记账凭证的，有两种方法可以使用。

a. 将原始凭证附在一张主要的记账凭证后面，然后在其他记账凭证上注明附有该原始凭证的记账凭证的编号，便于查找。

b. 将原始凭证附在一张主要的记账凭证后面，然后在其他记账凭证后面附该原始凭证的复印件。

④一张原始凭证所列支的费用需要几个单位共同负担的，该原始凭证由本单位保留，附在本单位的有关记账凭证后面，给共同负担费用的其他单位开出原始凭证分割单，供其结算使用。

（2）附件张数的计算。

原始凭证附件张数应区分以下几种情况，分别计算原始凭证的张数。

①对能全面反映每笔经济业务活动情况的原始凭证，应按自然张数计算。

②对不能全面反映每笔经济业务活动情况，需要附件进行补充和说明的，应在原始凭证备注说明附件张数，并将其粘贴在一起，附件不计入原始凭证张数。

③对某类或某些原始凭证利用自制封面已进行汇总的，如差旅费报销单、支出汇总审批单等，其封面已对所反映的经济业务活动综合说明，对所附凭证张数也已注明，所以，它们应作为一张原始凭证计算。

第2章 会计机构设置与会计工作

本章介绍企业会计机构设置的基本要求。企业可根据自身规模设置会计岗位，会计人员可根据本行业特点建账，选择合适的会计账簿。

2.1 会计机构及会计岗位

2.1.1 会计机构

会计机构是指企业应当根据会计业务的需要设置会计机构，配备会计机构负责人；或者在有关机构中配备专职会计人员，指定会计主管人员。

（1）一般而言，大、中型企业和具有一定规模的行政、事业单位，以及财务收支数额较大、业务较多的社会团体和其他经济组织，应当单独设置会计机构。设置会计机构有利于本单位的会计核算，实施有效的会计监督。

（2）不具备单独设置会计机构条件的单位，应当委托经批准设立的会计师事务所或者持有代理记账许可证书的中介机构代理记账。单位（委托人）应当与代理记账机构（受托人）签订书面委托合同。代理记账机构根据合同约定，定期派人到委托人所在地办理会计核算业务；或者由委托人送交原始凭证，在代理记账机构所在地办理会计核算业务。

2.1.2 会计岗位

会计岗位是指从事会计工作、办理会计事项的具体职位。各单位应当根据会计业务需要设置会计工作岗位。会计工作一般包括以下岗位：总会计师（或行使总会计师职权）岗位；会计机构负责人（会计主管人员）岗位；出纳岗位；稽核岗位；资本、基金核算岗位；收入、支出、债权债务核算岗位；工资核算、成本费用核算、财务成果核算岗位；财产物资的收发、增减核算岗位；总账岗位；对外财务会计报告编制岗位；会计电算化岗位；会计档案管理岗位。

1. 基本会计岗位

基本会计岗位：会计主管、出纳、各岗位会计核算、稽核、会计档案管理等。小企业通常设出纳、会计、会计主管等会计岗位。

（1）出纳的基本职责如下。

出纳的基本职责

出纳的基本职责
- 负责货币资金的核算
- 填写和办理各种收、付款的票据和结算凭证
- 编制收款、付款记账凭证
- 登记现金日记账、银行存款日记账
- 月末进行银行存款的核对，编制银行存款余额调节表
- 工资的发放

（2）会计的基本职责如下。

会计的基本职责

会计的基本职责
- 编制转账凭证和有关的原始凭证
- 会计凭证的审核
- 登记明细分类账
- 成本的核算
- 财产清查

（3）会计主管的基本职责如下。

会计主管的基本职责

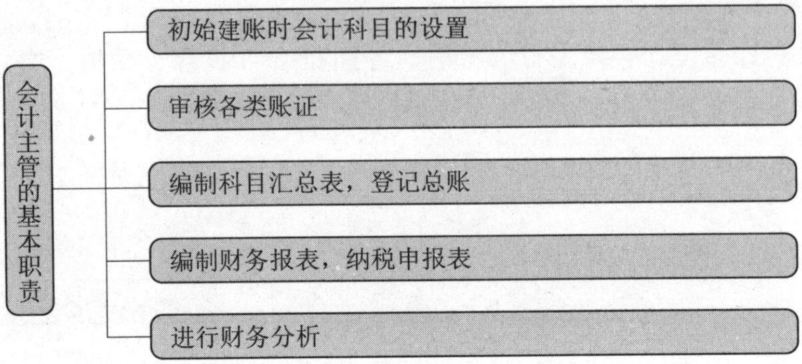

在实际工作中，出纳人员不得监管稽核、会计档案保管和收入费用、债权债务的登记工作。

2. 电算化会计岗位的要求

电算化会计岗位包括电算主管、软件操作、审核记账、电算维护、电算审查、数据分析、会计档案资料保管员。

（1）电算主管的基本职责如下。

电算主管的基本职责

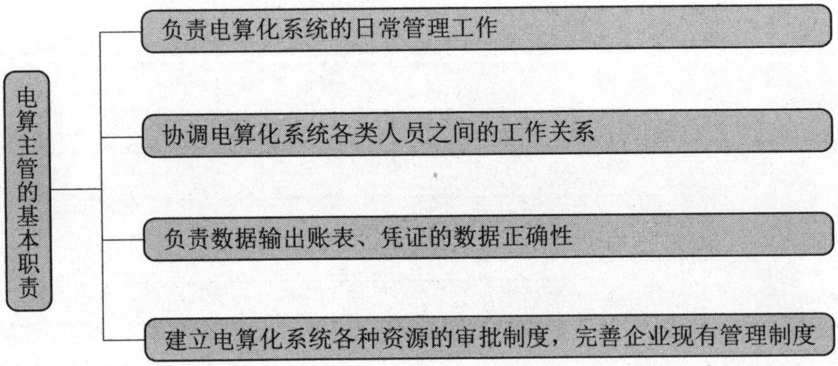

（2）软件操作员的基本职责。负责所分管业务的数据输入、数据处理、数据备份和输出会计数据的工作及安全保密工作。

（3）审核记账员的基本职责如下。

审核记账员的基本职责

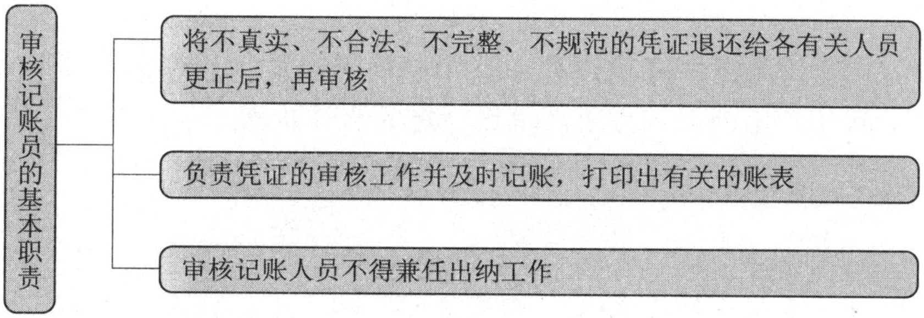

（4）电算维护员的基本职责。

①定期检查电算化系统的软件、硬件运行情况。

②应及时排除电算化系统运行中出现的软件或硬件故障。

（5）会计档案资料保管员的基本职责如下。

会计档案资料保管员的基本职责

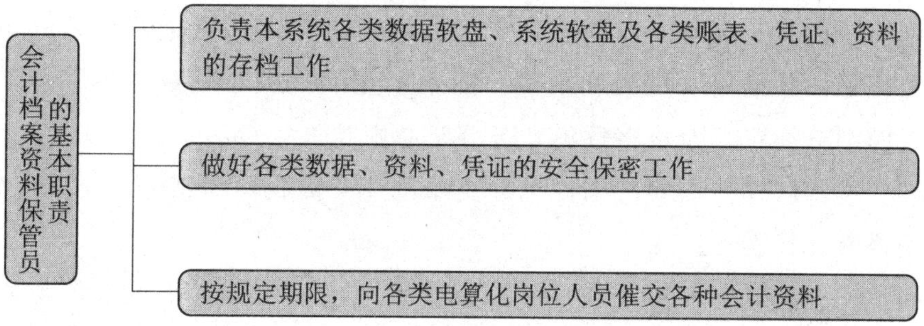

注意：软件操作岗位与审核记账、电算维护、电算审查岗位为不相容岗位。

3. 中小企业实行会计电算化后的岗位设置

中小企业应根据实际需要对电算化岗位进行适当合并，设置岗位，一人可以兼任多个工作岗位。

（1）会计主管兼任电算主管、审核记账和电算维护岗位。

（2）会计人员担任操作和会计档案资料保管岗位。

（3）应单独设立出纳员岗位。

2.2　会计工作流程

会计工作的基本流程是指在会计期间内，会计人员按照国家规定的会计制度，运用一定的会计方法，遵循一定的会计步骤对经济数据进行记录、计算、汇总、报告，从编制会计凭证、登记会计账簿到形成会计报表的过程。

2.2.1　手工记账下的会计工作流程

（1）建账。根据企业具体行业要求和将来可能发生的会计业务情况，购置所需要的账簿，然后根据企业日常发生的业务情况和会计处理程序登记账簿。建账环节一般在年初或企业开办时进行，日常一般不再进行。

（2）会计事项分析。包括经济业务分析、原始凭证审核等工作。

（3）编制记账凭证。对企业发生的经济业务进行确认和计量，并根据其结果，运用复式记账法编制会计分录，填写记账凭证。

（4）登记有关账簿。根据会计凭证分别登记有关的日记账、总分类账和明细分类账，并结出发生额和余额。如果企业的规模小，业务量不多，可以不设置明细分类账，直接将逐笔业务登记总账。

（5）编制试算平衡表。根据总分类账试算平衡表和明细分类试算平衡表，检查记账有无错误。

（6）期末调账和编制工作底稿。期末结账前，按照权责发生制原则，确定本期的应得收入和应负担的费用，并据以对账簿记录的有关账项做出必要调整，编制调账分录和试算平衡表，并结合分类账和日记账的会计数据，据以编制工作底稿，以方便下一步对账和结账工作，并为最后编制报表提供便利。

（7）对账和结账。对账是为确保账簿记录的正确、完整和真实，在有关经济业务入账以后，进行的对账工作，主要有账账核对、账证核对和账实核对。

（8）编制和报送财务报告。根据账簿记录编制资产负债表、利润表、现金流量表等，报告企业财务状况和经营成果。

2.2.2 电算化记账下的会计工作流程

（1）初始化。包括设置会计科目、设置凭证类别、设置结算方式及期初数据的录入。

（2）录入记账凭证。制单员可以直接根据原始凭证作为依据输入凭证，也可以先编制手工记账凭证作为依据输入凭证。

（3）审核会计凭证。为保证登记到账簿的每一笔经济业务的准确性和可靠性，制单员填制的每一笔凭证都必须经过审核员的审核。

（4）登记会计账簿。由计算机按照预先设定的记账程序自动进行合法性检验、科目汇总、登记账簿的操作。

（5）对账与结账。期末通过核对总账与明细账、总账与辅助账之间的账账核对后，将科目余额结转到下期，并进行结账处理。

（6）打印会计凭证及会计账簿。记账凭证可在录入的同时打印出来，也可在记账后一起打印；账簿一般在结账后打印。

（7）编制会计报表。可以根据设定直接生成会计报表。

2.3 建账

新建单位和原有单位在年度开始时，会计人员均应根据核算工作的需要设置账簿，即平常所说的“建账”。设置的账簿要符合企业生产经营规模和经济业务的特点。

2.3.1 手工建账

1. 选择账簿

不同企业单位所需用的账簿是不尽相同的。但不管账簿的格式如何，从其所起的作用看，大致可分为序时账簿、分类账簿与备查账簿。

（1）序时账簿。

序时账簿亦称日记账，是按经济业务发生时间的先后顺序，逐日逐笔登记的账簿。一般用于库存现金和银行存款账户，如图 2-1 所示。

现金日记账

年		凭证编号	摘要	对应科目	借方									√	贷方									√	余额								
月	日				百	十	万	千	百	十	元	角	分		百	十	万	千	百	十	元	角	分		百	十	万	千	百	十	元	角	分

图 2-1　现金日记账

（2）分类账簿。

分类账簿包括总分类账簿和明细分类账簿。

①总分类账簿。总分类账簿是根据总分类科目开设账户，用来登记全部经济业务，进行总分类核算，提供总括核算资料的分类账簿，又称“总分类账”，简称“总账”。总分类账的账页格式，一般采用“借方”“贷方”“余额”三栏式，如图 2-2所示。

总分类账

科目________　编码________　________年度

年		记账凭证号数	摘要	对方科目	借方										贷方										借或贷	余额									
月	日				千	百	十	万	千	百	十	元	角	分	千	百	十	万	千	百	十	元	角	分		千	百	十	万	千	百	十	元	角	分

图 2-2　总分类账

②明细分类账。明细分类账簿也称明细分类账，简称明细账。根据二级会计科目或明细子目开设账页、明细登记某一类经济业务的账簿，明细分类账簿是根据企业单位经营管理的需要由企业单位自主设置。一般说来，企业对各种财产物资、费用成本和收入成果、债权债务等往来款项，都应在有关总账科目下设置明细分类账，进行明细分类核算。按其账页格式，明细账一般分为三栏式明细分类账簿、数量金额式明细分类账簿和多栏式明细分类账簿三种。

a. 三栏式明细账。三栏式明细分类账簿的格式与三栏式总分类账簿的格式基本相同，设有“借、贷、余”三个基本栏次，适用于只需要进行金额核算，不需要进行数量核算的结算类科目的明细分类核算。例如，对“应收账款”“应收票据”“预收账款”“应付账款”“预付账款”等总账科目的明细分类核算，就可采用三栏式明细账进行，如图 2-3 所示。

应付账款明细分类账

科目______

年		记账凭证号数	摘要	对方科目	借方										贷方										借或贷	余额									
月	日				千	百	十	万	千	百	十	元	角	分	千	百	十	万	千	百	十	元	角	分		千	百	十	万	千	百	十	元	角	分

图 2-3　三栏式分类明细账

b. 数量金额式明细账。数量金额式明细分类账，一般在“收入、发出、结存”栏目下还分别设有“数量、单价、金额”等专栏，用来登记财产物资的收入、发出和结存的数量和金额。例如，对“原材料”“产成品”“固定资产”等总账科目的明细分类核算，可采用数量金额式明细账，如图 2-4 所示。

最高储存量________

最低储存量________

产成品明细分类账

本账页数	
本户页数	

编号________ 规格________ 单位________ 名称________

年		凭证		摘要	借方											贷方											借或贷	结存										
月	日	种类	号数		数量	单价	百	十	万	千	百	十	元	角	分	数量	单价	百	十	万	千	百	十	元	角	分		数量	单价	百	十	万	千	百	十	元	角	分

图 2-4 数量金额式明细账

c. 多栏式明细账。多栏式明细账适用于那些要求对金额进行分析的有关费用成本、收入成果类科目的明细分类核算，例如，对“主营业务收入”“管理费用”“销售费用”“生产成本”等总账科目的明细核算，可采用多栏式。

总分类账簿和明细分类账簿虽然各有其登记的特点，但就其在核算上的作用来说，它们是相互补充的。

（3）备查账簿。

备查账簿亦称备查簿、备查登记簿或辅助账簿。备查账簿属于辅助性账簿，它可以为经营管理提供参考资料，如委托加工材料登记簿、租入固定资产登记簿等。

2. 启用账簿

在账簿的“账簿启用登记表”上，写明单位名称、账簿名称、册数、起止页数、启用日期以及记账人员和会计主管人员姓名，并加盖名章和单位公章。记账人员或会计主管人员在本年度调动工作时，应注明交接日期、接办人员和监交人员姓名，并由交接双方签名或盖章，以明确经济责任，见表 2-1。

表 2-1　　　　　　　　　　　　　　　　账簿启用登记表

单位名称									印　鉴	
账簿名称										
册次及起讫页数		第　册　自　页　至　页								
启用起讫日期		自　年　月　日起至　年　月　日止								
会计机构负责人		记账人员			接收日期			交出日期		
姓名	盖章	职名	姓名	盖章	年	月	日	年	月	日

3. 可跨年使用的账簿

（1）卡片式账簿。如固定资产卡片等。

（2）数量金额式明细账。如仓库保管员登记的数量金额式材料明细账、库存商品明细账等。

（3）备查账。如租入固定资产备查账，受托加工材料物资备查账等。这些账簿主要记录跨年租赁业务或受托加工业务的会计信息，为便于管理，该类账簿可以连续使用；

（4）债权债务明细账（也称为往来明细账）。一些单位债权债务较多，如果更换一次新账，抄写一遍的工作量较大，可以跨年使用，不必每年更换。但是，如果债权债务尚未结算的部分较少，单位应及时将未结算的债权债务转入下年新设“债权债务明细账”中。

2.3.2　电算化建账

电算化下的建账工作，主要就是进行会计科目设置，就是将企业会计核算中所使用的会计科目逐一按系统要求描述给系统。

1. 预设会计科目

会计科目的设置必须满足会计报表编制的要求，大部分通用财务软件中已预设了一级会计科目，有的甚至还根据《企业会计制度》的规定，预设了少量二级科目，用户一般只需要结合本单位实际进一步设定其他低级科目。

以用友 EPR-U8 为例（下同），在创建账套时，在核算类型设置中，通过选择行业性质，可以对会计科目进行预设。选择行业类型如图 2-5 所示。

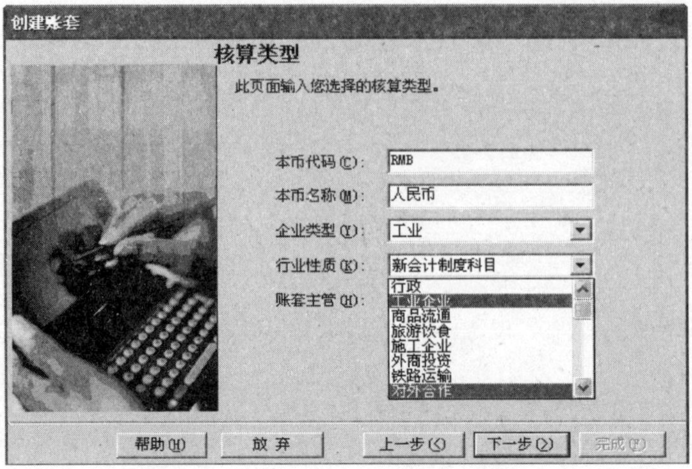

图 2-5 创建账套中选择行业类型

在行业性质中如果选择新会计制度科目，选择后生成科目编码为 4 位、科目名称为新会计制度下的预设会计科目，如图 2-6 所示。如果选择房地产企业、工业企业、商品流通、旅游饮食、施工企业、行政等行业类型，则按分行业会计制度生成科目编码为 3 位、科目名称为非新会计制度下的预设会计科目。

级次	科目编码	科目名称	外币币种	辅助核算
1	1001	库存现金		
1	1002	银行存款		
1	1009	其他货币资金		
2	100901	外埠存款		
2	100902	银行本票		
2	100903	银行汇票		
2	100904	信用卡		
2	100905	信用证保证金		
2	100906	存出投资款		
1	1503	可供出售金融资产		
2	150301	股票		
2	150302	债券		
2	150303	基金		

图 2-6 新会计制度下的会计科目

2. 科目编码级次维护

科目编码是在软件系统中为会计科目确定的统一并唯一的编码。系统设定了科目编码最大限制为 9 级 15 位，即最多设置 9 级科目，9 级科目的编码长度之和不能超过 15 位，且任何一级的最大长度都不得超过 9 位编码。

在系统中可以利用设置科目编码级次，设定会计科目分级，每级的科目编码有位数，步骤如图 2-7 所示。

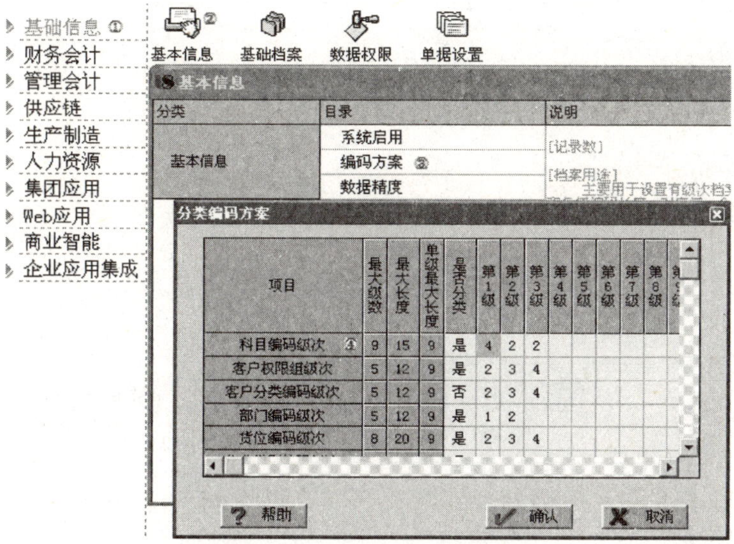

图 2-7　科目编码级次维护

（1）利用账套管理员身份登录企业门户后，打开【基础信息】菜单。

（2）双击【基本信息】，打开基本信息窗口。

（3）双击【编码方案】打开分类编码方案窗口。

（4）按照要求修改科目编码级次。

（5）单击【确认】按钮，保存退出。

3. 会计科目的维护

在我国境内，各企业间为了保证会计核算指标口径一致，便于按部门、行业、地区乃至全国范围内进行汇总，所以对于总分类科目财政部都做了统一规定，规定了统一的科目代号、名称和核算内容。任何企业都要根据本企业的特点选择使用统一的会计科目。

（1）启动会计科目维护。

打开【设置】→【会计科目】菜单，进入“会计科目”窗口，如图 2-8 所示。

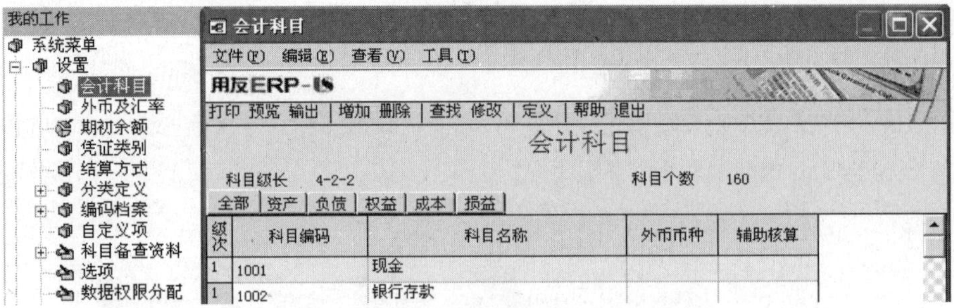

图 2-8　会计科目设置

（2）新增会计科目。

新增会计科目的步骤，如图 2-9 所示。

图 2-9　新增会计科目

①在会计科目设置界面中，单击【增加】按钮，打开“会计科目 _ 新增”对话窗口。

②在对应内容中输入科目编码、科目名称等内容。

③单击【确定】按钮保存。

（3）修改会计科目。

当科目属性有错误时，可以对错误属性进行修改。但是如果某科目已被制过单或已录入期初余额，则不能修改该科目。如要修改该科目必须先删除涉及该科目的凭证，并将该科目及其下级科目余额清零，再修改，修改完毕后要将余额及凭证补上。已使用的科目不能增加下级。

如将“1002 银行存款”修改为有“日记账”“银行账”辅助核算的科目，操作步骤如图 2-10 所示。

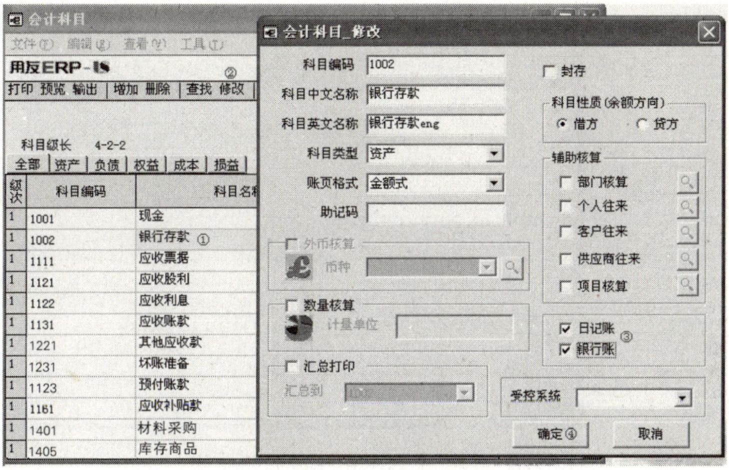

图 2-10　修改会计科目

①在会计科目设置界面中，单击选中“1002 银行存款”科目；

②单击【修改】按钮（或双击该会计科目），进入“会计科目 _ 修改”对话窗口。

③单击【修改】按钮后，单击【日记账】、【银行账】选择框。

④单击【确定】按钮。

在修改后，如果要继续修改，可以单击【第一页】、【前页】、【后页】、【最后页】按钮，找到下一个需要修改的会计科目，单击【修改】按钮继续修改。否则单击【返回】按钮，退出修改对话窗口。

（4）删除会计科目。

如果某些会计科目目前暂时不需用或者不适合本企业科目体系的特点，可以在未使用之前将其删除。

4. 录入期初余额

（1）总账科目期初余额的录入。

在初次使用账务处理系统时，应将经过整理的手工账目的期初余额录入系统，如果是年中启用账务处理系统，应先将各账户此时的余额和年初时的借贷方累计发生额计算清楚，作为启用系统的期初数据录入账务处理系统中，系统将自动计算年初余额；如果企业时在年初建账，或不反映启用日期以前的发生额，则期初余额就是年初数。

【例 2-1】 录入“银行存款”科目期初借方 3 600 000 元，操作步骤如图 2-11所示。

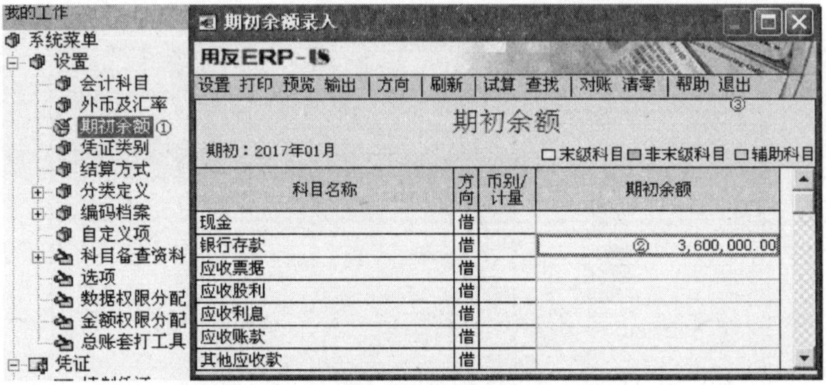

图 2-11 录入总账科目期初余额

①在“系统菜单”中，单击【设置】下的【期初余额】菜单。

②在“银行存款”科目所在行期初余额中输入“3 600 000”。

③录入后单击【退出】按钮。

在录入期初余额过程中，如果发现某个会计科目有错误，应在未录入余额的情况下，回到会计科目的功能中去修改；如果期初余额录入错误，可以在记账前直接修改。

（2）辅助账期初余额的录入。

在录入期初数据时，如果某一科目设置了辅助核算类别，系统会自动为该科目开设辅助账页，其余额不能直接输入。

5. 调整余额方向

一般情况下，系统默认资产类科目余额方向为借方，负债及所有者权益类科目余额方向为贷方，但是实际工作中也有一部分会计科目与原有的系统设置的余额方向不一致，并且没有在建立会计科目时对其进行相应的调整。在录入会计科目余额时，系统提供了调整余额方向的功能，即在还未录入会计科目余额时，如果发现会计科目的余额方向与系统设置的方向不一致时，可以利用余额方向调整功能将其余额方向调整为正确方向。

【例 2-2】将“累计折旧”的科目余额的方向由“借”调整为“贷”，操作步骤如图 2-12 所示。

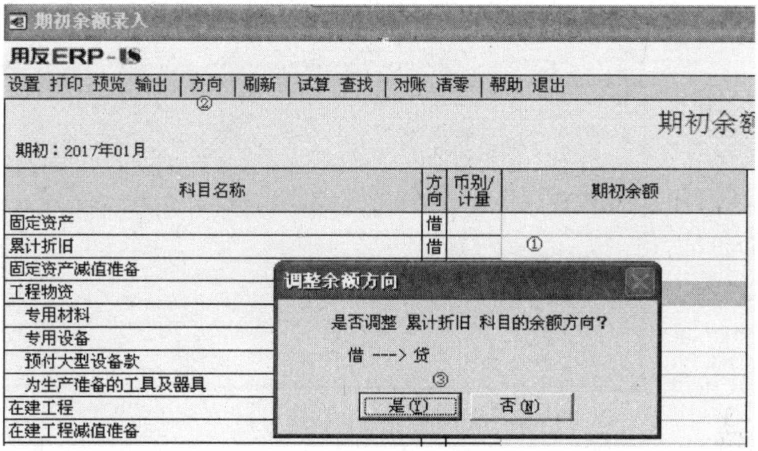

图 2-12　调整余额方向

(1) 在“期初余额录入”界面下，“累计折旧”还未输入余额时，单击“累计折旧”所在行。

(2) 单击【方向】按钮；

(3)“调整余额方向”提示对话框中，单击“是”。

6. 试算平衡

期初余额及累计发生额输入完成后，为了保证初始数据的正确性，必须依据“资产＝负债＋所有者权益”的静态平衡公式进行试算平衡，即进行期初余额平衡校验。

校验工作有计算机自动完成，校验完成后系统会自动生成一个校验结果报告，如果试算结果不平衡，则应依次逐项进行检查、更正后，再次进行试算平衡，直至平衡为止。系统约定，期初余额不平衡可以进行日常业务处理中填制凭证的操作，但是不能记账。

【例 2-3】对录入的期初余额进行试算平衡，操作步骤如图 2-13 所示。

(1) 在“期初余额录入”界面下，单击【试算】按钮。

(2) 系统显示“期初试算平衡表”，选择【打印】或【确定】。

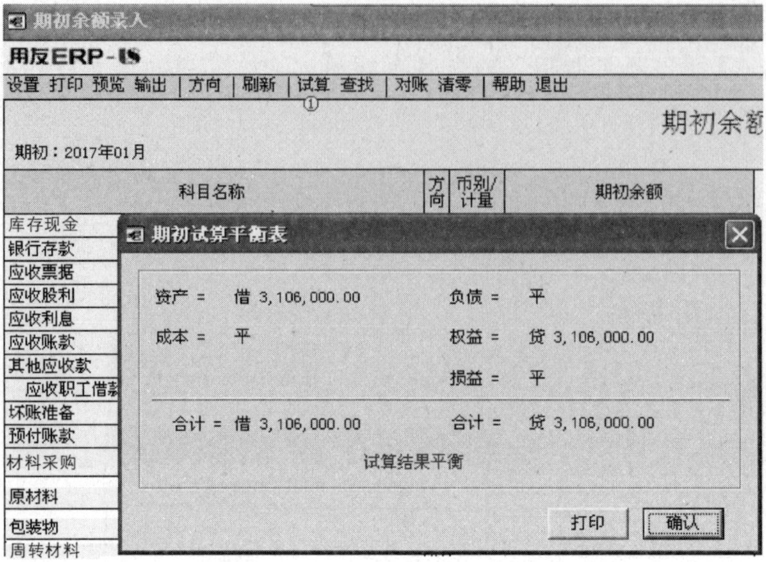

图 2-13　期初余额试算平衡

2.4　会计账簿的保管与更换

会计账簿是各单位重要的经济资料，必须建立管理制度，妥善保管。账簿管理分为平时管理和归档保管两部分。

2.4.1　会计账簿的保管

1. 账簿平时管理的具体要求

账簿的保管，既要安全、完善、机密，又要保证使用时能及时、迅速地查到。会计账簿未经领导和会计负责人或者有关人员批准，非经管人员不能随意翻阅查看会计账簿。会计账簿除需要与外单位核对外，一般不能携带外出，对必须携带外出的账簿，一般应由经管人员或会计主管人指定专人负责。会计账簿不能随意交与其他人员管理，以保证账簿安全和防止任意涂改账簿等问题发生。

2. 旧账归档保管

年度终了更换并启用新账后，对更换下来的旧账要整理装订，造册归档。归档前旧账的整理工作，包括检查和补齐应办的手续，如改错盖章、注销空行及空页、结转余额等。活页账应撤出未使用的空白账页，再装订成册，并注明各账页号数。旧账装订时应注意：活页账一般按账户分类装订成册，一个账户装订成一册或数册；某些账户账页较少，也可以合并装订成一册。装订时应检查账簿扉页的内容是否填写齐全。装订后应由经办人员及装订人员、会计主管人员在封口处签名或盖章。旧账装订完毕应编制目录和编写移交清单，然后按期移交档案部门保管。各种账簿同会计凭证和会计报表一样，都是重要的经济档案，必须按照制度统一规定的保存年限妥善保管，不得丢失和任意销毁。根据《会计档案管理办法》的规定，总分类账、明细分类账、辅助账、日记账均应保存30年。涉外和对私改造账簿应永久保存。保管期满后，应按照规定的审批程序报经批准后才能销毁。

2.4.2 会计账簿的更换

会计账簿的更换是指在会计年度终了，将上年旧账更换为次年新账。

1. 更换新账的程序

更换新账的程序是：年度终了，在本年有余额的账户“摘要”栏内注明“结转下年”字样。在更换新账时，注明各账户的年份，在第一行“日期”栏内写明1月1日；“记账凭证”栏空置不填；将各账户的年末余额直接抄入新账余额栏内，并注明余额的借贷方向。过入新账的有关账簿余额的转让事项，不需要编制记账凭证。在新的会计年度建账并不是所有的账簿都更换为新的。一般来说，现金日记账、银行存款日记账、总分类账、大多数明细分类账应每年更换一次。但是有些财产物资明细账和债权债务明细账，由于材料品种、规格和往来单位较多，更换新账的工作量较大，因此，可以跨年度使用，不需要每年更换一次。第二年使用时，可直接在上年终了的双线下面记账。另外各种备查簿也可以连续使用。

2. 会计凭证的管理

会计凭证的管理包括会计凭证的整理和保管两个方面的工作。

（1）会计凭证的整理工作。

会计凭证的整理是指财会部门根据会计凭证记账以后，应将各种记账凭证连同所附原始凭证，对各种会计凭证要分门别类、按照编号顺序整理，装订成册。封面上要注明会计凭证的名称、起讫号、时间以及有关人员的签章，妥善保管。在年度结束后，应归入档案。

常见的会计凭证进行装订的格式，见表 2-2、表 2-3。

表 2-2　会计凭证装订封皮

年　　月　　第　　册

记账凭证汇总表自	号至	号共	张
记账凭证自	号至	号共	张
附件自	号至	号共	张
单位名称	装订　　年　　月　　日 会计主管　　装订人		

表 2-3　抽出、补附凭证登记表

年	月	日	所在传票号	张数	抽出或补附理由	会计主管签章	经办人签章

（2）会计凭证的保管工作。

会计凭证是会计档案的重要组成部分，是记录和反映经济业务的重要史料和证据。企业应该加强会计档案管理工作的领导，建立和健全会计档案的立卷、归档、保管、借阅和销毁制度，切实把会计档案管好。

要妥善保管好会计凭证，在保管期间会计凭证不得外借，对超过所规定期限（一般是 30 年）的会计凭证，要严格依照程序销毁。需要永久保留的有关会计凭证，不能销毁。

第3章 新收入准则图解与应用

2017年7月，财政部公布了修订的《企业会计准则第14号——收入》（财会〔2017〕22号）（以下简称“新收入准则”）。新收入准则修订主要是为了与2014年5月发布的《国际财务报告准则第15号——客户合同收入》（IFRS 15）保持趋同。

3.1 新收入准则如何确认收入

现行准则收入确认时以“风险报酬转移”为判断依据，而新收入准则对收入确认的核心原则是“控制权转移”（即在企业将商品或服务的控制权转移给客户的时点或过程中以其预计有权获得的金额予以确认），并采用“五步法”模型确认收入。

3.1.1 新收入准则适用范围和生效时间

新收入准则适用于所有与客户之间的合同，但下列各项除外：

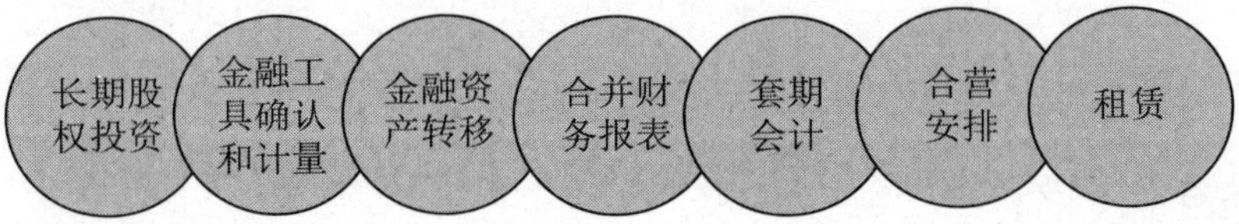

新收入准则生效时间：

新收入准则将替代以下准则：

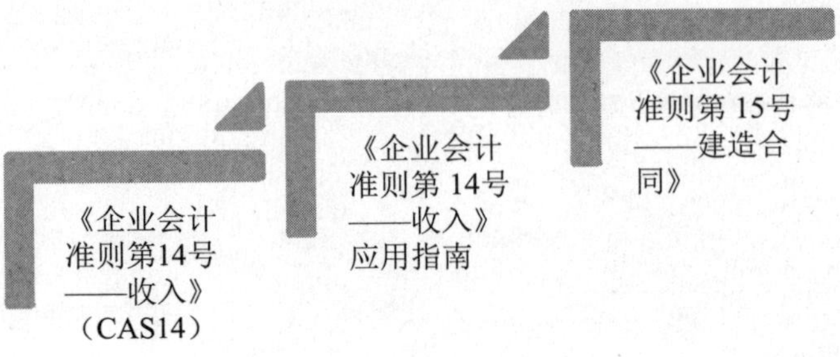

3.1.2 “五步法”模型

什么是“五步法”模型？五步法是通过识别合同、履约义务、交易价格等确认收入。

- 识别与客户订立的合同
- 识别合同中的单项履约义务
- 确定交易价格
- 将交易价格分摊至各单项履约义务
- 履行每一单项履约义务时确认收入

新收入准则完全颠覆以前收入确定的方法，需要我们的大脑全部清零，重新接受新收入准则“五步骤”。企业应增强合同意识、规范合同管理，提升企业收入信息的质量和透明度，并提高企业间收入信息的可比性。

新收入准则对房地产、建筑施工、零售、电商、网络游戏、软件、电信及制造行业产生较大的影响。

对房地产行业的影响

- ☑ 对价可收回性评估的影响
- ☑ 预售业务收入确认时间
- ☑ 已竣工房产的销售时点
- ☑ 合同是否包含可变对价
- ☑ 交易价格是否存在重大融资成分
- ☑ 合同成本的确认

对建筑施工行业的影响

- ☑ 合同订立之前的成本资本化问题
- ☑ 建筑合同是否为一项履约义务
- ☑ 在某一时段内还是在某一时点确认收入
- ☑ 可变对价
- ☑ 合同变更

对制造行业的影响

- ☑ 合同取得成本资本化
- ☑ 固定造价合同受到后续订单变化影响的会计处理
- ☑ 退货权和退款权的会计处理
- ☑ 产品交付之前（开单留置）能否确认收入
- ☑ 激励付款额的会计处理
- ☑ 标准质保和展期质保的会计处理
- ☑ 是否可能在客户签字验收之前确认收入
- ☑ 汽车零件和部件的收入确认时点

对电商行业的影响

- ☑ 自营销售下的收入确认时点
- ☑ 7天无理由退货的收入确认
- ☑ 预付费购物卡的会计处理
- ☑ 主要责任人和代理人的识别
- ☑ 存在多个履约义务的交易价格分摊
- ☑ 客户积分和优惠券的会计处理
- ☑ 向客户分期收款的会计处理
- ☑ 供应商返利的会计处理

对零售行业的影响

- ☑ 折扣、返利和其他激励措施的计量
- ☑ 合同生产安排的计量
- ☑ 质量保证
- ☑ 退货
- ☑ 授权许可和特许经营的计量

对软件行业的影响

- ☑ 软件合同成立的时点
- ☑ 合同变更
- ☑ 单独要素与单独履约义务识别差异问题
- ☑ 可变对价、收入确认时点
- ☑ 履约义务交易价格的确定

3.1.3 如何识别合同

新收入准则引进合同与客户这两个名词：

客户

是指与企业订立合同以向该企业购买其日常活动产出的商品或服务并支付对价的一方

合同

是指双方或多方之间订立有法律约束力的权利义务的协议

1. 客户

如果合同对方与企业订立合同的目的是共同参与一项活动（如合作开发一项资产），合同对方和企业一起分担（或分享）该活动产生的风险（或收益），而不是获取企业日常活动产出的商品，则该合同对方不是企业的客户，企业与其签订的该份合同也不属于本准则规范范围。

2. 合同

（1）合同的形式如下。

书面形式

是指合同书、信件和数据电文(包括电报、电传、传真、电子数据交换和电子邮件）等可以有形地表现所载内容的形式。例如企业之间的购销合同

口头形式

是指当事人双方就合同内容面对面或以通信设备交谈达成协议

其他形式

默示合同，指当事人未用语言或文字明确表示意见，而是根据当事人的行为表明其已经接受或在特定的情形下推定成立的合同。例如去超市购买矿泉水，付款后，矿泉水的控制权转移至客户手中

（2）合同订立的方式。

根据《合同法》规定，当事人采取要约、承诺方式订立合同。

要约是一方当事人以缔结合同为目的，向对方当事人提出合同条件，希望对方当事人接受的意思表示。发出要约的当事人称为要约人，要约所指向的对方当事人则称为受要约人。

1

- 承诺应当以通知的方式做出，通知的方式可以是口头的，也可以是书面的。一般来说，如果法律或要约中没有规定必须以书面形式表示承诺，当事人就可以口头形式表示承诺

2

- 根据交易习惯或当事人之间的约定，承诺也可以不以通知的方式，而以通过实施一定的行为或以其他方式做出

承诺是受要约人同意要约的意思表示。

（3）合同成立的时间。

依据《合同法》第四十四条到五十一条，规定合同生效的四种情形如下：

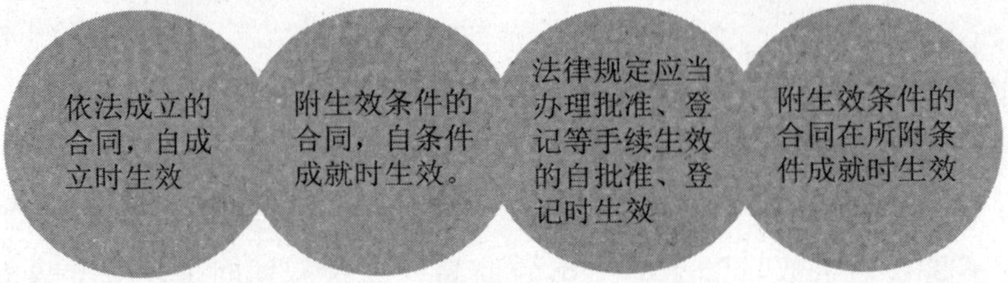

3. 合同变更

合同变更，是指经合同各方批准对原合同范围或价格做出的变更。合同变更既可能形成新的具有法律约束力的权利和义务，也可能是变更了合同各方现有的具有法律约束力的权利和义务。

【例 3-1】 红云宾馆购入 500 张木床，每张 1 800 元，已安装 440 张木床。宾馆有 20 间贵宾房，需要木床 60 张，管理层决定换成纯实木床，每张售价 4 000元，另外贵宾房又增加 40 套沙发，每套 2 000 元，总计 80 000 元。

本案例中，约定商品变更前后，可明确区分。红云宾馆原合同按 792 000 元（1 800×440）确认，旧合同终止。按新合同执行：新合同价款＝1 800×440＋4 000×60＋40×2 000＝1 112 000（元）

企业应当区分下列三种情形对合同变更分别进行会计处理：

（1）合同变更增加了可明确区分的商品及合同价款，且新增合同价款反映了新增商品单独售价的，应当将该合同变更部分作为一份单独的合同进行会计处理。

比如，盛世华堂公司从永明家具厂购入一批办公桌，双方签订合同，价款 5 600 元，办公桌运抵后公司验收质量很好。盛世华堂公司又从该家具厂购入一套沙发，价格 8 900 元。

对于永明家具厂来说，办公桌和沙发有各自的价格，区分很清楚，应当分别确认收入，即将后补的沙发作为一份单独的合同进行会计处理。

（2）合同变更不属于（1）规定的情形，且在合同变更日已转让的商品与未转让的商品之间不可明确区分的，应当将该合同变更部分作为原合同的组成部分进行会计处理，由此产生的对已确认收入的影响，应当在合同变更日调整当期收入。

【例 3-2】顺青康乐中心实行会员制，凡是该中心会员，分为月度会员、季度会员和年度会员，享受不同的优惠办法。月度会员每月 1 000 元，季度会员 2 700 元，年度会员 9 600 元，会员补差价即可升级。苏明于 2019 年 1 月 1 日缴纳 1 000 元，加入月度会员；2 月 1 日，补差 1 700 元，成为季度会员；4 月 1 日补差 6 900 元，成为年度会员。

顺青康乐中心确认收入如下：

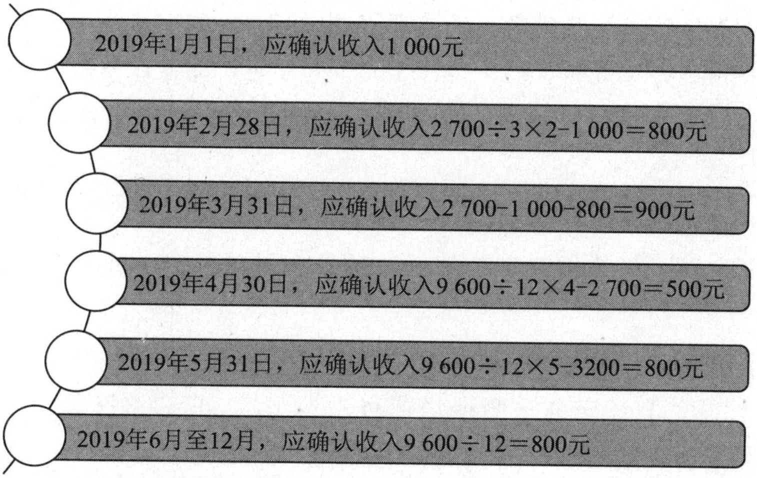

2 月 28 日，合同变更当期，将以前月度合同累计差异调入当期收入。以前月度已确认收入 1 000 元，按变更后合同确认收入 2 700÷3＝900（元），以前月度多确认 100 元，2 月应确认收入 900 元，扣除以前月份多确认的 100 元，当月实际确认收入 800 元。

4 月 30 日，合同变更当期，将以前月度合同累计差异调入当期收入。以前月度已确认收入 2 700 元，按变更后应确认收入 9 600÷12×3＝2 400 元，以前季度差异 2 700－2 400＝300 元。4 月应确认收入 800 元，扣除以前月份多确认的 300 元，当月实际确认收入 500 元。

4. 合同合并

企业与同一客户（或该客户的关联方）同时订立或在相近时间内先后订立的两份或多份合同，在满足下列条件之一时，应当合并为一份合同进行会计处理：

1. 该两份或多份合同基于同一商业目的而订立并构成一揽子交易
2. 该两份或多份合同中的一份合同的对价金额取决于其他合同的定价或履行情况
3. 该两份或多份合同中所承诺的商品（或每份合同中所承诺的部分商品）构成单项履约义务

【例 3-3】双江酒店与雅致电子有限公司于 2019 年 1 月 4 日签订了一份会议室租赁合同，每天 5 000 元，共计 4 天，1 月 5 日又签订一份增加会议室投影仪、音响、会议主持、酒店服务等内容合同。在租赁合同基础上每天增加 400 元。

对于双江酒店来说，两个合同的商业目的，都是服务于客户的会议；两份合同的价格构成了办理会议的收入；两份合同的义务必须同时履行，形成单项履约义务。

需要注意的是，根据税法规定，不动产租赁增值税率为 9%，动产租赁增值税率 13%，会计服务与主持增值税率为 6%。所以对于双江酒店来说，必须重新签署合并后合同，否则有税务风险。所以是否合并为一项合同，还需要具体情况具体分析。

3.1.4 履约义务

新准则引入了“履约义务”的概念，明确了如何识别是否存在多个“履约义务”，以及如何将交易价格分摊到多个“履约义务”。比现行准则规定更加具体，且分摊方法也发生了变化。

履约义务，是指合同中企业向客户转让可明确区分商品的承诺。履约义务既包括合同中明确的承诺，也包括由于企业已公开宣布的政策、特定声明或以往的习惯做法等导致合同订立时客户合理预期企业将履行的承诺。

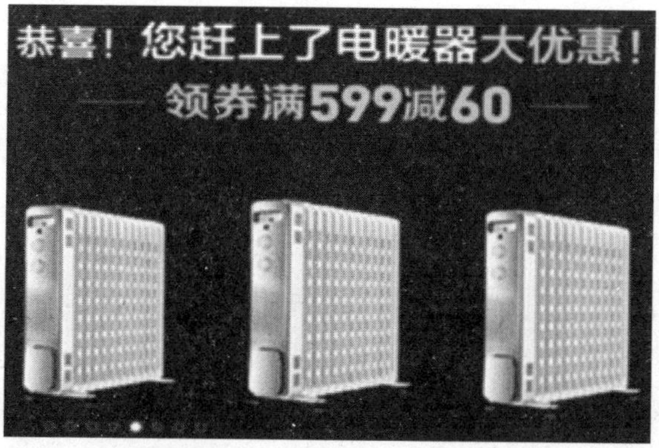

这是某企业公开宣传的资料，虽然没有书面合同，但也属于履约义务。

企业为履行合同而应开展的初始活动，通常不构成履约义务，除非该活动向客户转让了承诺的商品。

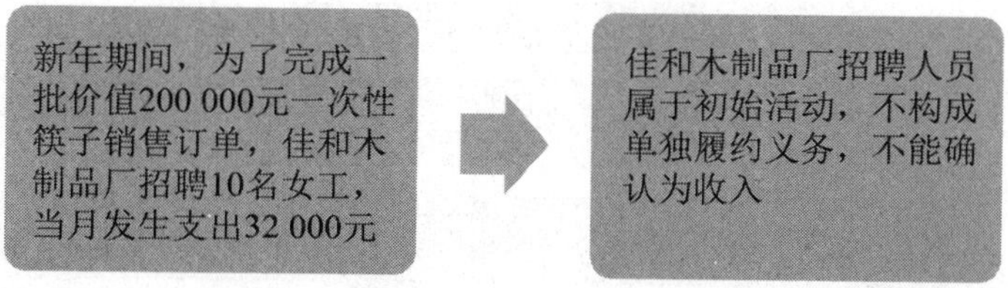

企业向客户转让一系列实质相同且转让模式相同的、可明确区分商品的承诺，也应当作为单项履约义务。

3.1.5　履约时间

新收入准则第九条规定，合同开始日，企业应当对合同进行评估，识别该合同所包含的各单项履约义务，并确定各单项履约义务是在某一时段内履行，还是在某一时点履行，然后，在履行了各单项履约义务时分别确认收入。

1. 时点

根据新收入准则第十三条规定，对于在某一时点履行的履约义务，企业应当在客户取得相关商品控制权时点确认收入。在判断客户是否已取得商品控制权时，企业应当考虑下列迹象：

- 企业就该商品享有现时收款权利，即客户就该商品负有现时付款义务
- 企业已将该商品的法定所有权转移给客户，即客户已拥有该商品的法定所有权
- 企业已将该商品实物转移给客户，即客户已实物占有该商品
- 企业已将该商品所有权上的主要风险和报酬转移给客户，即客户已取得该商品所有权上的主要风险和报酬
- 客户已接受该商品
- 其他表明客户已取得商品控制权的迹象

【例 3-4】四季春购物网站自营商品，开展迎新年打折活动。2 月 1 日是大年三十，大部分商品能在 1 月 31 日送到。但在腊月二十九（1 月 31 日）下单的商品不能保证在当天运达客户手中。该网站能否在签约收款后，或者发出商品时，确认收入？

判断标准：

a.客户能够主导该商品的使用并从中获得几乎全部的经济利益

b.企业已将该商品实物转移给客户，即客户已实物占有该商品

c.客户已接受该商品

四季春购物网站没有满足新收入准则的判断标准，即不能在发出商品或收到货款后确认收入。

2. 时间段

根据新收入准则第十一条，满足下列条件之一的，属于在某一时段内履行履约义务；否则，属于在某一时点履行履约义务：

- 客户在企业履约的同时即取得并消耗企业履约所带来的经济利益
- 客户能够控制企业履约过程中在建的商品
- 企业履约过程中所产出的商品具有不可替代用途，且该企业在整个合同期间内有权就累计至今已完成的履约部分收取款项

3.1.6 履约进度

新收入准则第十二条规定，对于在某一时段内履行的履约义务，企业应当在该段时间内按照履约进度确认收入，但是，履约进度不能合理确定的除外。企业应当考虑商品的性质，采用产出法或投入法或成本法确定恰当的履约进度。

产出法

根据已转移给客户的商品对于客户的价值确定履约进度的方法

通常可采用实际测量的完工进度、评估已实现的结果、已达到的里程碑、时间进度、已完工或交付的产品等产出指标确定履约进度

投入法

根据企业履行履约义务的投入确定履约进度的方法

通常可采用投入的材料数量、花费的人工工时或机器工时、发生的成本和时间进度等投入指标确定履约进度

成本法

实务中，通常按照累计实际发生的成本占预计总成本的比例（即成本法）确定履约进度

累计实际发生的成本包括企业向客户转移商品过程中所发生的直接成本和间接成本，如直接人工、直接材料、分包成本以及其他与合同相关的成本

1. 产出法

企业在评估是否采用产出法确定履约进度时，应当考虑具体的事实和情况，并选择能够如实反映企业履约进度和向客户转移商品控制权的产出指标。

【例 3-5】鑫发公司与广州铁路集团公司签订合同，为该客户拥有的一条

铁路更换300根铁轨，合同价格为25万元（不含税价）。截至2018年12月31日，鑫发公司共更换铁轨210根，剩余部分预计在2019年3月31日之前完成。该合同仅包含一项履约义务，且该履约义务满足在某一时段内履行的条件。假定不考虑其他情况。

本例中，鑫发公司提供的更换铁轨的服务属于在某一时段内履行的履约义务，鑫发公司按照已完成的工作量确定履约进度。

截至2018年12月31日，该合同的履约进度为＝210÷300×100％＝70％

鑫发公司应确认的收入＝25×70％＝17.5（万元）

产出法是根据能够代表向客户转移商品控制权的产出指标直接计算履约进度的，因此通常能够客观地反映履约进度。但是，产出法下有关产出指标的信息有时可能无法直接观察获得，企业为获得这些信息需要花费很高的成本，这就可能需要采用投入法来确定履约进度。

2. 投入法

当企业从事的工作或发生的投入是在整个履约期间内平均发生时，企业也可以按照直线法确认收入。

【例3-6】春阳公司经营一家健身俱乐部。2018年2月1日，某客户与春阳公司签订合同，成为春阳公司的会员，并向春阳公司支付会员费4 800元（不含税价），可在未来的12个月内在该俱乐部健身，且没有次数的限制。

本例中，客户在会籍期间可随时来俱乐部健身，且没有次数限制，客户已使用俱乐部健身的次数不会影响其未来继续使用的次数。春阳公司在该合同下的履约义务是承诺随时准备在客户需要时为其提供健身服务，因此，该履约义务属于在某一时段内履行的履约义务，并且该履约义务在会员的会籍期间内随时间的流逝而被履行。因此，春阳公司按照直线法确认收入，即每月应当确认的收入＝4 800÷12＝400（元）截至2018年12月31日，春阳公司应确认的收入＝400×11＝4 400（元）

需要说明的是，如果客户购买的是确定数量的服务，如在未来12个月内，客户可随时来健身俱乐部健身100次，则春阳公司的履约义务是为客户提供这100次健身服务，而不是随时准备为其提供健身服务的承诺。因此，春阳公司应当按照客户已使用健身服务的次数确认收入。

3. 成本法

在下列情形下，企业在采用成本法确定履约进度时，可能需要对已发生的成本进行适当的调整：

一是，已发生的成本并未反映企业履行履约义务的进度。例如，因企业生产效率低下等原因而导致的非正常消耗，包括非正常消耗的直接材料、直接人工及制造费用等，不应包括在累计实际发生的成本中，这是因为这些非正常消耗并没有为合同进度做出贡献，但是，企业和客户在订立合同时已经预见会发生这些成本并将其包括在合同价款中的除外。

二是，已发生的成本与企业履行履约义务的进度不成比例。当企业已发生的成本与履约进度不成比例，企业在采用成本法确定履约进度时需要进行适当调整，通常仅以其已发生的成本为限确认收入。对于施工中尚未安装、使用或耗用的商品（不包括服务）或材料成本等，当企业在合同开始日就预期将能够满足下列所有条件时，应在采用成本法确定履约进度时不包括这些成本：

第一，该商品或材料不可明确区分，即不构成单项履约义务

第二，客户先取得该商品或材料的控制权，之后才接受与之相关的服务

第三，该商品或材料的成本相对于预计总成本而言是重大的

第四，企业自第三方采购该商品或材料，且未深入参与其设计和制造，对于包含该商品的履约义务而言，企业是主要责任人

3.2 交易价格的确认

新收入准则对交易价格进行了详细的规定，尤其是存在可变对价、重大融资成分、非现金对价、支付给客户的价款等情形。

交易价格，是指企业因向客户转让商品而预期有权收取的对价金额。企业代第三方收取的款项以及企业预期将退还给客户的款项，应当作为负债进行会计处理，不计入交易价格。

在确定交易价格时，企业应当考虑可变对价、合同中存在的重大融资成分、非现金对价、应付客户对价等因素的影响。

可变对价 → 重大融资成分 → 非现金对价 → 应付客户对价 → 调整收入

3.2.1 可变对价

合同中存在可变对价的，企业应当按照期望值或最可能发生金额确定可变对价的最佳估计数，但包含可变对价的交易价格，应当不超过在相关不确定性消除时累计已确认收入极可能不会发生重大转回的金额。每一资产负债表日，企业应当重新估计应计入交易价格的可变对价金额。

履行或有事项相关义务导致经济利益流出的可能性，通常按照下列情况判断，见表 3-1。

表 3-1　　最佳估计数判断

结果的可能性	对应的概率区别
基本确定	$95\%<x<100\%$
很可能	$50\%<x\leqslant 95\%$
可能	$5\%<x\leqslant 50\%$
极小可能	$0\%<x\leqslant 5\%$

【例 3-7】2019 年 1 月 3 日，绿地公司与方圆公司签署协议，由绿地公司进行营销策划，如果方圆公司当年度收入比 2018 年（2018 年营业收入 2 800 万元）上涨特定比例（需要删除次年 2 月末之前的退货），在次年 3 月 1 日支付交易对价。各季度根据经营业绩，于季末预估交易对价的概率。第四季度全年累计比上年增长 32%，增长额 960 万元，预计产生退货的金额与概率见表 3-2。

表 3-2　　签署日及第一季度预估全年收入概率　　单位：元

合同约定交易对价及签署日估测概率			第一季度预估全年收入概率		
增长率 x	交易对价	概率	增长率 x	交易对价	概率
$X<20\%$	0	10%	$X<20\%$	0	4%
$20\%\leqslant X<30\%$	150	30%	$20\%\leqslant X<30\%$	150	40%

续上表

合同约定交易对价及签署日估测概率			第一季度预估全年收入概率		
增长率 x	交易对价	概率	增长率 x	交易对价	概率
$30\%\leqslant X<50\%$	240	45%	$30\%\leqslant X<50\%$	240	45%
$50\%\geqslant x$	380	35%	$50\%\geqslant x$	380	18%
期望值	$E=286$			$E=236.4$	

（1）第一季度预估收入。

合同约定交易对价及签署日期望值 $E=0\times10\%+150\times30\%+240\times45\%+380\times35\%=286$（万元）

第一季度预估全年收入期望 $E=0\times4\%+150\times40\%+240\times45\%+380\times18\%=236.4$（万元）

根据新收入准则第十六条，合同中存在可变对价的，企业应当按照期望值或最可能发生金额确定可变对价的最佳估计数，但包含可变对价的交易价格，应当不超过在相关不确定性消除时累计已确认收入极可能不会发生重大转回的金额。

当全年确认收入应为0，这种可能性极小（4%），当全年确认150万元时，极小可能需要退回，即“极可能不需要退回”。

当全年确认收入为240万元时，40%可能需要退回90（240－150）万元，4%需要退回240（240－0）万元。

当全年确认收入380万元时，40%可能需要退回230（380－150）万元，45%可能需要退回140（380－240）万元，4%可能需要退回380（380－0）万元

假设履约进度按投入法进行测量，按时间匀速投入。

第一季度应确认收入＝150×25%＝37.5（万元）

借：合同资产　　375 000

　　贷：主营业务收入　　323 275.86

　　　　应收税费——待转销项税额　　51 724.14

（2）第二季度预估全年收入概率，见表3-3。

表3-3　**第二季度预估全年收入概率**

增长率 x	交易对价	概　率
$X<20\%$	0	10%
$20\%\leqslant X<30\%$	150	25%

续上表

增长率 x	交易对价	概　率
$30\% \leqslant X < 50\%$	240	45%
$50\% \geqslant x$	380	20%
	$E=221.5$	

当全年确认收入为 0 时，有这种可能性（10%）；当全年确认 150 万元，有 10%的可能需要退回，90%的可能不需要退回，即“很可能不需要退回”；当全年确认 240 万元时，25%可能需要退回 90 万元（240－150），10%的可能需要退回 240 万元（240－0）。

当全年确认 380 万元时，25%可能需要退回 230 万元（380－150），45%的可能需要退回 140 万元（380－240），10%的可能需要退回 380 万元。

第二季度累计确认收入＝0×25%＝0（元），冲回上季度收入。

借：主营业务收入　　　　　　　　323 275.86

　　应收税费——待转销项税额　　　51 724.14

　　贷：合同资产　　　　　　　　　　　375 000

（3）第三季度预估全年收入概率，见表 3-4。

表 3-4　　第三季度预估全年收入概率

增长率 x	交易对价	概　率
$X < 20\%$	0	10%
$20\% \leqslant X < 30\%$	150	25%
$30\% \leqslant X < 50\%$	240	40%
$50\% \geqslant x$	380	25%
期望值	$E=228.5$	

当全年确认收入为 0 时，有这种可能性（10%）；当全年确认 150 万元，有 10%的可能需要退回，90%的可能不需要退回，即“很可能不需要退回”；当全年确认 240 万元时，25%可能需要退回 90 万元（240－150），10%的可能需要退回 240 万元（240－0）。

当全年确认 380 万元时，25%可能需要退回 230 万元（380－150），40%的可能需要退回 140 万元（380－240），10%的可能需要退回 380 万元。

第三季度应确认收入＝0×25%＝0（万元）

借：合同资产　　　　　　　　　　　0

贷：主营业务收入　　0

应收税费——待转销项税额　　0

（4）第四季度预估全年收入概率，见表3-5。

表 3-5　　第四季度预估全年收入概率

增长率 x	交易对价	概　率
$X<20\%$	0	0%
$20\%\leqslant X<30\%$	150	50%
$30\%\leqslant X<50\%$	240	50%
$50\%\geqslant x$	380	0%
期望值	$E=195$	

年末分析，当全年确认150万元时，100%确定需要退回；当全年确认240万元时，50%需要退回90万元。

第四季度应确认收入＝150×25%＝37.5（万元）

借：合同资产　　375 000

贷：主营业务收入　　323 275.86

应交税费——待转销项税额　　51 724.14

（5）次年2月末退货概率，见表3-6。

表 3-6　　年末预估次年2月末前退货概率

退货金额（万元）	概　率
50	10%
150	30%
200	40%
350	30%
期望值 $E=235$	

第二年2月底前退货金额50万元，因此公司上年度营业收入增长率＝（960－50）÷2 800×100%＝32.50%，最终确定可取得收入230万元。

3.2.2　重大融资成分

合同中存在重大融资成分的，企业应当按照假定客户在取得商品控制权时即以现金支付的应付金额确定交易价格。该交易价格与合同对价之间的差额，应当在合同期间内采用实际利率法摊销。

下列情形是否考虑融资成本？

融资成分	•业务情形
否	a.根据合同约定，施工企业与建设方和监理方，每月末验收工程量并结算工程量，结算日起3个月之内付款。结果延迟一年才付款
是	b.公司采购一款集成软件，按合同约定，验收之后即支付款项，价款40万元,由于对方支付了一张不带息的6个月到期的银行承兑汇票，在原合同基础上，加价2万元
否	c. 公司采购一款集成软件，按合同约定，验收之后即支付款项，价款10万元，由于对方支付了一张不带息的6个月到期的银行承兑汇票
否	d.远洋公司向大连设备制造厂定制货船，制造周期3年，每年末付款100万元，远洋公司按期支付

图 3-23

合同开始日，企业预计客户取得商品控制权与客户支付价款间隔不超过一年的，可以不考虑合同中存在的重大融资成分。

【例 3-8】 2019 年 2 月 1 日，衡水公司向某粮食经销公司销售大型烘干设备，税率 13%，现价 339 万元，给予 3 个月免费账期。12 月末，收到全部价款和利息收入 2.65（含税）万元。

（1）出售时。

借：应收账款　　3 390 000

　　贷：主营业务收入　　3 000 000

　　　　应交税费——应交增值税（销项税额）　　390 000

（2）收到价款时。

借：银行存款　　3 416 500

　　贷：应收账款　　3 390 000

　　　　利息收入　　25 000

　　　　应交税费——应交增值税（销项税额）（25 000×6%）

　　　　　　1 500

3.2.3　非现金对价

客户支付非现金对价的，企业应当按照非现金对价的公允价值确定交易价格。

1

如果由于销售商品本身，向客户或者终端消费者支付返利或者促销费、管理费等，则全部冲销企业销售收入。如果先行支付促销费，后取得收入，则在登记促销费时作为应收款项，直接冲减收入（贷记应收款项）

2

如果登记收入之后再支付返利，则在实际支付返利时冲减当期销售收入如果在成为客户之前必须优先支付的价款，如进场费，则作为购进一项权利，作为合同成本处理，不冲减收入

3

如果向客户支付对价，是因为从客户另外购置其他商品或服务，则作为购进处理，不冲减收入

【例 3-9】 九灵制药有限公司与同仁堂大药店签订协议约定，若一年之内同仁堂大药店年度采购额达到 1 000 万元，九灵制药有限公司支付现金返利 1%，如果达到 1 500 万元，将支付现金返利 2%。年底，同仁堂大药店采购额达到 1 200 万元，九灵制药有限公司向同仁堂大药店现金返利 12 万元。

（1）全年陆续作收入。

借：应收账款	12 000 000	
贷：主营业务收入		10 619 469.03
应交税费——应交增值税（销项税额）		1 380 530.97

（2）年底返利时，冲减收入。

借：主营业务收入	106 194.69	
应交税费——应交增值税（销项税额）	13 805.31	
贷：银行存款		120 000

3.2.4　应付客户对价

企业应付客户对价是为了向客户取得其他可明确区分商品的，应当采用与本企业其他采购相一致的方式确认所购买的商品。企业应付客户对价超过向客户取得可明确区分商品公允价值的，超过金额应当冲减交易价格。向客户取得的可明确区分商品公允价值不能合理估计的，企业应当将应付客户对价全额冲减交易价格。

企业应付客户（或向客户购买本企业商品的第三方）对价的，应当将该应付对价冲减交易价格，并在确认相关收入与支付（或承诺支付）客户对价二者孰晚的时点冲减收入。

3.2.5 将交易价格分摊至各单项履约义务

当合同中包含两项或多项履约义务时，需要将交易价格分摊至各单项履约义务，以使企业分摊至各单项履约义务（或可明确区分的商品）的交易价格能够反映其因向客户转让已承诺的相关商品而预期有权收取的对价金额。

合同中包含两项或多项履约义务的，企业应当在合同开始日，按照各单项履约义务所承诺商品的单独售价的相对比例，将交易价格分摊至各单项履约义务。

【例 3-10】湘江果园公司与客户签订合同，向其销售苹果、橘子、大白梨三种农产品各 3 000 千克，合同价款为 45 000 元。苹果、橘子、大白梨产品的单独售价（总价）分别为 24 000 元、10 500 元和 15 000 元，合计 49 500 元。上述价格均不包含增值税。

本例中，根据上述交易价格分摊原则：

苹果应当分摊的交易价格＝24 000×（45 000÷49 500）＝21 818.18（元）

橘子应当分摊的交易价格＝10 500×（45 000÷49 500）＝9 545.45（元）

大白梨应当分摊的交易价格＝15 000×（45 000÷49 500）＝13 636.36（元）

单独售价，是指企业向客户单独销售商品的价格。

企业在类似环境下向类似客户单独销售某商品的价格，应作为确定该商品单独售价的最佳证据。合同或价目表上的标价可能是商品的单独售价，但不能默认其一定是该商品的单独售价。例如，企业为其销售的产品制定了标准价格，但是，在实务中经常以低于该标准价格的折扣价格对外销售，此时，企业在估计该产品的单独售价时，应当考虑这一因素。

单独售价无法直接观察的，企业应当综合考虑其能够合理取得的全部相关信息，采用市场调整法、成本加成法、余值法等方法合理估计单独售价。

1. 市场调整法

市场调整法是指企业根据某商品或类似商品的市场售价考虑本企业的成本和毛利等进行适当调整后，确定其单独售价的方法。

【例 3-11】东风家具有限公司 2019 年 1 月生产茶几和沙发，既可以单卖，又可以组合销售。茶几单卖 1 200 元，沙发每只 500 元，共 4 个。五件套组合售价 3 000 元。

按照企业类似环境单独销售价格分摊履约义务：

（1）计算市价分摊比＝3 000÷（1 200＋4×500）×100％＝93.75％

（2）组合中单个沙发的交易价格＝500×93.75％＝468.75（元）

组合中茶几的交易价格＝3 000－（468.75×4）＝1 125（元）

2. 成本加成法

成本加成法，是指企业根据某商品的预计成本加上其合理毛利后的价格，确定其单独售价的方法。

【例 3-12】东风家具厂 2019 年生产的茶几和沙发，不单卖，只按组合销售，沙发茶几组合售价 2 392 元，茶几制造成本 800 元，预计毛利 200 元，沙发每只 300 元，预计毛利 100 元。

（1）计算市价分摊比＝2 392÷（1 000＋4×400）＝92％

（2）组合中茶几交易价格＝1 000×92％＝920（元）

（3）组合中沙发交易价格＝4×400×92％＝1 472（元）

3. 余值法

余值法，是指企业根据合同交易价格减去合同中其他商品可观察的单独售价后的余值，确定某商品单独售价的方法。余值法适用于企业在商品近期售价波动幅度巨大，或者因未定价且未单独销售而使售价无法可靠确定时，可采用余值法估计其单独售价。

【例 3-13】东风家具厂新年搞优惠活动，买实木床送电视柜，销售明细见表 3-7。

表 3-7　　销售清单

品名	单价	张数	合计	赠送电视柜台数	赠送电视柜金额
RX 松木双人床	4 200	10	42 000	10	7 500
XW 黄菠萝床	2 700	5	13 500	5	3 750
UX 橡木床	3 400	8	27 200	8	6 000
合计		23	82 700	23	17 250

电视柜收入＝17 250 元，木床收入＝82 700－17 250＝65 450（元）

3.3 账户设置与主要账务处理

企业应当正确记录和反映与客户之间的合同产生的收入及相关成本费用。收入类账户有“主营业务收入”“其他业务收入”。新增的“合同资产”“合同负债”在本书其他章节中有详细介绍，此处就不赘述。

3.3.1 “主营业务收入”账户

“主营业务收入”账户核算企业确认的销售商品、提供服务等主营业务的收入。本账户可按主营业务的种类进行明细核算。

主营业务收入账户

借方	贷方
收入减少或结转额	收入增加额
本期发生额（收入减少额合计）	本期发生额（收入增加额合计）

主营业务收入的主要账务处理如图 3-1 所示。

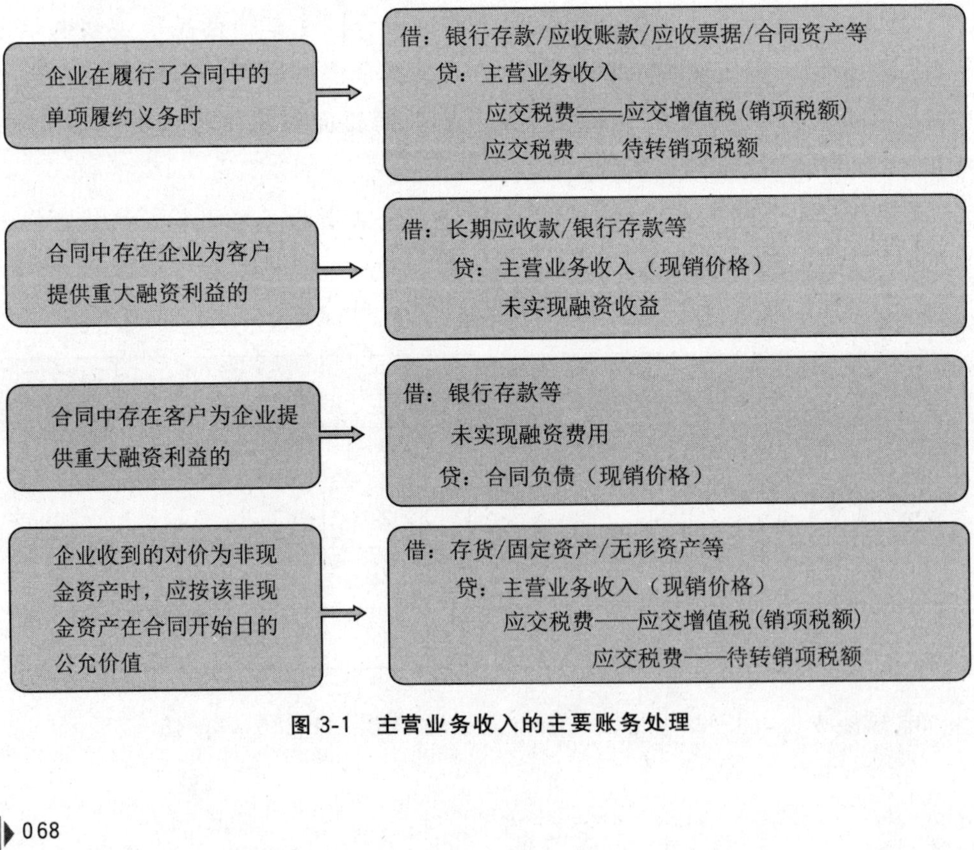

图 3-1 主营业务收入的主要账务处理

【例 3-14】2019 年 4 月 9 日，扬子电子有限公司销售一批电子产品，增值税专用发票上注明售价为 1 975 000 元，增值税额为 335 750 元。丽家家居有限公司已收到商品并验收入库，同时支付货款。此批电子产品生产成本为 719 900 元。相关单据见表 3-8、表 3-9。

深圳增值税专用发票

（全国统一发票监制章 国家税务总局监制）

442019240　　　　记　账　联　　　　No: 010965544

开票日期：2019 年 4 月 9 日

购货单位	名　　称：丽家家居有限公司 统一社会信用代码：99840101400324327 地　址　、电　话：深圳白树区玉林大道 12 号　88790565 开户行及账号：深圳工商银行玉林支行营业室 265004309234213566					密码区	略
货物或应税劳务名称	规格型号	单位	数量	单价	金额	税率（%）	税额
电子产品		台	1 00	19 750	¥1 975 000	13%	¥256 750
价税合计（大写）	⊗贰佰贰拾叁万壹仟柒佰拾伍元整					（小写）¥2 231 750	
销货单位	名　　称：扬子电子有限公司 统一社会信用代码：99110132465422145H 地　址　、电　话：深圳市龙岗区仙霞路 114 号 64326576 开户行及账号：工商银行深圳龙岗支行 332101909234217689					备注	（扬子电子有限公司 99110132465422145H 发票专用章）

收款人：施怡和　　复核：李仁玉　　开票人：王枫　　销货单位：

图 3-8

表 3-9

中国银行进账单（回单或收账通知）

进账日期：2019 年 4 月 9 日　第 098 号

收款人	全　称	扬子电子有限公司	付款人	全　称	丽家家居有限公司
	账　号	332101909234217689		账　号	265004309234213566
	开户银行	工商银行深圳龙岗支行		开户银行	深圳工商银行玉林支行营业室

人民币（大写）：⊗贰佰贰拾叁万壹仟柒佰拾伍元整	千	百	十	万	千	百	十	元	角	分
		2	2	3	1	7	5	0	0	0

票据种类	1	工行深圳玉林支行营业室 2019.04.09 收讫 收款人开户银行盖章
票据张数	转账支票	
主管　会计　复核　记账		

此联给收款人的收账通知

根据上述业务作会计分录如下：

借：银行存款　　2 231 750

　　贷：主营业务收入　　1 975 000

　　应交税费——应交增值税（销项税额）　　256 750

同时结转成本：

借：主营业务成本　　719 900

　　贷：库存商品　　719 900

3.3.2 "合同履约成本"账户

"合同履约成本"是指公司为履行合同而发生的成本。如果不属于其他准则范围，且同时满足以下条件的，可作为合同履约成本确认为一项资产：该成本直接与取得的合同相关；该成本增加了公司未来用于履行义务的资源；该成本预期能够收回。

"合同履约成本"账户核算企业为履行当前或预期取得的合同所发生的、不属于其他企业会计准则规范范围且按照新收入准则，应当确认为一项资产的成本。企业因履行合同而产生的毛利不在本账户核算。本账户可按合同，分别"服务成本""工程施工"等进行明细核算。期末借方余额，反映企业尚未结转的合同履约成本。

合同履约成本账户

借方	贷方
期初余额	
本期成本增加额	本期成本转销额
期末余额	

例如，支付给销售人员的佣金：如果合同未签订，无需支付。因此，它是为签订合同而增加的成本。另外，公司通常认为，佣金能够在将来对合同的执行过程中收回。

尽职调查成本或差旅费：哪怕合同最终未签订，这些成本费用也会发生。因此，不能作为合同取得成本确认资产。

支付给销售人员的年度奖金：它们不完全与获取合同相关。因此，不能作为合同取得成本确认资产。

合同履约成本的主要账务处理如下。

与合同成本有关的资产，其账面价值高于下列第一项减去第二项的差额的，超出部分应当计提减值准备，并确认为资产减值损失：一是企业因转让与该资产相关的商品预期能够取得的剩余对价；二是为转让该相关商品估计将要发生的成本。

与合同履约成本有关的资产发生减值的，按应减记的金额，借记“资产减值损失”账户，贷记本账户；转回已计提的资产减值准备时，做相反的会计分录。

3.3.3 “合同取得成本”账户

“合同取得成本”账户核算企业取得合同发生的、预计能够收回的增量成本。本账户可按合同进行明细核算。期末借方余额，反映企业尚未结转的合同取得成本。

合同取得成本账户

借方	贷方
期初余额	
本期成本增加额	本期成本转销额
期末余额	

公司为取得合同发生的增量成本，如预期可收回，应当确认为一项资产。增量成本就是“不取得合同就不会发生的成本”。该资产需要摊销，摊销的期限与相关合同收入确认的时点或期间一致。如果相关合同收入确认期间不高于一年，合同取得成本可以在发生时计入当期损益。企业为取得合同发生的、除预期能够收回的增量成本之外的其他支出，例如，无论是否取得合同均会发生的差旅费、投标费、为准备投标资料发生的相关费用等，应当在发生时计入当期损益，除非这些支出明确由客户承担。

与合同取得成本有关的资产发生减值的，应计提减值损失，记入“合同取得成本减值准备”账户。

合同取得成本的主要账务理如下。

【例 3-15】根据甲公司的相关政策，销售部门的员工每取得一份新的合同，可以获得提成 210 元，现有合同每续约一次，员工可以获得提成 100 元，甲公司预期上述提成均能够收回。

本例中，甲公司为取得新合同支付给员工的提成 210 元，属于为取得合同发生的增量成本，且预期能够收回，因此，应当确认为一项资产。同样地，甲公司为现有合同续约支付给员工的提成 100 元，也属于为取得合同发生的增量成本，这是因为如果不发生合同续约，就不会支付相应的提成，由于该提成预期能够收回，甲公司应当在每次续约时将应支付的相关提成确认为一项资产。

3.3.4 “应收退货成本”账户

“应收退货成本”账户核算销售商品时预期将退回商品的账面价值，扣除收回该商品预计发生的成本（包括退回商品的价值减损）后的余额。本账户可按合同进行明细核算。期末借方余额，反映企业预期将退回商品转让时的账面价值，扣除收回该商品预计发生的成本（包括退回商品的价值减损）后的余额，在资产负债表中按其流动性计入“其他流动资产”或“其他非流动资产”项目。

应收退货成本账户

借方	贷方
期初余额	
本期成本增加额	本期成本转销额
期末余额	

应收退货成本的主要账务处理如下。

客户取得相关商品控制权时	资产负债表日重估退货率	发生销售退回
•借：银行存款/应收账款/应收票据/合同资产等 • 贷：主营业务收入/其他业务收入等 • 预计负债——应付退货款 • 应交税费——应交增值税（销项税额） •结转相关成本时 •借：应收退货成本/主营业务成本/其他业务成本 • 贷：库存商品	•借：预计负债——应付退货款 • 贷：主营业务收入 •借：主营业务成本 • 贷：应收退货成本	•借：库存商品 • 应交税费——应交增值税（销项税额） • 预计负债——应付退货款 • 贷：应收退货成本 主营业务收入 银行存款 结转成本 •借：主营业务成本 • 贷：应收退货成本

3.4 特殊交易的会计处理

特殊交易通常包括合同折扣、销售退回、销售返利、客户奖励积分、储值卡等的处理。

3.4.1 新收入准则下合同折扣的处理

商业折扣，是指企业根据市场供需情况，或针对不同的顾客，在商品标价上给予的扣除，商业折扣是企业最常用的促销方式之一。新收入准则将“商业折扣”转换成“合同折扣”并对“合同折扣”有了更明确、细致的规定：

（1）对于合同折扣，企业应当在各单项履约义务之间按比例分摊。

（2）有确凿证据表明合同折扣仅与合同中的一项或多项（而非全部）履约义务相关的，企业应当将该合同折扣分摊至相关一项或多项履约义务。

（3）合同折扣仅与合同中的一项或多项（而非全部）履约义务相关，且企业采用余值法估计单独售价的，应当按照前款规定在一项或多项（而非全部）履约义务之间分摊合同折扣，然后采用余值法估计单独售价。

【例 3-16】在京东购物平台，可无偿领用生鲜产品优惠券 100 元（1 000 元以上生鲜食品可用），200 元（2 000 元以上家具可用），300 元（3 000 元以上电子产品可用），400 元（4 000 元以上电子产品可用），陈平领用所有的优惠券，采购清单见表 3-10：

表 3-10 采购清单列表

品名	单价（元）	数量	价格（元）
带鱼	8	50（斤）	400
阳澄湖大闸蟹	220	6（斤）	1 320
手机（电子）	2 600	1（部）	2 600
合计		57	4 320
减优惠券			100
实际付款			4 220

（1）折扣分摊。

由于客户仅使用了生鲜类优惠券，所以该项折扣仅与生鲜有关，全额冲减生鲜类交易价格。

（2）余值法。

生鲜类交易价格＝4 220－2 600＝1 620（元）

（3）各生鲜明细类分摊交易价格。

①带鱼实际交易价格＝400×1 620÷（400＋1 320）＝376.74（元）

②阳澄湖大闸蟹实际交易价格＝1 620－376.74＝1 243.26（元）

3.4.2 新收入准则下销售返利的会计处理

销售返利是企业销售政策的重要部分，体现了企业对经销商的激励。一般是要求经销商或代理商在一定市场、一定时间范围内达到指定的销售额的基础上给予多少个百分点的奖励，所以称为返点或返利，形式主要分为现金或实物等。

【例 3-17】2019 年 3 月 1 日，扬子电子有限公司与客户签订合同，以每件产品 180 元的价格向其销售产品；如果客户在 2019 年全年的采购量超过 100 万件，该产品的销售价格将追溯下调至每件 160 元。该产品的控制权在交付时转移给客户。在合同开始日，扬子电子有限公司估计该客户全年的采购量能够超过 100 万件。2019 年 1 月 31 日，扬子电子有限公司交付了第一批产品共 10 万件。上述价格均不包含增值税。

扬子电子有限公司将产品交付给客户时取得了无条件的收款权，即扬子电子有限公司有权按照每件产品180元的价格向客户收取款项，直到客户的采购量达到100万件为止。由于扬子电子有限公司估计客户的采购量能够达到100万件，因此，根据将可变对价计入交易价格的限制确定每件产品的交易价格为160元。

(1) 2019年1月31日，扬子电子有限公司交付10万件产品时的账务处理为：

借：应收账款　　20 340 000

　贷：主营业务收入（160×100 000）　　16 000 000

　　预计负债——应付退货款（20×100 000）　　2 000 000

　　应交税费——应交增值税（销项税额）　　2 340 000

(2) 到2019年12月31日，客户的采购量能够达到100万件，全年金额汇总：

借：应收账款　　203 400 000

　贷：主营业务收入（160×1 000 000）　　160 000 000

　　预计负债——应付退货款　　20 000 000

　　应交税费——应交增值税（销项税额）　　23 400 000

(3) 开具增值税红字发票，返利（180－160）×1 000 000＝20 000 000（元），作账务处理：

借：应交税费——应交增值税（销项税额）（20 000 000×13%）

　　2 600 000

　预计负债——应付退货款　　20 000 000

贷：应收账款　　22 600 000

3.4.3 附有销售退回条款的销售

销售退回是顾客向卖方购买后又退同的商品，是指企业售出的商品由于质量、品种不符合要求原因而发生的退货。

现行会计准则规定："企业已经确认销售商品收入的售出商品发生销售退回的，应当在发生时，冲减当期的销售商品收入。销售退回属于资产负债表日后事项的，适用《企业会计准则第29号——资产负债表日后事项》。"

新收入准则规定："对于附有销售退回条款的销售，企业应当在客户取得相关商品（或服务）控制权时按照因向客户转让商品（或提供服务）而预期有权收取的对价金额（扣除预期因销售退回将退还的金额）确认收入，按照预期因销售退回将退还的金额确认负债；同时，按照所销售商品（或提供服务）的成本（扣除预期将退回商品的成本）结转成本，按照预期将退回商品的成本扣减收回该商品预计发生的成本（包括退回商品潜在减值）后的余额确认一项资产。"因此，需要相应的确认合同负债和合同资产。

实务中，企业进行虚假销售时经常在其后的销售退回异常变动中暴露，或是通过分销商下期采购数量的减少、折扣、回购等方式消化。

账务处理如下：

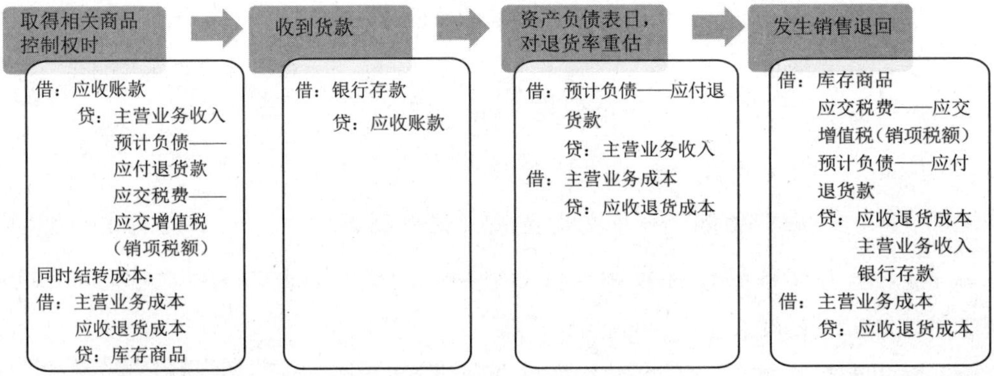

【例 3-18】扬子电子有限公司向远大公司销售 50 台 DVD 刻录机，每台 DVD 刻录机的价格为 1 200 元，成本为 860 元。根据合同约定，远大公司有权在收到 DVD 刻录机的 30 日内退货，但是需要向扬子电子有限公司支付 10%的退货费（即每台 DVD 刻录机的退货费为 120 元）。根据历史经验，扬子电子有限公司公司预计的退货率为 10%，且退货过程中，扬子电子有限公司预计为每台退货的 DVD 刻录机发生的成本为 25 元。上述价格均不包含增值税，假定不考虑相关税费影响，扬子电子有限公司在将 DVD 刻录机的控制权转移给远大公司时的账务处理为：

应收退货成本＝［（50×860×10%－50×25×10%）］＝4 300－125＝4 175（元）

借：应收账款　　　　　　　　　　　　　　　60 000

　　贷：主营业务收入　　　　　　　　　　　　　54 000

预计负债——应付退货款（50×1 200×10%）　　6 000

借：主营业务成本　　38 825

应收退货成本　　4 175

贷：库存商品（50×860）　　43 000

3.4.4 客户奖励积分的会计处理

“客户奖励积分”属于新收入准则中“附有客户额外购买选择权的销售”的一种具体体现方式。依据上述规定，对于客户选择权的“客户奖励积分”，企业应当分析判断该积分兑换的选择权是否向客户提供了一项重大权利（具有实质性）。如果客户行使该选择权能兑换到额外有价值商品时，则通常认为该选择权向客户提供了一项重大权利。该选择权向客户提供了重大权利的，应当作为单项履约义务。在判断该权利是否重大时，应该考虑金额和性质进行综合判断。

例如，企业实施一项奖励积分计划，客户每消费 10 元便可获得 1 个积分，每个积分的单独售价为 0.1 元，该积分可累积使用，用于换取企业销售的产品，虽然客户每笔消费所获取的积分的价值相对于消费金额而言并不重大，但是由于该积分可以累积使用，基于企业的历史数据，客户通常能够累积足够的积分来免费换取产品，这可能表明该积分向客户提供了重大权利。

【例 3-19】2018 年 1 月 1 日，深圳移动公司开始推行一项奖励积分计划。根据该计划，手机客户在深圳移动公司每消费 10 元可获得 1 个积分，每个积分从次月开始在购物时可以抵减 1 元。截至 2018 年 1 月 31 日，客户共消费 5 000元，可获得 500 个积分。根据历史经验，深圳移动公司估计该积分的兑换率为 80%。上述金额均包含增值税，增值税率为 6%。

本例中，深圳移动公司认为其授予客户的积分为客户提供了一项重大权利，应当作为单项履约义务。客户购买商品的单独售价合计为 5 000 元，考虑积分的兑换率，深圳移动公司估计积分的单独售价为 400 元（1×500×80%）。深圳移动公司按照商品和积分单独售价的相对比例对交易价格进行分摊：

商品分摊的交易价格＝［5 000÷（5 000＋400）］×5 000

＝4 629.63（元）

积分分摊的交易价格＝［400÷（5 000＋400）］×5 000＝370.37（元）

因此，该公司应当在商品的控制权转移时确认收入 4 367.58 [4 629.63÷(1+6%)] 元，同时，确认合同负债 349.41 [370.37÷(1+6%)] 元。

借：银行存款　　5 000

　　贷：主营业务收入　　4 367.58

　　　　合同负债　　349.41

　　　　应交税费——应交增值税（销项税额）　　262.05

　　　　应交税费——待转销项税额　　20.96

截至 2018 年 12 月 31 日，客户共兑换了 300 个积分，深圳移动公司对该积分的兑换率进行了重新估计，仍然预计客户将会兑换的积分总数为 500 个。因此，深圳移动公司以客户兑换的积分数占预期将兑换的积分总数的比例为基础确认收入。积分当年应当确认的收入为 222.22 元（300÷500×370.37）；剩余未兑换的积分为 148.15 元（370.37－222.22），仍然作为合同负债。

借：合同负债　　148.15

　　贷：主营业务收入　　148.15

假设截至 2019 年 12 月 31 日，客户累计兑换了 450 个积分。深圳移动公司对该积分的兑换率进行了重新估计，预计客户将会兑换的积分总数为 500 个。积分当年应当确认的收入为 185.18 元（450÷500×370.37－148.15）；剩余未兑换的积分为 37.04 元（370.37－148.15－185.18），仍然作为合同负债。

借：合同负债　　37.04

　　贷：主营业务收入　　37.04

3.4.5　储值卡的会计处理

企业因销售商品向客户收取的预收款，赋予了客户一项在未来从企业取得该商品的权利，并使企业承担了向客户转让该商品的义务，因此，企业应当将预收的款项确认为合同负债，待未来履行了相关履约义务，即向客户转让相关商品时，再将该负债转为收入。

某些情况下，企业收取的预收款无需退回，但是客户可能会放弃其全部或部分合同权利。例如，放弃储值卡的使用等。企业预期将有权获得与客户所放弃的合同权利相关的金额的，应当按照客户行使合同权利的模式按比例将上述金额确认为收入；否则，企业只有在客户要求其履行剩余履约义务的可能性极低时，才能将相关负债余额转为收入。企业在确定其是否预期将有权获得与客户所放弃的合同权利相关的金额时，应当考虑将估计的可变对价计入交易价格的限制要求。

【例 3-20】喜仁乐超市开展优惠活动，发售储值卡。2018 年，喜仁乐超市向客户销售了 1 000 张储值卡，每张卡的面值为 200 元，总额为 200 000 元。客户可在喜仁乐超市经营的任何一家门店使用该储值卡进行消费。根据历史经验，喜仁乐超市预期客户购买的储值卡中将有大约相当于储值卡面值金额 5%（即 10 000 元）的部分不会被消费。截至 2018 年 12 月 31 日，客户使用该储值卡消费的金额为 100 000 元。喜仁乐超市为增值税一般纳税人，在客户使用该储值卡消费时发生增值税纳税义务。

本例中，喜仁乐超市预期将有权获得与客户未行使的合同权利相关的金额为 10 000 元，该金额应当按照客户行使合同权利的模式按比例确认为收入。

因此，喜仁乐超市在 2018 年销售的储值卡应当确认的收入＝［100 000＋10 000×100 000÷（200 000－10 000）］÷（1＋16%）

＝105 263.16÷（1＋16%）

＝90 744.10（元）

喜仁乐超市的账务处理为：

（1）销售储值卡：

借：库存现金　　200 000

　　贷：合同负债　　172 413.79

　　　　应交税费——待转销项税额　　27 586.21

（2）根据储值卡的消费金额确认收入，同时将对应的待转销项税额确认为销项税额：

借：合同负债　　90 744.10

　　应交税费——待转销项税额　　14 519.06

　　贷：主营业务收入　　90 744.10

　　　　应交税费——应交增值税（销项税额）　　14 519.06

第4章 单位日常往来业务会计处理

单位日常往来业务涉及货币资金核算、往来结算、工资核算等，核算账户包括银行存款、库存现金、应收票据、应收账款、合同资产、应付票据、应付账款、合同负债、其他应收款等。

4.1 货币资金核算

货币形态表现的资金，是资产负债表的一个流动资产项目，包括库存现金、银行存款和其他货币资金三个总账账户的期末余额。具有专门用途的货币资金不包括在内。其他货币资金包括外埠存款、银行汇票存款、银行本票存款、信用证保证金存款、信用卡存款、存出投资款等。

4.1.1 日常现金管理与业务处理

日常现金在“库存现金”科目核算。企业有内部周转使用备用金的，可以单独设置“备用金”科目。企业增加库存现金，借记本科目，贷记“银行存款”等科目；减少库存现金作相反的会计分录。库存现金丁字形结构如下。

库存现金（资产类）

借方	贷方
期初余额	
企业增加现金	企业减少现金
期末借方余额 反映企业持有的现金	

1. 现金使用范围

（1）职工工资、津贴；

（2）个人劳务报酬：根据国家规定颁发给个人的科学技术、文化艺术、体育等各种奖金；

（3）各种劳保、福利费用以及国家规定的对个人的其他支出；

（4）向个人收购农副产品和其他物资的价款；

（5）出差人员必须随身携带的差旅费；

（6）结算起点以下的零星支出；

（7）中国人民银行确定需要支付现金的其他支出（如抢险救灾）。

前款结算起点定为 1 000 元。结算起点的调整，由中国人民银行确定，报国务院备案。

2. 现金的限额

一般按照单位 3～5 天日常零星开支所需确定。

库存现金限额每年核定一次，经核定的库存现金限额，开户单位必须严格遵守。其核定具体程序为：

（1）开户单位与开户银行协商核定库存现金限额。

库存现金限额＝每日零星支出额×核定天数

每日零星支出额＝月（或季）平均现金支出额（不包括定期性的大额现金支出和不定期的大额现金支出）÷月（或季）平均天数

（2）开户单位填制“库存现金限额申请批准书”。

（3）开户单位将申请批准书报送单位主管部门，经主管部门签署意见，再报开户银行审查批准，开户单位凭开户银行批准的限额数作为库存现金限额。

（4）各单位实行收支两条线，不准“坐支”现金。所谓“坐支”现金是指企事业单位和机关，团体，部队从本单位的现金收入中直接用于现金支出。各单位现金收入应于当日送存银行，如当日确有困难，由开户单位确定送存时间，如遇特殊情况需要坐支现金，应该在现金日记账上如实反映坐支情况，并同时报告开户银行，便于银行对坐支金额进行监督和管理。

（5）企业送存现金和提取现金，必须注明送存现金的来源和支取的用途，且不得私设“小金库”。

3. 现金收支

（1）现金收入应于当日送存银行，如当日送存银行确有困难，由银行确定送存时间。

（2）企业可以在现金使用范围内支付现金或从银行提取现金。

（3）企业从银行提取现金时，应当注明具体用途，并由财会部门负责签字盖章后，交开户银行审核后方可支取。

（4）企业不得坐支现金。

企业应当设置现金总账和现金日记账，分别进行企业库存现金的总分类核算和明细分类核算。现金日记账由出纳人员根据收付款凭证，按照业务发生顺序逐笔登记。每日终了，应当在现金日记账上计算出当日的现金收入合计额、现金支出合计额和结余额，并将现金日记账的余额与实际库存现金额相核对，保证账款相符。月度终了，现金日记账的余额应当与现金总账的余额核对，做到账账相符。

库存现金的账务处理，如图 4-1 所示。

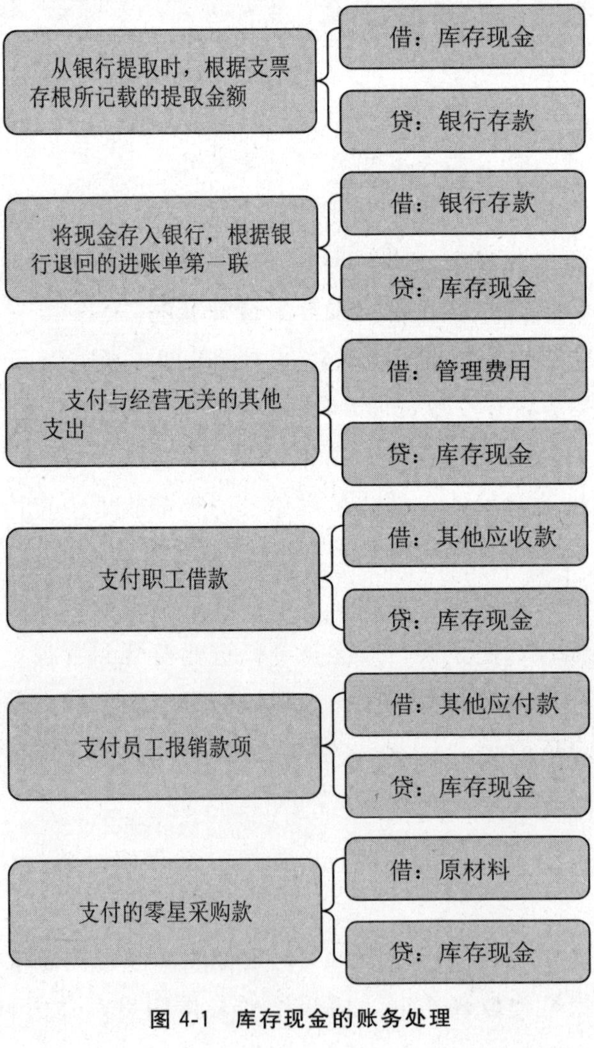

图 4-1　库存现金的账务处理

1. 企业日常提取现金账务处理实例

【**例 4-1**】2019 年 1 月 5 日，扬子电子有限公司签发支票从银行提取现金 547 450 元，如图 4-2 所示，账务处理如下。

借：库存现金　　547 450

　　贷：银行存款　　547 450

中国工商银行

现金支票存根（深）

IV V000912

科　　目：________________

对方科目：________________

出票日期：2019 年 1 月 5 日

收款人：	本公司
金　额：	547 450
用　途：	工资

单位主管　张楠　　会计　付晴

图 4-2　现金支票存根

1 月 5 日，用现金 547 450 元，支付工资。

借：应付职工薪酬　　547 450

　　贷：库存现金　　547 450

2. 库存现金收入的账务处理实例

【**例 4-2**】2019 年 1 月 10 日，扬子电子有限公司收到乙公司零售货款现金 2 340元，送存银行，企业应作如下账务处理。

借：库存现金　　2 340

　　贷：应收账款——乙公司　　2 340

借：银行存款　　2 340

　　贷：库存现金　　2 340

3. 库存现金支出账务处理实例

库存现金支出是指企业在其生产经营和非生产经营业务中向外支付的库存现金。库存现金支出的核算以库存现金支出原始凭证为依据，分为外来原始凭证和自制原始凭证两部分。常见的库存现金支出原始凭证包括借据、工资结算单、报销单、差旅费报销单、领款收据等。

【例 4-3】扬子电子有限公司 1 月现金支出情况如下。

(1) 1 月 13 日，职工杨寒出差预借差旅费 3 160 元，以现金支付，见表 4-1。

借：其他应收款——杨寒　　3 160

　　贷：库存现金　　3 160

表 4-1　　**借款单**

资金性质：现金　　2019 年 1 月 13 日

借款单位（人）：杨寒		
借款理由：出差		
借款数额：人民币（大写）叁仟壹佰陆拾元整		
本单位领导人意见：楚蓝		
主管领导意见：霍明	会计主管人员核批：丁辰	付款记录：

(2) 1 月 20 日，以现金支付职工培训费 1 000 元。根据上述经济业务，企业应作如下账务处理。

借：管理费用　　1 000

　　贷：库存现金　　1 000

(3) 1 月 25 日，用现金 700 元购买办公用品。

借：管理费用　　700

　　贷：库存现金　　700

(4) 1 月 31 日，收取职工邵强因过失造成的损失赔偿金 1 930 元。根据上述经济业务做如下账务处理。

借：库存现金　　1 930

　　贷：其他应收款——邵强　　1 930

4. 期末，登记现金日记账

期末，登记现金日记账，见表 4-2。

表 4-2　　现金日记账

2019年		凭证科目代码	摘要	对方科目	借方										贷方										余额									
月	日				千	百	十	万	千	百	十	元	角	分	千	百	十	万	千	百	十	元	角	分	千	百	十	万	千	百	十	元	角	分
1	1		期初余额																										5	8	0	0	0	0
1	5	略	提现支0912	银行存款			5	4	7	4	5	0	0	0													5	5	3	2	5	0	0	0
1	5	略	支付职工工资	应付职工薪酬													5	4	7	4	5	0	0	0					5	8	0	0	0	0
1	10	略	收到销售货款	应收账款					2	3	4	0	0	0															8	1	4	0	0	0
1	10	略	销售款存入银行	银行存款															2	3	4	0	0	0					5	8	0	0	0	0
1	13	略	杨寒预借差旅费	其他应收款															3	1	6	0	0	0					2	6	4	0	0	0
1	20	略	以现金支付职工培训费	管理费用															1	0	0	0	0	0					1	6	4	0	0	0
1	25	略	购买办公用品	管理费用																7	0	0	0	0						9	4	0	0	0
1	31	略	收取邵强赔偿款	其他应收款					1	9	3	0	0	0															2	8	7	0	0	0
			本月合计				5	5	1	7	2	0	0	0			5	5	4	6	5	0	0	0					2	8	7	0	0	0

5. 现金的清查

企业按照实地盘存法对现金进行盘点清查。对于清查的结果应当编制现金盘点报告单。

如果账款不符，发现有待查明原因的现金短缺或溢余，应通过“待处理财产损溢”科目进行核算。按权限管理审批流程的规定，报经批准后，分别按以下情况及时进行账务处理：

（1）现金短缺，属于应由责任人赔偿的部分，记入“其他应收款”科目；属于无法查清具体原因的部分，记入“管理费用”科目；

企业在对库存现金进行盘点时，如发现账实不符，应及时进行账务处理。库存现金盘点短缺的账务处理，如图 4-3 所示。

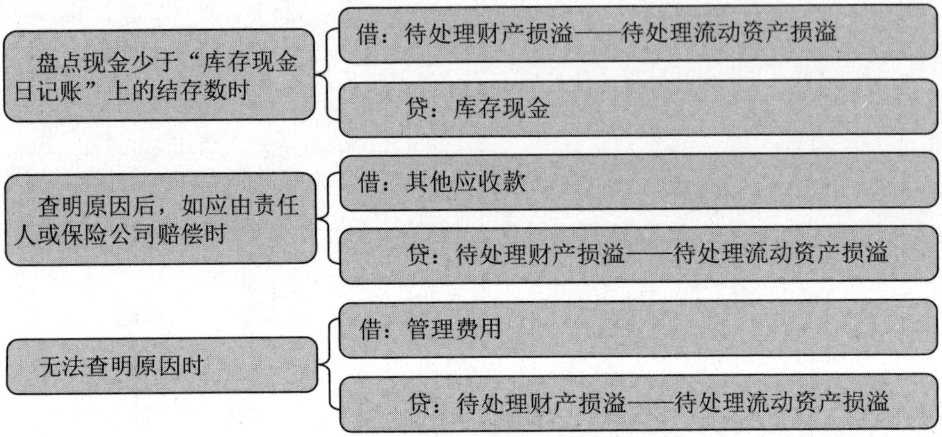

图 4-3　库存现金盘点短缺的账务处理

（2）现金溢余，属于应支付给个人或单位的部分，记入“其他应付款”科目；属于无法查清具体原因的部分，记入“营业外收入”科目。账务处理如图 4-4 所示。

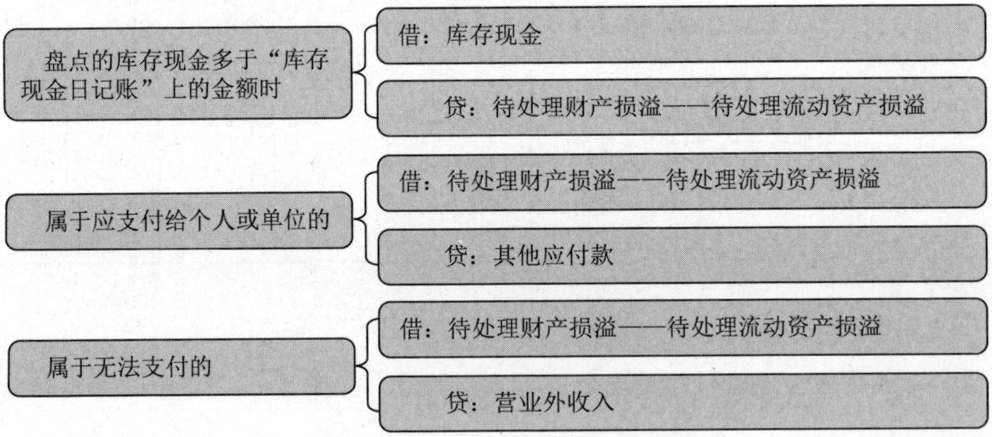

图 4-4　库存现金盘点溢余的账务处理

【例 4-4】扬子电子有限公司 2019 年 1 月 31 日对库存现金盘点时，现金日记账账面余额为 2 900 元，实地盘点的库存现金金额为 2 500 元，造成库存现金短缺的原因有待进一步查明。

借：待处理财产损溢——待处理流动资产损溢　　400

　　贷：库存现金　　400

如经查明，库存现金短缺的原因是由于出纳员的工作不认真造成的，出纳员江英当即赔偿了短缺款。

借：其他应收款　　400

　　贷：待处理财产损溢——待处理流动资产损溢　　400

借：库存现金　　400

　　贷：其他应收款　　400

根据以上业务，库存现金本月账户余额如下。

库存现金

借方　　贷方

期初余额	5 800	
	547 450	547 450
	2 340	3 160
	1 930	2 340
	400	1 000
		700
		400
期末余额	2 870	

4.1.2 银行往来业务处理

银行存款是指企业存放在银行和其他金融机构的货币资金。按照国家现金管理和结算制度的规定，每个企业都要在银行开立账户，称为结算户存款，用来办理存款、取款和转账结算。银行存款账户分为基本存款账户、一般存款账户、临时存款账户和专用存款账户。

1. 银行存款的账务处理

企业应当设置银行存款总账和银行存款日记账，分别进行银行存款的总分类核算和明细分类核算。企业可按开户银行和其他金融机构存款种类等设置“银行存款日记账”，根据收付款凭证，按照业务的发生顺序逐笔登记。每日终了，应结出余额，并对银行存款收支业务及时进行账务处理。为了反映和监督企业银行存款的收入、支出和结存情况，企业应当设置“银行存款”科目，借方登记企业银行存款的增加，贷方登记企业银行存款的减少，期末借方余额反映企业实际持有的银行存款的金额。

银行存款（资产类）

借方	贷方
期初余额	
企业增加银行存款	企业减少银行存款
期末借方余额 反映企业持有的银行存款	

2. 银行存款收入的核算

收款企业收到支票时，应填制进账单，连同收到的支票到银行办理收款手续后，以银行签章退回的进账单回单联及其他相关凭证，编制收款凭证，借记“银行存款”账户，贷记有关账户。

【例 4-5】扬子电子有限公司为增值税一般纳税人，销售一台设备给诚品公司，收到转账支票。增值税专用发票上注明的售价为 52 600 元，增值税额为 6 838 元。已填制进账单，办妥有关收款手续，见表 4-3。

表 4-3

全国统一发票监制章 深圳 深圳增值税专用发票

深圳增值税专用发票

442019240　　发　票　联　　No: 01092743

开票日期：2019 年 1 月 9 日

购货单位	名称：诚品公司 统一社会信用代码：114234134977865D 地址、电话：复兴北路 12 号 025-87651200 开户行及账号：中行复兴北路分理处 2341803600192414					密码区	略
货物或应税劳务名称	规格型号	单位	数量	单价	金额	税率（%）	税额
生产设备		台	1		52 600	13%	￥6 838
价税合计（大写）	⊗伍万玖仟肆佰叁拾捌元整					（小写）	￥59 438
销货单位	名称：扬子电子有限公司 统一社会信用代码：99110132465422145H 地址、电话：深圳市龙岗区仙霞路 114 号　64326576 开户行及账号：工商银行深圳龙岗支行 332101909234217689					备注	扬子电子有限公司 99110132465422145H 发票专用章

收款人：张抒珍　　复核：陈莲　　开票人：乔木　　销货单位：

借：银行存款　　59 438

　　贷：主营业务收入　　52 600

　　　　应交税费——应交增值税（销项税额）　　6 838

3. 银行存款支出的账务处理实例

付款企业开出支票时，根据支票存根和有关原始凭证（如收款人开出的收据或发票等），及时编制付款凭证，应借记有关账户，贷记“银行存款”账户。

【例 4-6】 扬子电子有限公司为增值税一般纳税人，存货采用实际成本计价。该公司从易方达公司购入一批原材料，增值税专用发票上注明的售价为73 400元，增值税额为9 542元，款项已用转账支票付讫，材料已验收入库。记账凭证：银行存款付款凭证，如图4-8所示。

借：原材料　　73 400

　　应交税费——应交增值税（进项税额）　　9 542

　　贷：银行存款　　82 942

根据上述业务，支付易方达公司货款，见表4-4。

表 4-4　　网上银行资金划拨申请单

2019年3月11日

资金划拨内容：原材料货款

划拨金额（大写）：捌万贰仟玖佰肆拾贰元整　　￥82 942

收款单位户名：易方达公司

收款单位开户银行：南辰银行分理处

收款单位账号：63214215

经办人：伍娟　　财务负责人：田宇　　单位负责人：姜珏彬

支付操作：张良　　支付审批：李福南

备注：

期末，登记银行存款日记账实例，见表4-5。

表 4-5

银行存款日记账

2019年		凭证科目代码	摘要	对方科目	借方										√	贷方										√	余额									
月	日				千	百	十	万	千	百	十	元	角	分		千	百	十	万	千	百	十	元	角	分		千	百	十	万	千	百	十	元	角	分
3	1		期初余额																									2	5	0	0	0	0	0	0	0
3	9	略	向诚品公司销售一批产品					5	9	4	3	8	0	0														2	5	5	9	4	3	8	0	0
3	11	略	从易方达公司购入原材料																8	2	9	4	2	0	0			2	4	7	6	4	9	6	0	0
3	31		本月合计					5	9	4	3	8	0	0					8	2	9	4	2	0	0			2	4	7	6	4	9	6	0	0

根据本月业务，银行存款账户余额如下。

银行存款

借方　　　　　　　　　　　　　　　　　　　　贷方

借方		贷方
期初余额	2 500 000	
	59 438	82 942
期末余额	2 476 496	

4. 银行存款如何核对

“银行存款日记账”应与开户行的“银行对账单”进行逐笔明细核对和余额核对，每月至少核对一次。企业银行存款账面余额与银行对账单余额之间若有差异，企业应通过编制“银行存款余额调节表”调节相符。如没有记账错误，调节后的双方余额应相等。

银行存款余额调节表只是为了核对账目，不能作为调整银行存款账面余额的记账依据。

企业银行存款账面余额与银行对账单余额之间如果有差异，企业会计人员应当核对产生差异的具体原因，双方余额调平后方可结账。双方余额之间不一致的原因，是因为存在未达事项造成的。

发生未达事项的原因有以下四种：

一是企业已收款入账，银行尚未收款入账（企业账上余额大）；

二是企业已付款入账，银行尚未付款入账（银行对账单余额大）；

三是银行已收款入账，企业尚未收款入账（银行对账单余额大）；

四是银行已付款入账，企业尚未付款入账（企业账上余额大）。

【例 4-7】扬子电子有限公司 2019 年 1 月 10 日进行银行对账，1 月 3 日到 1 月 9 日企业银行存款日记账账面记录与银行出具的 1 月 10 日对账单资料及对账后钩对的情况见表 4-6、表 4-7。

表 4-6　企业对账单记录

日期	凭证号	摘要	借方	贷方	方向	余额
2019 年 1 月 3 日		期初余额			借	100 000
2019 年 1 月 3 日	银付-001	支付货款		30 000	借	70 000
2019 年 1 月 3 日	银付-002	支付货款		20 000	借	50 000
2019 年 1 月 3 日	银收-001	收取货款	10 000		借	60 000
2019 年 1 月 3 日	银收-002	收取货款	20 000		借	80 000
2019 年 1 月 5 日	银付-003	支付利息		80 000	借	0
2019 年 1 月 6 日	银收-003	收取货款	60 000		借	60 000
2019 年 1 月 7 日	银付-004	提取备用金		20 000	借	40 000
2019 年 1 月 8 日		期末余额	90 000	150 000	借	40 000

表 4-7　银行对账单

日期	摘要	账单号	借方	贷方	方向	余额	标记
2019 年 1 月 3 日	期初余额				贷	100 000	
2019 年 1 月 4 日	转账支票 012	000032	30 000		贷	70 000	
2019 年 1 月 4 日	转账支票 013	000033	20 000		贷	50 000	
2019 年 1 月 4 日	收入存款	000035		10 000	贷	60 000	
2019 年 1 月 5 日	收入存款	000036		20 000	贷	80 000	
2019 年 1 月 7 日	收支	000037	80 000		贷	0	
2019 年 1 月 7 日	收入存款	000040		80 000	贷	80 000	
2019 年 1 月 10 日	付款	000041	70 000		贷	10 000	

根据上述资料，编制银行余额调节表，见表 4-8。

表 4-8 银行余额调节表

开户行及账号：工商银行深圳龙岗支行 332101909234217689 金额单位：元

项目	金额	项目	金额
企业银行存款日记账余额	40 000	银行对账单余额	10 000
加：银行已收，企业未收	80 000	加：企业已收，银行未收	60 000
减：银行已付，企业未付	70 000	减：企业已付，银行未付	20 000
调节后的银行余额	50 000	调节后存款余额	50 000

4.1.3 银行结算票据分类及核算

银行结算票据在“其他货币资金”账户核算。其他货币资金是指企业除库存现金、银行存款以外的各种货币资金，主要包括银行汇票存款、银行本票存款、信用卡存款、信用证保证金存款、存出投资款和外埠存款等。

为了反映和监督其他货币资金的收支和结存情况，企业应当设置“其他货币资金”科目，借方登记其他货币资金的增加数，贷方登记其他货币资金的减少数，期末余额在借方，反映企业实际持有的其他货币资金。本科目应按其他货币资金的种类设置明细科目进行核算。

其他货币资金（资产类）

借方	贷方
期初余额	
企业增加其他货币资金	企业减少其他货币资金
期末借方余额 反映企业持有的其他货币资金	

1. 银行汇票存款

银行汇票是指由出票银行签发的，在见票时按照实际结算金额无条件付给收款人或者持票人的票据。银行汇票的出票银行为银行汇票的付款人。

银行汇票一式四联，第一联为卡片，为承兑行支付票款时作付出传票；第二联为银行汇票，与第三联解讫通知一并由汇款人自带，在兑付行兑付汇票后此联做银行往来账付出传票；第三联解讫通知，在兑付行兑付后随报单寄签发行，由签发行做余款收入传票；第四联是多余款通知，并在签发行结清后交汇款人。

单位和个人各种款项的结算，均可使用银行汇票。银行汇票可以用于转账，填明“现金”字样的银行汇票也可以用于支取现金。申请人或者收款人为单位的，不得在“银行汇票申请书”上填明“现金”字样。

银行汇票存款账务处理，如图 4-5 所示。

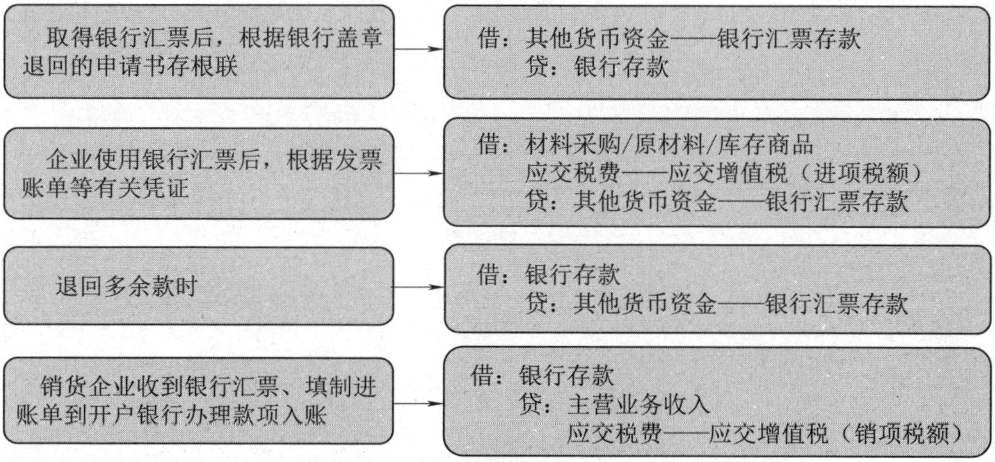

图 4-5　银行汇票存款账务处理

【例 4-8】扬子电子有限公司为取得向乙工厂购货的银行汇票，将款项38 000元从银行账户转作银行汇票存款。购入材料已经验收入库，价款29 000元、增值税额 3 770 元用银行汇票办理结算。银行汇票多余款 5 230 元由签发银行退交企业。银行汇票申请书见表 4-9。

①取得银行汇票后，根据银行盖章退回的申请书存根联时编制会计分录，登记会计凭证，见表 4-9。

借：其他货币资金——银行汇票　　38 000

　　贷：银行存款　　38 000

①企业使用银行汇票后，根据发票账单等有关凭证编制会计分录。

借：原材料　　29 000

　　应交税费——应交增值税（进项税额）　　3 770

　　贷：其他货币资金——银行汇票存款　　32 770

②收回多余款时，编制会计分录。

借：银行存款　　5 230

　　贷：其他货币资金——银行汇票　　5 230

表 4-9　　中国工商银行

银行汇票申请书（存根）　1

申请日期：2019 年 3 月 9 日　　NO. 00000213

<table>
<tr><td>银行打印</td><td colspan="7"></td></tr>
<tr><td></td><td>业务类型</td><td colspan="3">□电汇□信汇☑汇票申请书□本票申请书□其他</td><td>汇款方式</td><td colspan="2">□普通 □加急</td></tr>
<tr><td rowspan="4">申请人</td><td>全　　称</td><td>扬子电子有限公司</td><td rowspan="4">收款人</td><td>全　　称</td><td colspan="3">乙工厂</td></tr>
<tr><td>账号或地址</td><td>332101909234217689</td><td>账号或地址</td><td colspan="3">020000190923 5467890</td></tr>
<tr><td>开户行名称</td><td>工商银行深圳北安支行</td><td>开户行名称</td><td colspan="3">上海汇丰银行南京路支行</td></tr>
<tr><td>开户银行</td><td>工商银行</td><td>开户银行</td><td colspan="3">汇丰银行</td></tr>
<tr><td colspan="2">金额（大写）人民币</td><td colspan="4">⊗叁万捌仟元整</td><td colspan="2">千 百 十 万 千 百 十 元 角 分
　 　 ¥ 3 8 0 0 0 0 0</td></tr>
<tr><td>支付密码</td><td colspan="2">××××</td><td colspan="5" rowspan="4">上列款项及相关费用请从我账户内支付

申请人签章　楚林</td></tr>
<tr><td>加急汇款签字</td><td colspan="2"></td></tr>
<tr><td>用途</td><td colspan="2">购货款</td></tr>
<tr><td>附加信息及用途</td><td colspan="2"></td></tr>
</table>

2. 银行本票存款

银行本票分为不定额本票和定额本票两种。定额本票面额为 1 000 元、5 000元、10 000 元和 50 000 元。

申请人使用银行本票，应向银行填写“银行本票申请书”。申请人或收款人为单位的，不得申请签发现金银行本票。出票银行受理银行本票申请书，收妥款项后签发银行本票，在本票上签章后交给申请人。申请人应根据银行签章退回的“银行本票申请书”存根联编制付款凭证。申请人应将银行本票交付给本票上记明的收款人。

收款人可以将银行本票背书转让给被背书人。银行本票的提示付款期限自出票日起最长不得超过两个月。在有效付款期内，银行见票付款。持票人超过付款期限提示付款的，银行不予受理。

银行本票存款账务处理如图 4-6 所示。

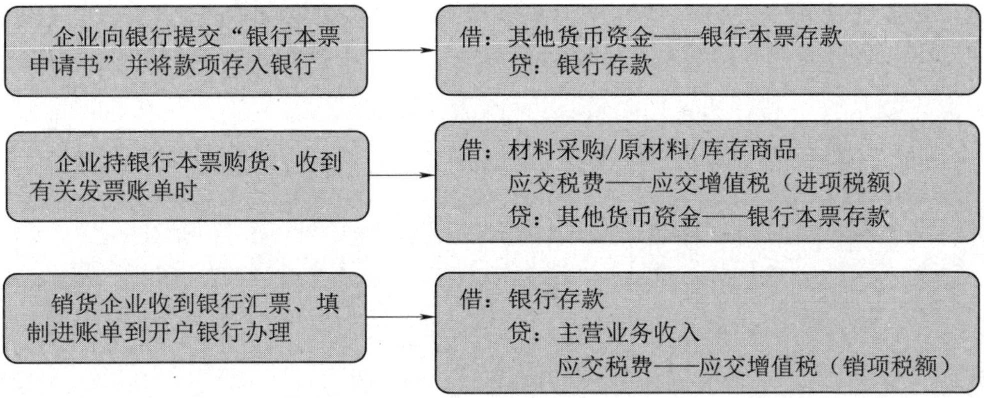

图 4-6　银行本票账务处理

【例 4-9】扬子电子有限公司向银行提交“银行本票申请书”，并将18 000元银行存款转作银行本票存款。公司取得银行本票后，应根据银行盖章退回的银行本票申请书存根联填制银行付款凭证。

借：其他货币资金——银行本票　　18 000

　　贷：银行存款　　18 000

扬子电子有限公司用银行本票购买办公用品 5 000 元。根据发票等有关凭证，编制会计分录为：

借：管理费用　　5 000

　　贷：其他货币资金——银行本票　　5 000

3. 信用卡存款

信用卡是指银行或信用卡公司向个人或单位发行的凭以向特约单位购物、消费或向银行办理存取现金，具有消费信用的卡片。信用卡按发行对象不同分为单位卡和个人卡。按持卡人的信誉、资信情况不同分为金卡、银卡和普通卡。

信用卡的基本管理规定：

第一，商业银行（包括外资、合资银行）只有经中国人民银行批准，才可以发行信用卡。非金融机构、境外金融机构的驻华代表机构不得发行信用卡和代理收单结算业务。

第二，凡在中国境内金融机构开立基本账户的单位可申领单位卡。其资金一律从基本存款账户转入，不得交存现金，不得将销货收入的款项存入其信用卡账户。

第三，单位卡一律不得支取现金，不得用于 10 万元以上的商品交易、劳务供应款项的结算。

第四，信用卡允许善意透支。单位卡每笔透支额以 5 万元为上限，月透支余额不得超过 10 万元或其综合授信额度的 3%；透支部分按规定利率计收利息，按月收单利，透支期限最长为 60 天。

信用卡账务处理如图 4-7 所示。

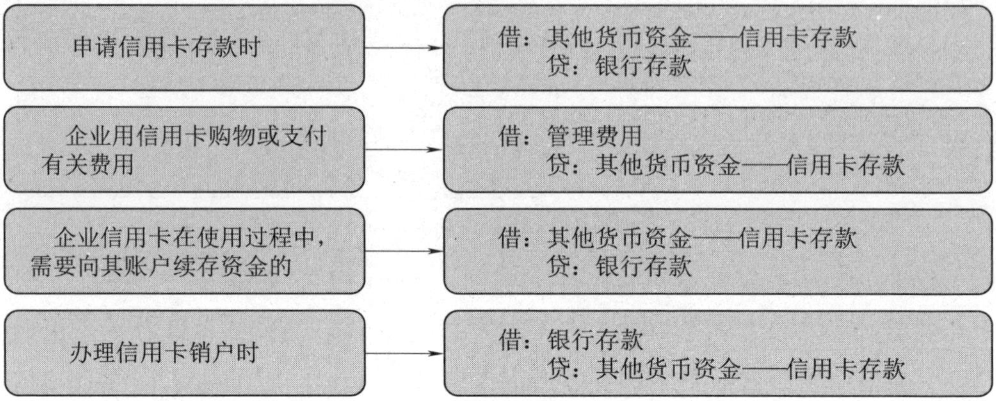

图 4-7　信用卡账务处理

【例 4-10】 扬子电子有限公司向浦发银行申请领用信用卡，按要求于 1 月 5 日向银行交存备用金 42 700 元。1 月 10 日使用信用卡支付 2 月份水电费 9 860元。编制会计分录为：

借：其他货币资金——信用卡存款　　　42 700

　　贷：银行存款　　　42 700

借：管理费用　　　9 860

　　贷：其他货币资金——信用卡存款　　　9 860

4. 存出投资款

存出投资款指企业为购买股票、债券、基金等根据有关规定存入在证券公司指定银行开立的投资款专户的款项。账务处理如图 4-8 所示。

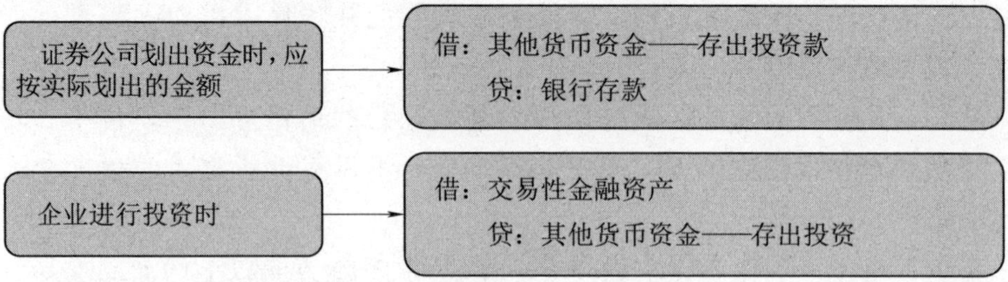

图 4-8　存出投资款账务处理

【例 4-11】扬子电子有限公司委托某证券公司从上海证券交易所购入深发展的股票，开立证券资金账户并存入资金 60 000 元。

借：其他货币资金——存出投资款　　60 000

　　贷：银行存款　　60 000

该证券公司从深圳证券交易所购入深发展股票 8 000 股（假设价值为 60 000元），并将其划分为交易性金融资产。

借：交易性金融资产　　60 000

　　贷：其他货币资金——存出投资款　　60 000

5. 其他货币资金业务的一般查证方法

（1）查阅各种存款日记账，查证各种专户存款开立是否必要。如外埠存款是否因临时、零星采购物资所需而开立，信用证存款是否确实因在开展进出口贸易业务中采用国际结算方式所需而开立。

（2）要求企业提供各种书面文件，查证开立各种专户存款是否经过适当的审批手续，其数额是否合理。

（3）从日记账记录中抽出数笔业务查证其原始凭证和记账凭证，查证各存款户支用款项是否合理，即是否按原定的用途使用；是否遵守银行的结算制度；采购业务完成之后是否及时办理结算手续；有无非法转移资金的现象。

（4）对于在途货币资金，应根据汇出单位的汇款通知书，查证在途货币资金的形成是否真实；在途货币资金发生后是否及时入账；收到在途货币资金后是否及时注销；对于长期挂账不注销或一直未收到款项的应查明原因。

根据以上业务，其他货币资金账户结构如下。

其他货币资金

借方	贷方
期初余额　0	
38 000 18 000 42 700 60 000	32 770 5 230 5 000 9 860 60 000
期末余额　45 840	

小贴士

编制资产负债表时，货币资金项目应根据“库存现金”“银行存款”“其他货币资金”科目期末余额的合计数填列。

4.2 往来结算业务处理

往来核算业务是企业日常经营活动中最频繁的一项工作，应建立往来款项的清算手续制度；办理往来款项业务的结算，负责往来款项结算的明细核算。企业对购销业务及以外的各种应付、暂收款项，要及时催收结算，应付、暂收款项，要抓紧清偿。对确实无法收回的应收账款和无法支付的应付账款，应查明原因，按照规定报经批准后处理。对购销业务以及以外的各项往来款项，要按照单位和个人分户设置明细账，根据审核后的记账凭证逐笔登记，并经常核对余额。年终要抄列清单，并向领导或有关部门报告。

4.2.1 应收账款科目的具体运用

应收账款是指企业在正常的经营过程中因销售商品、产品、提供劳务等业务，应向购买单位收取的款项，包括应由购买单位或接受劳务单位负担的税金、代购买方垫付的各种运杂费等。

为了核算企业因销售商品、产品、提供劳务等经营活动应收取的款项，企业应设置“应收账款”科目。本科目期末借方余额，反映企业尚未收回的应收账款；期末如为贷方余额，反映企业预收的账款。“应收账款”应按不同的购货单位或接受劳务的单位设置明细账户，进行明细核算。

应收账款通常按实际发生额计价入账。计价时还要考虑合同折扣、现金折扣及债务重组等因素。

一般应收账款的账务处理，如图 4-9 所示。

【例 4-12】 2019 年 4 月 3 日，扬子电子有限公司采用托收承付结算方式向绿野公司销售一批商品，价款 343 000 元，增值税 44 590 元，已办理托收手续，见表 4-10。

借：应收账款　　　　　　　　　　387 590

　　贷：主营业务收入　　　　　　　　　343 000

应交税费——应交增值税（销项税额）　　　　44 590

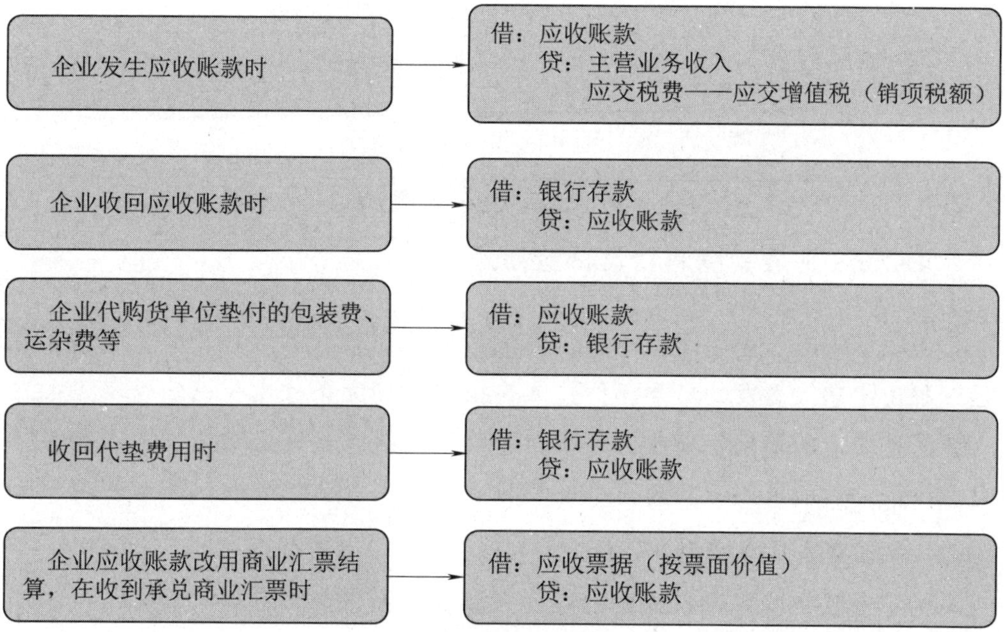

图 4-9　应收账款的账务处理

表 4-10

中国工商银行进账单（回单或收账通知）

进账日期：2019 年 4 月 3 日　　　　第 019 号

收款人	全　称	工商银行深圳龙岗支行	付款人	全　称	绿野公司
	账　号	332101909234217689		账　号	22176785897697112
	开户银行	中国工商银行		开户银行	中国工商银行
人民币（大写）：⊗叁拾捌万柒仟伍佰玖拾元整				千 百 十 万 千 百 十 元 角 分	¥ 3 8 7 5 9 0 0 0
票据种类	转账支票		收款人开户银行盖章（略）		
票据张数	1				
主管　会计　复核　记账					

此联给收款人的收账通知

根据上述业务，应收账款账户结构如下。

应收账款

借方	贷方
期初余额 0	
387 590	
期末余额 387 590	

4.2.2 应收票据科目具体运用

应收票据是企业因销售商品、提供劳务等而收到的商业汇票。商业汇票是一种由出票人签发的，委托付款人在指定日期无条件支付确定金额给收款人或者持票人的票据。商业汇票的付款期限，最长不得超过 6 个月。根据承兑人不同，商业汇票分为商业承兑汇票和银行承兑汇票两种。

1. 应收票据取得的会计处理

为了反映和监督应收票据的取得、票款收回等经济业务，企业应当设置“应收票据”科目。该账户借方登记应收票据收到时的面值；贷方登记到期应收票据收回的金额，或承兑人到期无力支付而被退回的商业承兑汇票金额，或未到期票据的贴现或转让情况；余额在借方，表示应收尚未到期或未贴现的应收票据的面额总数。

应收票据取得的原因不同，其会计处理亦有所区别。其具体处理如图 4-10所示。

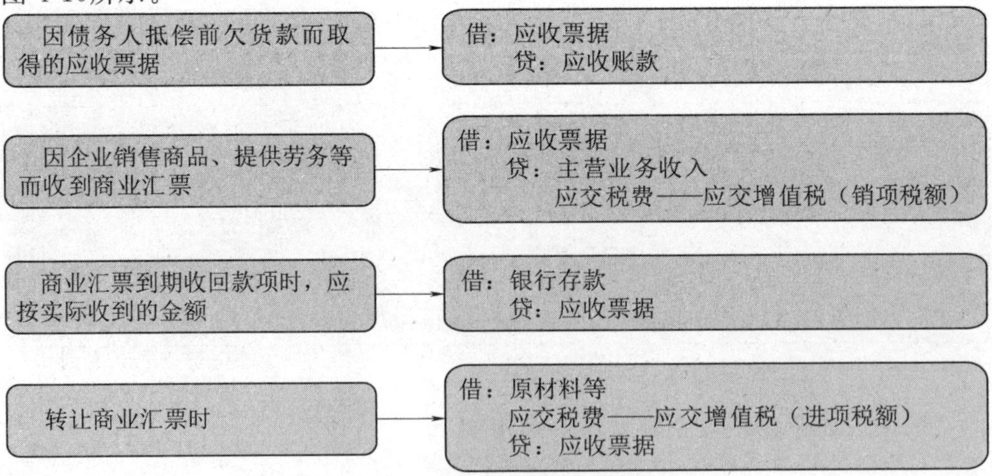

图 4-10 应收票据的账务处理

【例 4-13】2019 年 4 月 10 日，扬子电子有限公司销售一批商品，开具的增值税专用发票注明价款为 10 700 元，税款为 1 391 元。亚逊公司开出为期 3 个月的商业汇票抵付货款。

（1）扬子电子有限公司收到票据时，见表 4-11。

借：应收票据　　　　12 091

　　贷：主营业务收入　　　　10 700

　　　　应交税费——应交增值税（销项税额）　　　　1 391

表 4-11

商业承兑汇票

进账日期：2019 年 4 月 10 日　　　　第 0065 号

<table>
<tr><td rowspan="3">收款人</td><td>全　称</td><td colspan="3">扬子电子有限公司</td><td rowspan="3">付款人</td><td>全　称</td><td colspan="3">亚逊公司</td></tr>
<tr><td>账　号</td><td colspan="3">332101909234217689</td><td>账　号</td><td colspan="3">020000190923428976 5</td></tr>
<tr><td>开户银行</td><td>工行丽水路支行</td><td>行号</td><td>32</td><td>开户银行</td><td>工行</td><td>行号</td><td>12</td></tr>
<tr><td colspan="2">汇票金额</td><td colspan="3">人民币
（大写）⊗壹万贰仟零玖拾壹元整</td><td colspan="5"><table><tr><td>千</td><td>百</td><td>十</td><td>万</td><td>千</td><td>百</td><td>十</td><td>元</td><td>角</td><td>分</td></tr><tr><td></td><td></td><td>¥</td><td>1</td><td>2</td><td>0</td><td>9</td><td>1</td><td>0</td><td>0</td></tr></table></td></tr>
<tr><td colspan="2">汇票到期日</td><td colspan="3">2019 年 7 月 9 日</td><td colspan="5"></td></tr>
<tr><td colspan="5" rowspan="2">本汇票已经承兑，到期无条件支付票款
承兑人签章
承兑日期　年　月　日
扬子电子有限公司 ★ 财务专用章
徐丰</td><td>承兑协议科目代码</td><td></td><td>交易合同号码</td><td colspan="2"></td></tr>
<tr><td colspan="5">负责人：陈静★　经办人：罗燕
亚逊公司 财务专用章</td></tr>
</table>

【例 4-14】2019 年 1 月 11 日，扬子电子有限公司将一张带息的银行承兑汇票于到期日到银行办理收款，票面金额为 93 200 元，年利率为 10%，期限为 90 天。

到期值为：93 200×（1+10%×90/360）=95 530（元）

借：银行存款　　　　95 530

　　贷：应收票据　　　　93 200

　　　　财务费用　　　　2 330

2. 应收票据贴现的会计处理

“贴现”，就是指票据持有人将未到期的票据在背书后送交银行，银行受理后从票据到期值中扣除按银行贴现率计算确定的贴现息，然后将余额付给持票人，作为银行对企业的短期贷款。

对于应收票据贴现的核算，首先要计算贴现息和贴现净额（或称贴现所得额），其计算公式如下：

贴现息＝票据到期价值×贴现率×贴现期

贴现净额＝票据到期价值－贴现息

贴现期是指从票据贴现日到票据到期前一日的时间间隔。应收票据的银行贴现率由银行统一规定，一般用年利率来表示，账务处理如图 4-11 所示。

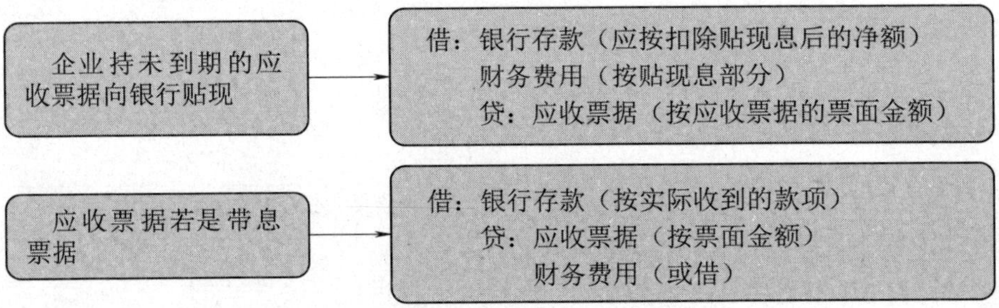

图 4-11　应收票据的账务处理

（1）不带息应收票据贴现的会计处理。

【例 4-15】2019 年 1 月 31 日，扬子电子有限公司因急需资金，将一张面值为 135 000 元，3 个月期的无息票据提前两个月向银行办理贴现，出票日为 2018 年 11 月 30 日，到期日为 2019 年 2 月 28 日，假设银行贴现利率为 8%，该票据的到期值、贴现息和贴现净额计算为：

票据到期价值＝票据面值＝135 000（元）

贴现息＝135 000×8%×2/12＝1 800（元）

贴现净额＝135 000－1 800＝133 200（元）

借：银行存款　　　　133 200

　　财务费用——票据贴现　　　　1 800

　　贷：应收票据　　　　135 000

（2）带息应收票据贴现的会计处理。

将带息应收票据向银行贴现时，票据到期的本息之和扣除贴现息的余额，就是贴现所得额。

【例 4-16】扬子电子有限公司持一张 6 个月期限，面值为 95 400 元的带息银行承兑汇票向银行贴现，该汇票年息为 5%，出票日为 6 月 1 日，到期日为 11 月 30 日，公司于 8 月 1 日向银行贴现，贴现率为 8%，见表 4-12。

应收票据到期利息＝95 400×5%×6/12＝2 385（元）

应收票据到期本息＝95 400＋2 385＝97 785（元）

贴现息＝97 785×8%×4/12＝2 607.60（元）

贴现净额＝97 785－2 607.60＝95 177.40（元）

借：银行存款　　95 177.40

　　财务费用　　2 607.60

　　贷：应收票据　　97 785

表 4-12　　贴现凭证（收账通知）　4

填写日期：2019 年 8 月 1 日　　第　号

贴现汇票	种类	商业承兑汇票	号码	324	申请人	全称	飞达制造厂
	发票日	2019 年 6 月 1 日				账号	6224001909234218321
	到期日	2019 年 11 月 30 日				开户银行	工商银行深圳福田支行
汇票承兑人（或银行）	名称	扬子电子有限公司	账号	3427001909234216590		开户银行	工商银行深圳北安支行

汇票金额（即贴现金额）	千	百	十	万	千	百	十	元	角	分
人民币（大写）⊗玖万伍仟肆佰元整			¥	9	5	4	0	0	0	0

贴现率	贴现利息	千	百	十	万	千	百	十	元	角	分
8%					¥	2	6	0	7	6	0

实付贴现金额	千	百	十	万	千	百	十	元	角	分
			¥	9	5	1	7	7	4	0

上述款项已入你单位账户。此致 银行盖章（略） 2019 年 8 月 1 日	备注

根据上述业务，应收票据账户余额如下。

应收票据（资产类）

借方　　　　　　　　　　　　　　　　　　　　　　　贷方

借方	贷方
期初余额　328 315	
12 091	93 200 135 000 97 785
期末余额　14 421	

小贴士

编制资产负债表时，“应收票据及应收账款”行项目，反映资产负债表日企业因销售商品、提供服务等经营活动应收取的款项，以及收到的商业汇票，包括银行承兑汇票和商业承兑汇票。该项目应根据“应收票据”和“应收账款”科目的期末余额，减去“坏账准备”科目中相关坏账准备期末余额后的金额填列。

4.2.3　合同资产科目的具体运用

1. 合同资产核算范围

“合同资产”科目核算企业已向客户转让商品而有权收取对价的权利。仅取决于时间流逝因素的权利不在本科目核算，在“应收账款”科目核算。本科目应按合同进行明细核算。

合同资产（资产类）

借方	贷方
期初余额	
本期合同资产增加额	本期合同资产减少额
期末余额	

合同资产与应收账款的区别有以下两点：

(1) 权利内涵不同。合同资产是应收账款的前置科目，是尚有条件未成就时的收款权利，而该条件与时间无关；而应收账款或长期应收款则是除了时间之外所有条件都已成就的收款权利。

（2）减值准备计提的原因不同。合同资产计提减值时，适用“资产减值损失”，而应收账款计提减值时，适用“信用减值损失”。前者由于资产本身减值产生，后者则由于交易对方信用低劣产生。

2. 合同资产主要账务处理

合同资产主要账务处理如下：

涉及增值税的，还应进行相应的处理。

合同资产发生减值时，应计提减值准备，按应减记的金额，借记“资产减值损失”科目，贷记本科目；转回已计提的资产减值准备时，做相反的会计分录。

【例 4-17】2019 年 4 月 10 日，扬子电子有限公司预付给甲供货方的材料款共计 34 900 元。

借：合同资产——甲供货方	34 900	
贷：银行存款		34 900

4 月 20 日，收到材料和专用发票时，全部货款为 62 800 元，税金为 8 164元，应补付 36 064 元。

借：材料采购——甲供货方	62 800	
应交税费——应交增值税（进项税额）	8 164	
贷：合同资产——甲供货方		34 900
银行存款		36 064

根据上述业务，预付账款账户结构如下。

合同资产

借方		贷方
期初余额	0	
	34 900	34 900
期末余额	0	

小贴士

编制资产负债表时，“合同资产”项目应分别根据“合同资产”科目相关明细科目期末余额分析填列，同一合同下的合同资产和合同负债应当以净额列示，其中净额为借方余额的，应当根据其流动性在“合同资产”或“其他非流动资产”项目中填列，已计提减值准备的，还应减去“合同资产减值准备”科目中相关的期末余额后的金额填列。

4.2.4 其他应收款科目的具体运用

其他应收款是指除应收票据、应收账款以外的其他各种应收、暂付款项。主要包括应收的各种赔款、罚款；经营租赁的各种租金；存出的保证金；备用金预付账款转入；其他各种应收、暂付款项。

1. 其他应收款的核算范围

其他应收款主要内容如下。

1 •应收的各种赔款。如因企业财产等遭受意外损失而应向有关保险公司收取的赔款等

2 •应收的各种罚款。如因员工失职给企业造成一定损失而应向该员工收取的罚款

3 •存出保证金，如租入包装物支付的押金，预付账款转入及其他应收、暂付款项

4 •备用金(向企业各职能科室、车间等拨付的备用金)

5 •应向职工收取的各种垫付的款项，如为职工垫付的水电费，应由职工负担的医药费、房租等

2. 其他应收款账务处理

其他应收款科目用于核算企业除应收票据、应收账款、预付账款等以外的其他各种应收、暂付款项。在“其他应收款”账户下，应按其他应收款的项目分类，并按不同的债务人设置明细账。

企业发生其他各种应收、暂付款项时，账务处理如图 4-12 所示。

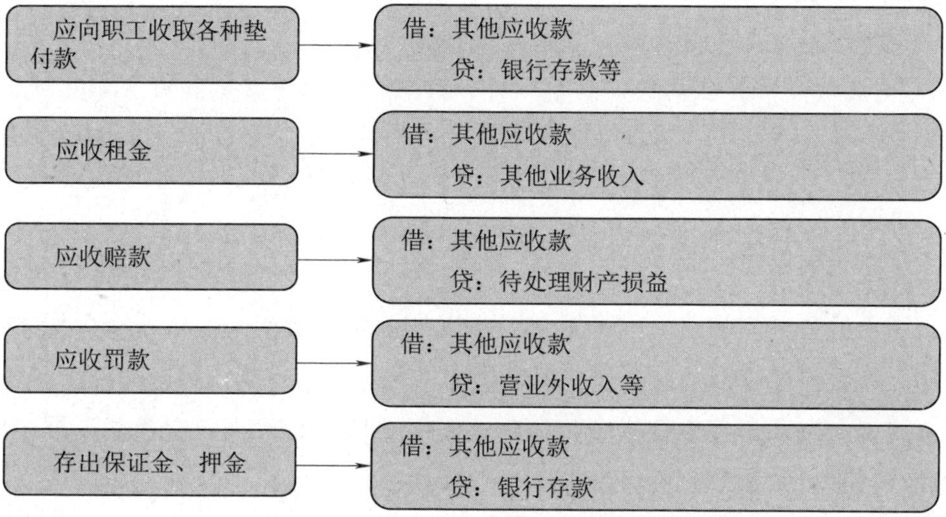

图 4-12　其他应收款账务处理

【例 4-18】2019 年 1 月，扬子电子有限公司租入包装物一批，以银行存款向出租方支付押金 32 600 元。2019 年 2 月租入包装物如数退回，扬子电子有限公司收到出租方退还的押金 32 600 元，已存入银行。

①2019 年 1 月，支付押金时。

借：其他应收款——存出保证金　　32 600

　　贷：银行存款　　32 600

②2019 年 2 月，收回押金时。

借：银行存款　　32 600

　　贷：其他应收款——存出保证金　　32 600

根据上述业务，其他应收款账户结构如下。

其他应收款

借方	贷方
期末余额 0	
32 600	32 600
期末余额 0	

小贴士

编制资产负债表时，“其他应收款”行项目，应根据“应收利息”“应收股利”和“其他应收款”科目的期末余额合计数，减去“坏账准备”科目中相关坏账准备期末余额后的金额填列。

4.2.5 应收款项减值准备会计处理

企业的各种应收款项，可能会因购货人拒付、破产、死亡等原因而无法收回。这类无法收回的应收款项就是坏账。因坏账而遭受的损失为坏账损失。企业应当在资产负债表日对应收款项的账面价值进行检查，有客观证据表明应收款项发生减值的，应当将该应收款项的账面价值减记至预计未来现金流量现值，减记的金额确认减值损失，计提坏账准备。确定应收款项减值有两种方法，即直接转销法和备抵法。

1. 坏账准备科目的具体运用

坏账准备科目是资产类科目中的备抵科目，核算企业应收款项的坏账准备。坏账准备科目可按应收款项的类别进行明细核算。本科目期末贷方余额，反映企业已计提但尚未转销的坏账准备。

坏账准备（备抵类）

借方	贷方
	期初余额
企业减少坏账准备	企业增加坏账准备
期末借方余额 企业实际发生的坏账损失大于预计的坏账准备余额	期末贷方余额 企业已计提但尚未转销的坏账准备余额

2. 坏账准备的账务处理

坏账准备可按以下公式计算：

当期应计提的坏账准备=当期按应收款项计算应提坏账准备金额－（或＋）“坏账准备”科目的贷方（或借方）余额。

（1）计提坏账时，账务处理如图 4-13 所示。

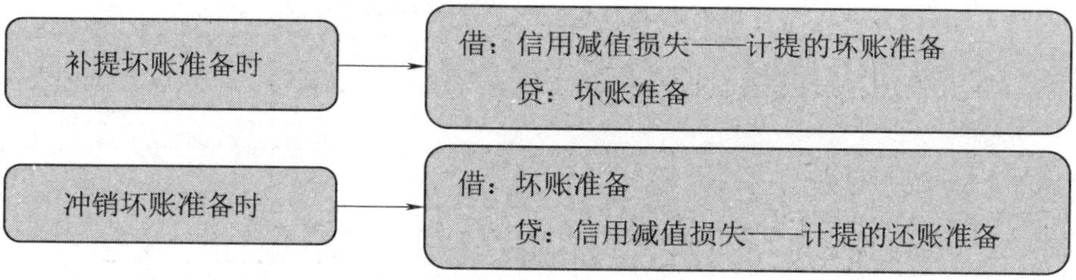

图 4-13　计提坏账准备账务处理

（2）发生坏账损失时，账务处理如图 4-14 所示。

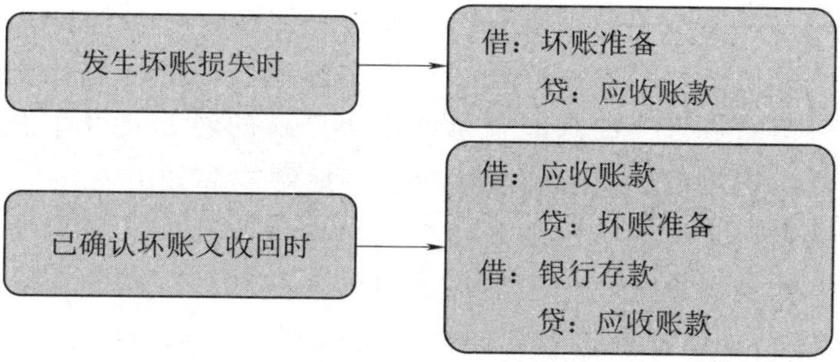

图 4-14　发生坏账损失时账务处理

估计坏账损失有四种方法，即余额百分比法、账龄分析法、销货百分比法和个别认定法。

①余额百分比法。余额百分比法是根据会计期末应收账款的余额乘以估计的坏账准备率，即为当期应估计的坏账损失，据此提取坏账准备。估计坏账率可以按照以往的数据资料加以确定，也可以根据规定的百分比确定。在会计期末，企业应计提的坏账准备大于其账面余额的，按其差额冲回坏账准备。

余额百分比法计算公式：

当期应提取的坏账准备数额=当期期末应收款项余额×估计坏账率

以后各期提取坏账准备时，可按下列公式计算：

当期应提取的坏账准备数额=当期期末应收款项余额×估计坏账率－

“坏账准备”账户贷方余额（或＋“坏账准备”账户借方余额）

②账龄分析法。账龄分析法是根据应收账款入账时间的长短来估计坏账损失的方法。虽然应收账款能否收回不一定完全取决于时间的长短，但一般来说，账款拖欠时间越长，发生坏账的可能就越大。

【例 4-19】表 4-13 为应收账款账龄及估计坏账损失法。

表 4-13　　应收账款账龄及估计坏账损失表

应收账款账龄	应收账款金额（元）	估计损失（%）	估计损失金额（元）
未到期	65 400	0.5	327
过期 3 个月以下	21 700	1	217
过期 3～6 个月	35 760	2	715.20
过期 6～12 个月	45 650	3	1 369.50
过期 1 年以上	12 000	5	600
合计	180 510		3 228.70

③销货百分比法。销货百分比法是根据赊销金额的一定比例估计坏账损失的方法。采用销货百分比法时，可能由于企业的经营状况不断地变化而不相适应，因此应当按照企业的实际情况及时地调节百分比。

④个别认定法。个别认定法是指根据单笔应收款项的可回收性估计坏账准备的方法，如果某项应收款项的可回收性和其他各项应收款项有明显差别（如债务单位所处的特定地区等），导致该项应收账款如果按照其他各项应收账款同样的方法计提坏账准备，将无法准确反映其可回收金额，则可对该项应收款项采用个别认定法计提坏账准备。

【例 4-20】扬子电子有限公司采用余额百分比法核对应收账款坏账准备。2016 年年末应收账款的余额为 1 500 000 元，提取坏账准备的比例为 5‰；2017 年发生坏账损失 7 000 元，其中 A 单位 2 000 元，B 单位 5 000 元，期末应收账款余额为 1 800 000 元；2018 年，已冲销的上年 B 单位应收账款又收回，期末应收账款余额为 2 000 000 元。

(1) 2016 年提取坏账准备。

借：信用减值损失——计提的坏账准备（1 500 000×5‰）　7 500

　　贷：坏账准备　7 500

2016 年发生坏账时

借：坏账准备　7 000

贷：应收账款——A 单位　　2 000

——B 单位　　5 000

2016 年末按应收账款的余额计算提取坏账准备。

"坏账准备"科目余额＝7 500－7 000＝500（元）

当年应提的坏账准备＝1 800 000×5‰－500＝8 500（元）

借：信用减值损失——计提的坏账准备　　8 500

贷：坏账准备　　8 500

（2）2017 年收回上年已冲销的 B 单位账款 5 000 元

借：应收账款——B 单位　　5 000

贷：坏账准备　　5 000

借：银行存款　　5 000

贷：应收账款——B 单位　　5 000

（3）2018 年年末计算提取坏账准备。

"坏账准备"科目余额＝500＋8 500＋5 000＝14 000（元）

当年应提的坏账准备＝2 000 000×5‰－14 000＝－4 000（元）

借：坏账准备　　4 000

贷：信用减值损失——计提的坏账准备　　4 000

根据上述业务，填写应收账款减值准备计提单，见表 4-14。

表 4-14　　应收账款账龄及估计坏账损失表

年度	应收账款期末余额	计提坏账比率	计提前坏账准备账面余额		实际计提金额	计提后坏账准备账面余额	
			余额方向	金额		余额方向	金额
2016	1 500 000	5‰	平	0	7 500	贷方	7 500
2017	1 800 000	5‰	贷	500	8 000	贷方	8 500
2018	2 000 000	5‰	贷	14 000	－4 000	贷方	10 000

注意：一般情况下，坏账准备的提取比例为 3‰～5‰。

根据上述资料，本月坏账准备账户余额如下：

坏账准备

借方	贷方
	期初余额　14 000
4 000	7 500
	期末余额　10 000

4.2.6 应付票据科目的具体应用

应付票据是由出票人出票，委托付款人在指定日期无条件支付特定的金额给收款人或者持票人的票据，包括商业承兑汇票和银行承兑汇票。应付票据按是否带息分为不带息应付票据和带息应付票据两种。

企业应通过“应付票据”科目核算应付票据的发生、偿付等情况。

1. 应付票据科目设置

企业应设置“应付票据备查簿”，详细登记每一笔应付票据的种类、号码、出票日期、到期日、票面金额、交易合同号、收款单位名称等详细资料。应付票据到期付清时，应在备查簿内逐笔注销。企业支付的银行承兑汇票手续费应计入当期财务费用。

“应付票据”账户属于负债类账户，用以核算企业购买材料、商品和接受劳务等开出、承兑的商业汇票，包括银行承兑汇票和商业承兑汇票。

该账户贷方登记企业开出、承兑的商业汇票，借方登记企业已经支付或者到期无力支付的商业汇票。期末余额在贷方，反映企业尚未到期的商业汇票的票面金额。该账户可按债权人进行明细核算。

应付票据（负债类）

借方	贷方
	期初余额
企业已经支付或者到期无力支付的商业汇票	企业开出、承兑的商业汇票
	期末余额反映企业尚未到期的商业汇票的票面金额

2. 应付票据账务处理

应付票据的核算主要包括：开出并承兑商业汇票、期末计提票据利息、到期支付票款。企业因购买材料、商品和接受劳务供应等而开出、承兑的商业汇票，应当按其票面金额作为应付票据的入账金额。企业开出、承兑的带息票据，通常应在期末对尚未支付的应付票据计提利息，计入当期财务费用。

开具商业票据采购物资的主要账务处理如图 4-15 所示。

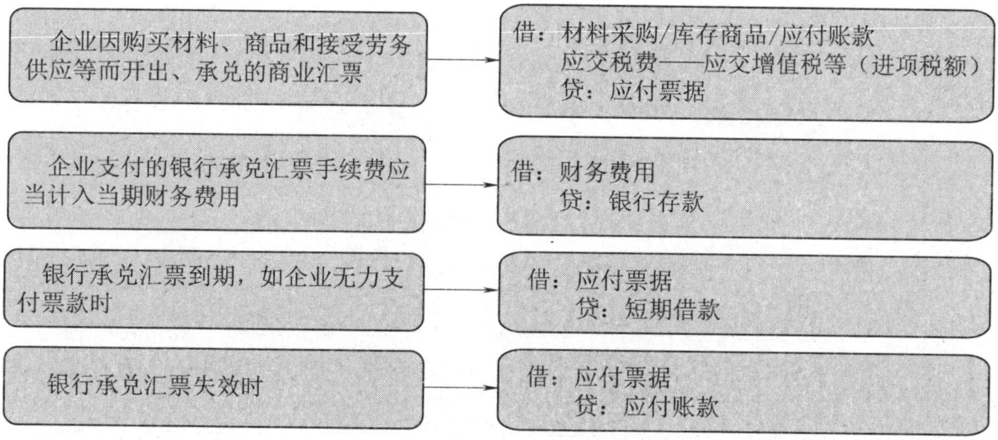

图 4-15　应付票据的账务处理

【**例 4-21**】2019 年 3 月 16 日，扬子电子有限公司开出期限为 3 个月、票面金额为 79 100 元的不带息商业承兑汇票支付绿地公司货款，增值税专用发票上列明价款 70 000 元，增值税额 9 100 元，商品验收入库。商业承兑汇票见表 4-15。

表 4-15

商业承兑汇票

出票日期（大写）：贰零壹玖年零叁月壹拾陆日　　汇票号码 XH114

汇款人	全　称	扬子电子有限公司		收款人	全　称	绿地公司	
	账　号	×××××			账　号	×××××	
	开户银行	工商银行深圳北安支行	行号 123		开户银行	深圳宝山路支行	行号 234
出票金额		人民币（大写）柒万玖仟壹佰元整			千百十万千百十元角分	¥7910000	此联签发人存查
汇票到期日（大写）		贰零壹玖年零陆月壹拾伍日		付款人开户行	行号	123	
交易合同号码					地址	深圳市宝安区龙华宝山路 123 号	
本汇票已经承兑，到期无条件支付票款。承兑人签章 苏连　承兑日期 2019 年 6 月 15 日				本汇票予以承兑，于到期日付款。出票人签章 韩珏			

2019 年 3 月 16 日开出不带息商业汇票时。

借：库存商品　　　　　　　　　　　　　　　　　　70 000

　　应交税费——应交增值税（进项税额）　　　　　9 100

　　贷：应付票据——商业承兑汇票——绿地公司　　　　79 100

根据上述业务，应付票据账户登记如下。

应付票据

借方	贷方
	期初余额　0
	79 100
	期末余额　79 100

小贴士

编制资产负债表时，“应付票据及应付账款”行项目，根据“应付票据”科目的期末余额，以及“应付账款”和“预付账款”科目所属的相关明细科目的期末贷方余额合计数填列。

4.2.7　合同负债科目的具体运用

根据新收入准则的规定，合同负债科目核算企业已收或应收客户对价而应向客户转让商品的义务。本科目应按合同进行明细核算。期末贷方余额，反映企业在向客户转让商品之前，已经收到的合同对价或已经取得的无条件收取合同对价权利的金额。

合同负债（负债类）

借方	贷方
	期初余额
反映减少的合同负债	反映增加的合同负债
本期借方发生额合计	本期贷方发生额合计
	已收到的合同对价或已取得的无条件收取合同对价权利的金额

企业因转让商品收到的预收款，不再使用“预收账款”及“递延收益”科目，全部适用“合同负债”科目。“预收账款”科目并没有取消，仍可用于

租金、长期股权投资转让款、转让金融资产等。

合同负债与预收账款的核算范围差异：合同负债不但能够核算实际收到的预收款，还能够（且应该）核算未实际到账但已拥有收取权利的预收款。

1. 合同负债的主要账务处理

合同负债的主要账务处理如下：

企业在向客户转让商品之前

- 借：银行存款/应收账款/应收票据等
  - 贷：合同负债

企业向客户转让相关商品时

- 借：合同负债
  - 贷：主营业务收入/其他业务收入等
    - 应交税费——待转销项税额

2. 合同负债的核算

【例 4-22】2019 年 4 月 3 日，扬子电子有限公司与乙企业签订供货合同，向其出售一批设备，货款金额共计 154 000 元，应交纳的增值税 20 020 元。根据购货合同规定，购货合同签订一周内，乙企业向扬子电子有限公司预付货款 69 800 元，剩余货款在交货后付清。2019 年 3 月 3 日，扬子电子有限公司收到乙企业交来 698 000 元存入银行，3 月 31 日，扬子电子有限公司将货物发到乙企业并开出增值税发票，乙企业验收合格后付清了剩余货款。

（1）4 月 3 日，收到预付款。

借：银行存款	69 800	
贷：合同负债		69 800

（2）4 月 30 日发货并收到补付款。

借：合同负债	69 800	
银行存款	104 220	
贷：主营业务收入		154 000
应交税费——应交增值税（销项税额）		20 020

根据上述业务，合同负债账户登记如下。

合同负债

借方	贷方
	期初余额
69 800	69 800
	期末余额　0

小贴士

编制资产负债表时，“合同负债”项目，根据“合同负债”科目的相关明细科目期末余额分析填列，同一合同下的合同资产和合同负债应当以净额列示，其中净额为贷方余额的，应当根据其流动性在“合同负债”或“其他非流动负债”项目中填列。

4.2.8　应付职工薪酬的具体运用

职工薪酬，是指企业为获得职工提供的服务或解除劳动关系而给予的各种形式的报酬或补偿。职工薪酬包括短期薪酬、离职后福利、辞退福利和其他长期职工福利。企业提供给职工配偶、子女、受赡养人、已故员工遗属及其他受益人等的福利，也属于职工薪酬。职工薪酬的内容如图 4-16 所示。

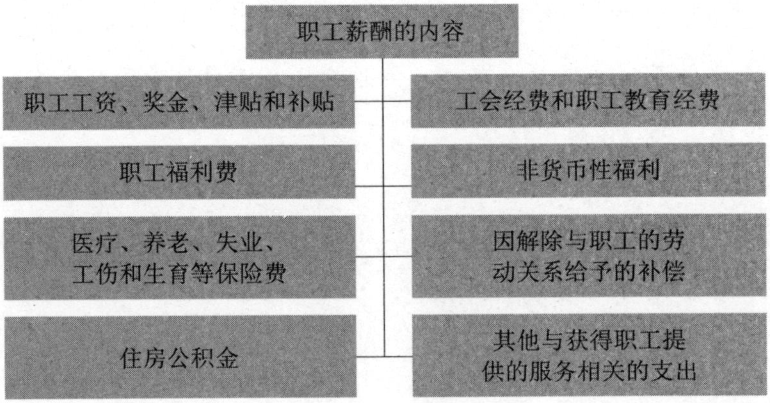

图 4-16　职工薪酬的内容

为了核算应付给职工的各种薪酬，企业应设置“应付职工薪酬”科目。本科目应当按照“工资”“职工福利”“社会保险费”“非货币性福利”“住房公积金”“工会经费”“职工教育经费”“解除职工劳动关系补偿”等应付职工薪酬项目进行明细核算。

该账户借方登记本月实际支付的职工薪酬数额；贷方登记本月计算的应付职工薪酬总额，包括各种工资、奖金、津贴和福利费等。期末余额在贷方，反映企业应付未付的职工薪酬。“应付职工薪酬”账户结构如下。

应付职工薪酬

借方　　　　　　　　　　　　　　　　贷方

借方	贷方
	期初余额
本月实际支付的职工薪酬数额	本月计算的应付职工薪酬总额
	期末余额：企业应付未付的职工薪酬

1. 工资计算方法

企业应当通过“应付职工薪酬”科目，核算应付职工薪酬的提取、结算、使用等情况。

（1）计时工资的计算公式如下所示：

计时工资＝（岗位工资÷月平均天数）×出勤天数

通常来讲，由于计算时采用的时间单位不同，计时工资可分为三种具体形式：小时工资制、日工作制以及月工资制。以月工资制为例来讲，采用月薪制计时工资时，其计算公式如下所示：

应付计时工资＝月标准工资－日工资额×缺勤天数

其中，月标准工资可以根据工资卡片的记录取得，缺勤记录可以根据考勤记录取得，日工资率的计算方法有如下两种。

①1 月固定按 30 天计算，日工资率为每月标准工资除以 30 天，即：

日工资率＝月标准工资÷30

采用这种方法计算日工资率时，缺勤期间的节假日也视为缺勤，照样要扣工资。

②每月按 21 天计算（全年 365 天扣除法定节假日 7 天及 104 个公休日，再用 12 个月平均），日工资率为全月标准工资除以 21 天，即：

日工资率＝月标准工资÷21

采用这种方法计算日工资率时，缺勤期间的节假日、星期天不算缺勤，不扣工资。

（2）计件工资的计算。所谓计件工资制，是按照工人生产的合格产品的数量或完成的一定作业量，根据一定的计件单价计算劳动报酬的一种工资形式。

一般来讲，计件工资是根据工长开具的施工任务完成单和工种综合单价，先计算出整个班组的劳动报酬，再根据职工个人工作时数计算出职工个人的劳动报酬。

计件工资的计算公式如下所示：

班组计件工资＝班组实际完成合格工程量×计件单价

个人计件工资＝该职工工作时数×（班组计件工资÷班组总工作时数）

事实上，在具体的应用中，计件工资还可以按完成定额工时乘以工时单价（经测算确定的小时工资率）计算。首先，计算月份内完成的各种产品的定额工时数，公式为：

完成定额工时数＝∑（每种产品完成数量×该种产品单位定额工时）

其中，产品完成数包括合格产品数量和废品数量。

其次，根据定额工时数和小时工资率计算应付计件工资，公式为：

应付计件工资＝完成定额工时数×应付计件工资＝完成定额工时数×工时单价

（3）工资单的编制。在工资结算表中，要根据工资卡、考勤记录、产量记录及代扣款项等资料按人名填列“应付工资”“代扣款项”“实发金额”三大部分。一般情况下，工资结算表一般应编制一式三份：一份由劳动工资部门存查；一份裁成“工资条”，连同工资一起发给职工；一份在发放工资时由职工签章后交财会部门作为工资核算的凭证，并用以代替工资的明细核算。由于工资结算表是按各个车间、部门分别编制的，因此，只能反映各个车间、部门工资结算和支付的情况。

“应付职工薪酬——工资”科目月末有余额，贷方余额为累计应付未付工资，借方余额为累计多付工资。在企业各月工资总额相差不多的情况下，按照重要性要求，也可以按照当月实际支付的工资额进行分配，采用这种方法，“应付职工薪酬——工资”科目月末没有余额。账务处理如下。

企业工资的账务处理，如图 4-17 所示。

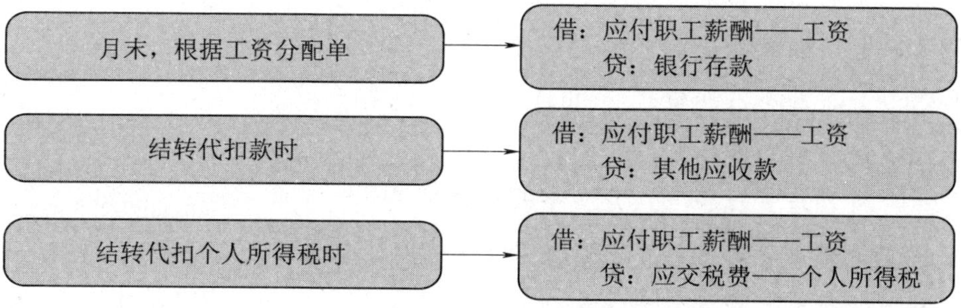

图 4-17　应付职工薪酬的账务处理

【例 4-23】扬子电子有限公司 2019 年 3 月工资结算表，见表 4-16。

表 4-16

工资结算汇总表

2019 年 3 月

人员类别	计时工资	计件工资	奖金	津贴和补贴	加班加点工资	其他工资	合计	代扣款项	代扣个人所得税	实发工资
生产工人	340 000	80 000	10 200	8 000	8 000	2 200	448 400	27 900	12 000	408 500
销售人员	20 000		1 000	700			21 700	450	1 800	19 450
企业管理人员	112 000		7 800	12 500			132 300	2 000	10 800	119 500
合计	472 000	80 000	19 000	21 200	8 000	2 200	602 400	30 350	24 600	547 450

根据工资结算业务，编制会计分录如下：

①工资分配。

借：生产成本　　448 400

　　管理费用　　132 300

　　销售费用　　21 700

　　贷：应付职工薪酬　　602 400

②结转代扣款 30 350 元。

借：应付职工薪酬——工资　　30 350

　　贷：其他应收款　　30 350

③结转代扣个人所得税 24 600 元。

借：应付职工薪酬——工资　　24 600

　　贷：应交税费——应交个人所得税　　24 600

④通过银行转账方式，实际发放工资 547 450 元。

借：应付职工薪酬——工资　　547 450

　　贷：银行存款　　547 450

2. 应付社会保险费和住房公积金

应由职工个人负担的社会保险费和住房公积金，属于职工工资的组成部分应根据职工工资的一定比例计算，应由企业负担的社会保险费和住房公积金，应在职工为其提供服务的会计期间，根据职工工资的一定比例计算。国务院办公厅印发《降低社会保险费率综合方案》规定，自 2019 年 5 月 1 日起，降低城镇职工基本养老保险单位缴费比例，目前单位缴费比例高于 16% 的省份可降至 16%。同时，继续阶段性降低失业保险和工伤保险费率。自 2019 年 5 月 1 日起，实施失业保险总费率 1% 的省，延长阶段性降低失业保险费率的期限至 2020 年 4 月 30 日。自 2019 年 5 月 1 日起，延长阶段性降低工伤保险费率的期限至 2020 年 4 月 30 日。账务处理如图 4-18 所示。

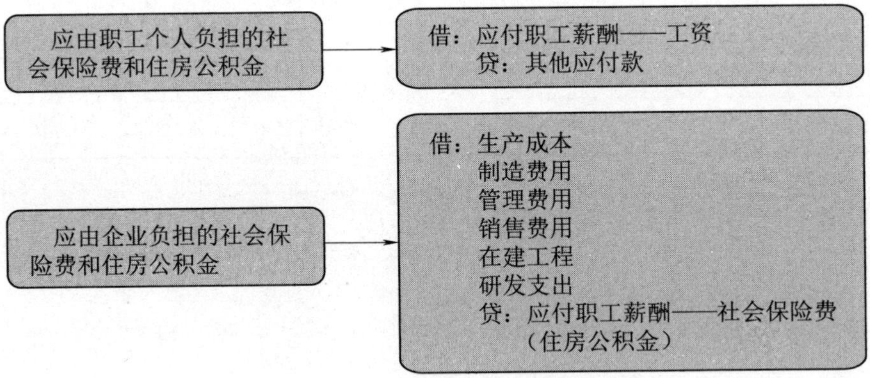

图 4-18　应付社会保险费和住房公积金的账务处理

【例 4-24】2019 年 5 月，扬子电子有限公司本月向社会保险经办机构缴纳职工社会保险费共计 379 512 元，见表 4-17。

表 4-17　　社会保险金、住房公积金计算表

2019 年 5 月

项目	养老保险		医疗保险		失业保险		工伤保险		生育保险		住房公积金		合计
	比例	金额	比例	金额	比例	金额	比例	金额	比例	金额	比例	金额	
计算基数		602 400		602 400		602 400		602 400		602 400		602 400	—
企业负担	16%	96 384	10%	60 240	1%	6 024	1%	6 024	0.8%	4 819.2	12%	72 288	245 779.2
个人负担	8%	48 192	2%	12 048	0.2%	1 204.8	0	0	0%	0	12%	72 288	133 732.8
合计		144 576		72 288		7 228.8		6 024		4 819.2		144 576	379 512

借：管理费用　　245 779.2

　　其他应收款　　133 732.8

　　贷：应付职工薪酬——社会保险费　　379 512

借：应付职工薪酬——社会保险费　　379 512

　　贷：银行存款　　379 512

3. 应付工会经费和职工教育经费的计提与使用

（1）应付工会经费和职工教育经费的计提与使用。

工会经费是按照国家规定由企业负担的用于工会活动方面的经费（2%），职工教育经费是按国家规定由企业负担的用于职工教育方面的经费（8%）。

为了反映工会经费和职工教育经费的提取和使用情况，应在“应付职工薪酬”科目下设“工会经费”和“职工教育经费”明细科目。账务处理如图 4-19所示。

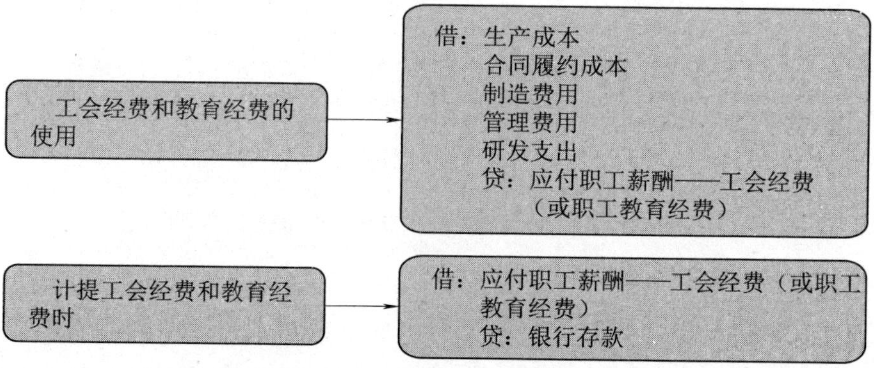

图 4-19　应付工会经费和职工教育经费的账务处理

【例 4-25】承上例，计算本月工会经费、职工教育经费，见表 4-18。

表 4-18 工会经费、职工教育经费计算表

2019 年 3 月 31 日

项　目	工会经费		职工教育经费		合计
	比例	金额	比例	金额	
计算基数		602 400		602 400	
应付职工薪酬	2%	12 048	8%	48 192	60 240

借：管理费用　　60 240

　贷：应付职工薪酬——工会经费　　12 048

　　　　　　　　——职工教育经费　　48 192

借：应付职工薪酬——工会经费　　12 048

　　　　　　　　——职工教育经费　　48 192

　贷：银行存款　　60 240

(2) 提供非货币性职工薪酬

①企业以其自产产品作为非货币性福利发放给职工的，应当根据受益对象，按照该产品的公允价值，计入相关资产成本或当期损益，同时确认应付职工薪酬，如图 4-20 所示。

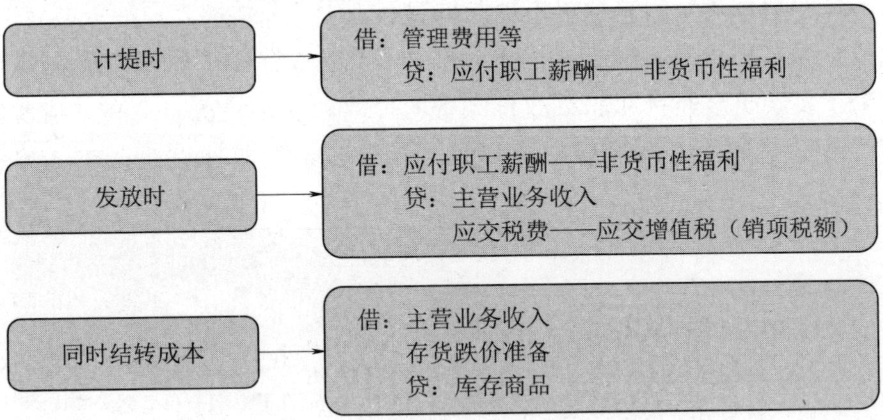

图 4-20 非货币性职工薪酬的账务处理

②企业将拥有的房屋等资产无偿提供给职工使用的，应当根据受益对象，将该住房每期应计提的折旧计入相关资产成本或当期损益，同时确认应付职工薪酬。租赁住房等资产职工无偿使用的，应当根据受益对象，将每期应付

的租金计入相关资产成本或当期损益，并确认应付职工薪酬。基本账务处理如图 4-21 所示。

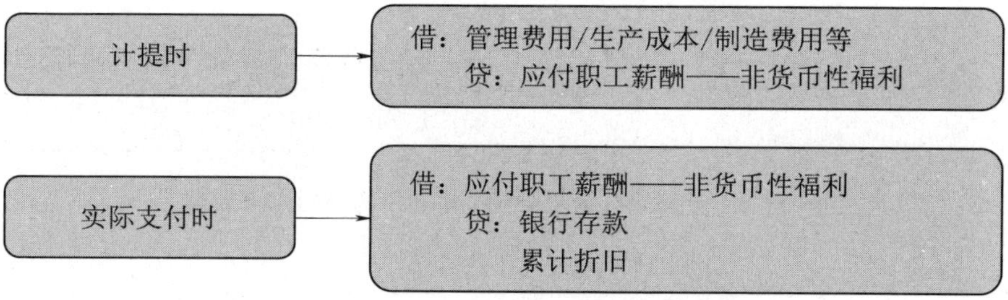

图 4-21　非货币性福利费的账务处理

【例 4-26】 扬子电子有限公司为部分单身员工租用宿舍，每月租金 28 000 元，编制会计分录如下：

确认非货币性福利

借：管理费用　　28 000

　　贷：应付职工薪酬——非货币性福利　　28 000

支付租金时：

借：应付职工薪酬——非货币性福利　　28 000

　　贷：银行存款　　28 000

（3）解除与职工的劳动关系。

企业在职工劳动合同到期之前解除与职工的劳动关系，或者为鼓励职工自愿接受裁减而提出给予补偿的建议，同时满足下列条件的，应当确认因解除与职工的劳动关系给予补偿而产生的应付职工薪酬，同时计入当期损益。

①企业已制定正式的解除劳动关系计划或提出自愿裁减建议，并即将实施。该计划或建议应当包括拟解除劳动关系或裁减的职工所在部门、职位及数量；根据有关规定按工作类别或职位确定的解除劳动关系或裁减补偿金额；拟解除劳动关系或裁减的时间。

②企业不能单方面撤回解除劳动关系计划或裁减建议。为了反映解除劳动关系补偿的提取和支付情况，应在“应付职工薪酬”科目下设置“辞退福利”明细科目。

由于被辞退职工不能再给企业带来任何经济利益，辞退福利应当计入当期费用而不是资产成本。借记“管理费用”科目，贷记“应付职工薪酬——辞退福利”科目。账务处理如图 4-22 所示。

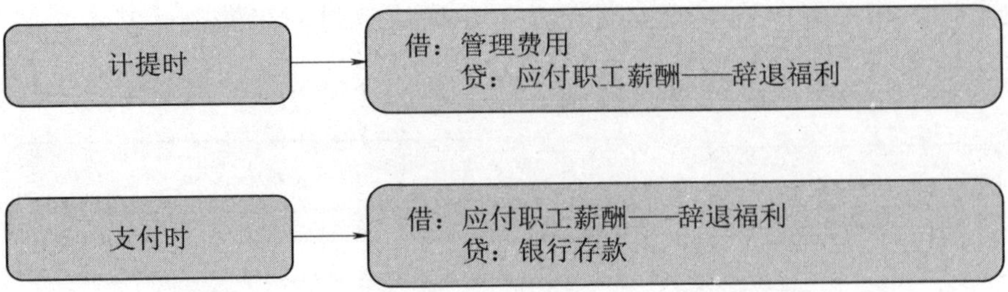

图 4-22　因解除与职工劳动关系给予的补偿账务处理

根据上述业务，应付职工薪酬账户登记如下。

应付职工薪酬

借方	贷方
	期初余额　0
547 450	
30 350	602 400
24 600	379 512
379 512	21 084
21 084	28 000
28 000	
	期末余额　0

4.2.9　应付账款科目具体应用

应付账款是由于在购销活动中买卖双方取得物资与支付货款在时间上的不一致而产生的负债。企业的其他应付账款，如应付赔偿款、应付租金、存入保证金等，不属于应付账款的核算内容。

1. 应付账款入账时间的确定

应付账款的入账时间，应以购买物资的所有权的风险和报酬已经转移或劳务已接受为标志。在现行企业会计制度对应付账款的入账时间作了以下两种情况的规定。

(1) 在货物与发票账单同时到达的情况下，应付账款一般待货物验收入库后，才按发票账单所记载的实际价款入账。这样，确认了所购货物的质量、品种及数量是否与合同条款相符，可以避免因先入账再行调账的情况。

（2）在货物与发票账单非同时到达，且两者间隔较长时间的情况下，应付账款的入账时间以收到发票账单为准。对于货到未付款的情况，由于该笔负债已经成立，月末编制资产负债表时，企业应将所购货物及应付债务暂估价入账，以使在月末编报的资产负债表中客观地反映企业所拥有的资产和应承担的债务。

2. 应付账款入账金额的确定

应付账款的入账金额通常按发票账单等凭证上记载的实际发生额登记入账。

3. 应付账款账户的核算

“应付账款”账户属于负债类账户，用以核算企业因购买材料、商品和接受劳务等经营活动应支付的款项。

该账户贷方登记企业因购入材料、商品和接受劳务等尚未支付的款项，借方登记偿还的应付账款。期末余额一般在贷方，反映企业期末尚未支付的应付账款余额；如果在借方，反映企业期末预付账款余额。

企业应通过“应付账款”科目，核算应付账款的发生、偿还、转销等情况，一般按供应单位设置明细账进行明细核算。

应付账款（负债类）

借方	贷方
	期初余额
偿还的应付账款	企业因购入材料、商品和接受劳务等尚未支付的款项
	企业期末尚未支付的应付账款余额

企业应付账款的发生有两种情况，应分别根据不同情形给予不同的会计处理，具体见表4-19。

表4-19　应付账款的账务处理

业务情景		账务处理
购买材料、商品形成的应付账款	已验收入库、发票账单已收到、款项已支付	借：原材料 　　应交税费——应交增值税（进项税额） 　　贷：银行存款 　　贷：应付账款

续上表

<table>
<tr><th colspan="2">业务情景</th><th>账务处理</th></tr>
<tr><td rowspan="3">购买材料、商品形成的应付账款</td><td>商品物资已验收入库、发票账单已收到、款项未支付</td><td>借：原材料
应交税费——应交增值税（进项税额）</td></tr>
<tr><td>商品物资未验收入库、发票账单已收到、款项未支付</td><td>借：在途物资
应交税费——应交增值税（进项税额）
贷：应付账款</td></tr>
<tr><td>商品物资已验收入库、发票账单未收到、款项未支付</td><td>企业在月底账务处理如下（暂估入库）：
借：原材料
贷：应付账款
次月月初需要红字冲回，待收到发票账单再以实际金额入账。
企业在次月月初账务处理如下（暂估入库冲红）：
借：原材料
贷：应付账款</td></tr>
<tr><td colspan="2">接受供应单位提供劳务而发生的应付未付款项</td><td>借：生产成本/管理费用等科目
贷：应付账款</td></tr>
<tr><td rowspan="2">债务重组</td><td>以低于应付债务账面价值的现金清偿债务的</td><td>借：应付账款（账面余额）
贷：银行存款（实际支付金额）
营业外收入——债务重组利得（差额）</td></tr>
<tr><td>企业以非现金资产清偿债务的</td><td>借：应付账款（账面余额）
营业外支出——债务重组利得（按差额）
贷：主营业务收入/其他业务收入/固定资产清理/无形资产/长期股权投资等（按非现金资产的公允价值）
应交税费——应交增值税（销项税额）（按应支付的相关税费）
营业外收入——债务重组利得（按差额）
抵债资产为存货的，还应同时结转成本，记入“主营业务成本”“其他业务成本”等科目</td></tr>
</table>

续上表

业务情景		账务处理
债务重组	以债务转为资本	借：应付账款——账面余额 贷：实收资本（股本）——享有的股权的公允价值 资本公积——资本溢价或股本溢价 营业外收入——债务重组利得（按其差额）
	以修改其他债务条件进行清偿的	借：应付账款 贷：营业外收入——债务重组利得
偿还应付账款的账务处理	通过银行存款偿还企业的应付账款	借：应付账款 贷：银行存款
	通过商业汇票偿还企业的应付账款	借：应付账款 贷：应付票据
	带有现金折扣条件	借：应付账款 贷：银行存款
财务费用应付账款划转	无法支付时	借：应付账款 贷：营业外收入

【例 4-27】2019 年 4 月，扬子电子有限公司发生的应付账款业务如下。

4 月 1 日，从 A 公司购入一批材料，货款为 164 300 元，增值税额为 21 359元。材料已运达企业并已验收入库（公司材料采用实际成本计价核算），款项尚未支付。

①应付账款发生时。

借：原材料　　164 300

　　应交税费——应交增值税（应交进项税）　　21 359

　　贷：应付账款——A 公司　　185 659

②支付应付账款时。

借：应付账款　　185 659

　　贷：银行存款　　185 659

根据上述业务，应付账款账户登记如下。

应付账款

借方　　　　　　　　　　　　　　　　　　贷方

	期初余额　0
185 659	185 659
	期末余额　0

第5章 企业内部资产的核算

企业内部资产主要包括存货、固定资产、无形资产等。

5.1 存货

企业的存货项目，包括“原材料”“库存商品”“委托加工物资”“周转材料”“材料采购”“在途物资”“发出商品”，等等。

5.1.1 原材料科目的具体运用

原材料是指企业在生产过程中经加工改变其形态或性质并构成主要实体的各类原料及主要材料、辅助材料、外购半成品（外购件）、修理用备件（备品备件），包装材料、燃料等。

为建造固定资产等各项工程而储备的各种材料，虽然同属于材料，但是由于用于建造固定资产各项工程，不符合存货的定义，因此不能作为企业存货核算。

原材料科目核算企业库存的各种材料，包括原料及主要材料、辅助材料、外购半成品（外购件）、修理用备件（备品备件）、包装材料、燃料等的计划成本或实际成本。收到来料加工装配业务的原料、零件等，应当设置备查簿进行登记。本科目可按材料的保管地点（仓库）、材料的类别、品种和规格等进行明细核算。

原材料在日常收发与结存过程中，其核算方法可以选择下列两者之一：实际成本法核算、计划成本法核算。而对于材料收发业务较多且计划成本资料较为健全、准确的企业，一般都采用计划成本进行材料收发核算。

1. 采用实际成本法核算的账务处理

材料按实际成本法核算时，材料的收发与结存，均按实际成本计价。应设置“原材料”“在途物资”会计科目。

“原材料”科目的借方用于核算已办验收入库材料的实际成本；贷方用于核算发出材料的实际成本；期末借方余额为：库存原材料的实际成本。

原材料（资产类）

借方	贷方
期初余额	
本期原材料增加额	本期原材料减少额
期末余额	

“在途物资”科目的借方用于核算在途物资的实际成本；贷方用于核算验收入库材料的实际成本；期末借方余额为在途物资的实际成本。

在途物资（资产类）

借方	贷方
期初余额	
本期在途物资增加额	本期在途物资减少额
期末余额	

企业购入原材料时，由于采购地点和采用的结算方式等因素的影响，经常会出现原材料入库和付款时间不一致的情况，其账务处理方法也不一致，如图 5-1 所示。

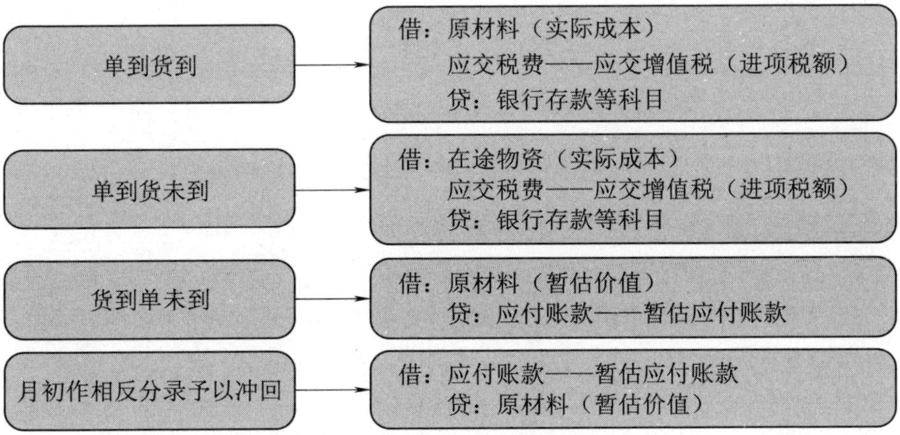

图 5-1　一般材料采购的账务处理

【例 5-1】扬子电子有限公司对原材料采用实际成本法核算。2019 年 4 月 9

日，从微山公司购入材料400吨，增值税专用发票注明原料价款158 000元，增值税20 540元。扬子电子有限公司收到物资并验收入库，由于银行存款不足而暂未支付货款。增值税专用发票见表5-1。

表5-1

442019240　　　　**深圳增值税专用发票**　　　　No：01292781

发　票　联

开票日期：2019年4月9日

购货单位	名　　称：扬子电子有限公司 统一社会信用代码：99110132465422145H 地址、电话：深圳市龙岗区仙霞路114号　64326576 开户行及账号：工商银行深圳龙岗支行　332101909234217689					密码区	略
货物或应税劳务名称	规格型号	单位	数量	单价	金额	税率（%）	税额
钢材		吨	400	446.35	¥158 000	13%	¥20 540
价税合计（大写）	⊗壹拾柒万捌仟伍佰肆拾元整						（小写）¥178 540
销货单位	名　　称：微山有限公司 统一社会信用代码：998134134971231H 地址、电话：佛山北路45号　0757-87651200 开户行及账号：中行佛山北路分理处　066180360010776					备注	微山有限公司 998134134971532 发票专用章

收款人：周飞　　复核：何枫　　开票人：罗玉　　销货单位：

借：原材料　　158 000

　　应交税费——应交增值税（进项税额）　　20 540

　　贷：应付账款　　178 540

材料验收入库，见表5-2。

表5-2　　　　**材料入库单**

供应单位：川美公司

发票号码：01092781　　　　2019年4月9日　　　　第021号

月	日	材料名称	规格型号	数量		单　位	单　价	金　额（元）	备注
				交库	实收				
4	9	A材料		400	400	吨	395	158 000	
合　计				400	400			158 000	

原　材　料

借方	贷方
期初余额　　0	
158 000	
期末余额　158 000	

2. 采用计划成本法核算的账务处理

（1）“材料采购”科目，属资产类科目，核算企业采用计划成本进行材料日常核算而购入材料的采购成本。企业从国内采购或国外进口的各种材料，不论是否进入本企业仓库，凡是通过本企业结算货款的，都在本科目进行核算。

材料采购科目应当按照供应单位和物资品种进行明细核算。按照供货单位、商品类别等设置明细账，企业经营进、出口商品的，可根据需要分别按进口材料采购和出口材料采购进行明细核算。

材料采购（资产类）

借方	贷方
期初余额	
本期材料采购增加额	本期材料采购减少额
本期借方发生额合计	本期贷方发生额合计
期末余额	

（2）“材料成本差异”科目的明细分类核算，可按材料类别进行，也可按全部材料合并进行。按材料类别进行明细分类核算，可使成本中材料费的计算比较正确，但要相应多设材料成本差异明细分类账，增加核算工作量。如果将全部材料合并一起核算，虽可简化核算工作，但要影响成本计算的正确性。因此在决定材料成本差异的明细分类核算时，既要考虑到成本计算的正确性，又要考虑核算时人力上的可能性。材料成本差异的分配，根据发出耗用材料的计划价格成本和材料成本差异分配率进行计算。企业也可以在“原材料”“周转材料”等科目设置“材料成本差异”明细科目，按照类别或品种进行明细核算。

材料成本差异（资产类）

借方	贷方
期初余额	
本期材料成本差异增加额	本期材料成本差异减少额
本期借方发生额合计	本期贷方发生额合计
期末余额	

购入材料时，按实际成本通过“材料采购”科目核算，材料的实际成本与计划成本的差异，通过“材料成本差异”科目核算。月末，计算本月发出材料应负担的成本差异并进行分摊。根据领用材料的用途计入相关资产的成本或当期损益，从而将发出材料的计划成本调整为实际成本，如图 5-2所示。

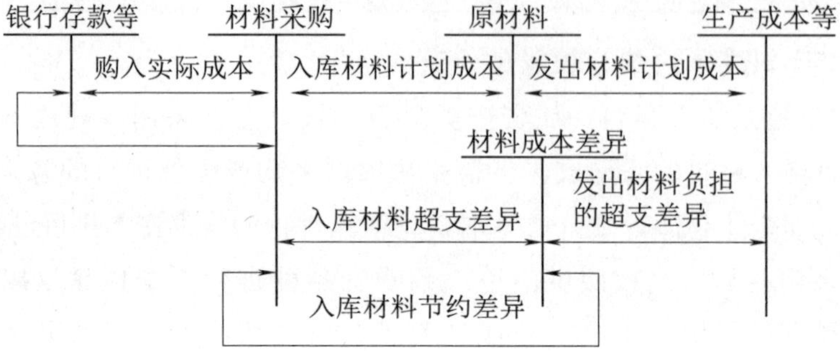

图 5-2　计划成本示意图

采用计划成本核算时的账务处理，如图 5-3 所示。

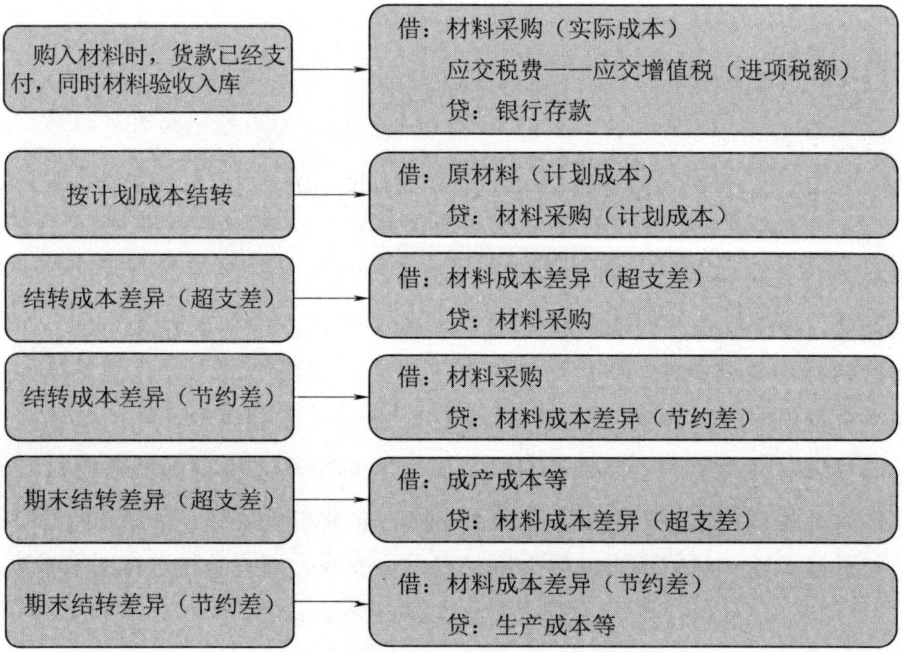

图 5-3　采用计划成本核算时的账务处理

计划成本法下的购入核算，主要包括三个方面：一是反映物资采购成本的发生；二是按计划成本反映材料验收入库；三是结转入库材料成本差异。

计划成本法下，相关的计算公式如下：

本期材料成本差异率＝（期初材料成本差异＋本期入库材料成本差异）÷（期初原材料计划成本＋本期入库材料计划成本）×100％

本月发出材料应负担的成本差异＝本月发出材料的计划成本×材料成本差异率

本月发出材料的实际成本＝本月发出材料的计划成本＋本月发出材料应负担的成本差异

本月结存材料的实际成本＝本月结存材料的计划成本＋本月结存材料应负担的成本差异

本月结存材料的实际成本＝（月初结存材料的计划成本＋本月增加材料的计划成本－本月发出材料的计划成本）×（1＋材料成本差异率）

说明：结存材料的计划成本＝期初计划成本＋本期入库计划成本－发出材料计划成本

①对于购入的材料只有在实际成本、计划成本已定并已验收入库的条件下计算购入材料的成本差异，材料成本差异的结转可在入库时结转，也可以在月末汇总时结转；

②材料成本差异率的计算中超支或借方余额用“＋”表示，节约或贷方余额用“－”表示；发出材料承担的成本差异，始终计入材料成本差异的贷方，只不过超支差异用蓝字表示，节约用红字表示，最终计入到成本费用的材料还是实际成本。

5.1.2 库存商品科目的具体运用

为了反映和监督库存商品的收发和结存情况，企业应设置“库存商品”账户，并按库存商品的种类、品种和规格设置明细账户进行明细核算。

库存商品（资产类）

借方	贷方
期初余额	
登记验收入库的库存商品的实际成本	登记销售、发出库存商品的实际成本
期末借方余额 反映企业各种库存商品实际成本	

企业接受外来原材料加工制造的代制品和为外单位加工修理的代修品，制造和修理完成验收入库后，视同本企业的产成品，所发生的支出，也在本科目核算。委托外单位加工的商品及委托其他单位代销的商品，不作为库存商品核算。

1. 库存商品一般账务处理

企业的产成品一般应按实际成本进行核算。在这种情况下，产成品的收入、发出和销售，平时只记数量不记金额。月度终了，计算入库产成品的实际成本。库存商品的具体账务处理见表 5-3。

表 5-3　　　　　　　　　　　　库存商品的账务处理

财务情景	账务处理
生产完成验收入库的产成品	借：库存商品（按实际成本） 　　贷：生产成本
结转产成品成本	借：主营业务成本 　　贷：库存商品

【例 5-2】2019 年 4 月，扬子电子有限公司发生的库存商品经济业务及所做的相应的会计处理如下。

(1) 验收入库甲产品 900 件，实际单位成本 400 元，计 360 000 元；乙产品 800 件，实际单位成本 200 元，计 160 000 元

借：库存商品——甲产品　　　　360 000
　　　　　　——乙产品　　　　160 000
　　贷：生产成本——甲产品　　　　360 000
　　　　　　　　——乙产品　　　　160 000

(2) 销售甲产品 700 件，销售乙产品 600 件

借：主营业务成本　　　　400 000
　　贷：库存商品——甲产品　　　　280 000
　　　　　　　　——乙产品　　　　120 000

根据上述业务，库存商品账户登记如下。

库存商品

借方		贷方
期初余额	0	
	520 000	400 000
期末余额	120 000	

2. 成本计价方法

对发出和销售的产成品，可以采用先进先出法、加权平均法、移动平均法或者个别计价法等方法确定其实际成本。核算方法一经确定，不得随意变更。如需变更，应在会计报表附注中予以说明。

(1) 个别计价法，亦称个别认定法、具体辨认法、分批实际法，其特征是注重所发出存货具体项目的实物流转与成本流转之间的联系，逐一辨认各批发出存货和期末存货所属的购进批别或生产批别，分别按其购入或生产时所确定的单位成本计算各批发出存货和期末存货的成本。个别计价法确定的存货成本最为准确。

(2) 月末一次加权平均法，是指以当月全部进货数量加上月初存货数量作为权数，去除当月全部进货成本加上月初存货成本，计算出存货的加权平均单位成本，以此为基础计算当月发出存货的成本和期末存货的成本。

计算公式：

$$存货单位成本=\frac{月初库存存货的实际成本+\sum\left(本月各批进货的实际单位成本\times本月各批进货的数量\right)}{月初库存存货数量+本月各批进货数量之和}$$

本月发出存货的成本=本月发出存货的数量×存货单位成本

本月月末库存存货成本=月末库存存货的数量×存货单位成本

或：

本月月末库存存货成本=月初库存存货的实际成本+本月收入存货的实际成本-本月发出存货的实际成本。

此方法利于简化成本计算工作，但不利于存货成本的日常管理与控制。

(3) 移动加权平均法，是指以每次进货的成本加上原有库存存货的成本，除以每次进货数量与原有库存存货的数量之和，据以计算加权平均单位成本，作为在下次进货前计算各次发出存货成本的依据。

计算公式：

$$存货单位成本=\frac{\begin{matrix}库存原有存货\\的实际成本\end{matrix}+\begin{matrix}本次进货\\的实际成本\end{matrix}}{原有库存存货数量+本次进货数量}$$

$$本次发出存货的成本=本次发出存货的数量\times本次发货前存货的单位成本$$

$$本月月末库存存货成本=月末库存存货的数量\times本月月末存货单位成本$$

此方法能使管理当局及时了解存货的结存情况，计算的平均单位成本及发出和结存的存货成本比较客观。但计算量较大，对收发频繁的企业不适用。

(4) 先进先出法是以先购入的存货应先发出（销售或耗用）这样一种存货实物流动假设为前提，对发出存货进行计价。先购入的存货成本在后购入存货成本之前转出，据此确定发出存货和期末存货的成本。期末存货成本比较接近现行的市场价值，因此当物价上涨时，会高估企业当期利润和期末存货价值；反之，会低估企业当期利润和期末存货价值。

5.1.3 周转材料科目的具体运用

周转材料主要包括企业能够多次使用，逐渐转移其价值但仍保持原有形态不确认为固定资产的包装物和低值易耗品等，以及建筑承包企业的钢模板、木模板、脚手架和其他周转使用的材料等。

企业周转材料采用计划成本或实际成本核算的，包括包装物、低值易耗品等，可按照周转材料的种类，分别“在库”“在用”和“摊销”进行明细核算。企业的包装物、低值易耗品，也可以单独设置“包装物”“低值易耗品”科目。

周转材料可以采用一次转销法、五五摊销法、分次摊销法进行摊销，计入相关资产的成本或当期损益。但在实际操作中，由于周转材料价值较小，一般企业均采用一次转销法进行摊销，如图 5-4 所示。

(1) 购入低值易耗品时，借记“低值易耗品”账户，贷记“银行存款”“应付账款”等账户。

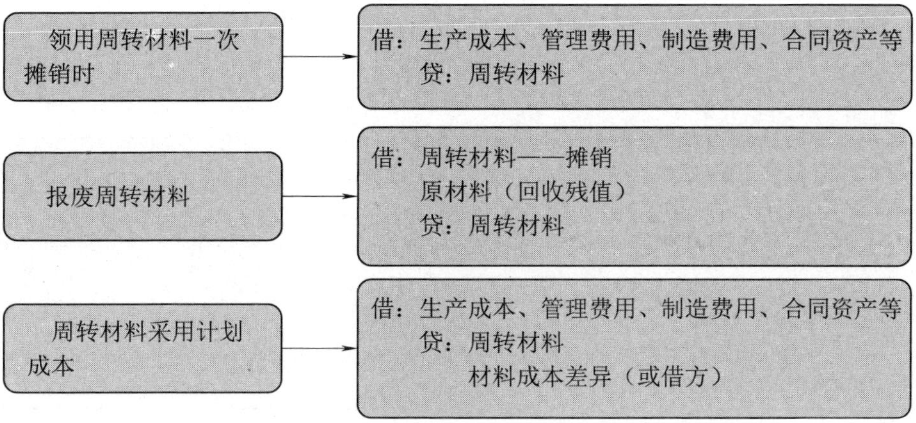

图 5-4　周转材料的账务处理

【例 5-3】扬子电子有限公司本月购进工具一批，增值税发票注明价款 3 400元，增值税 442 元，开出转账支票支付。转账支票存根见表 5-4。

表 5-4

中国工商银行

转账支票存根（深）

IV V000003

科　　目：

对方科目：

出票日期：2019 年 4 月 9 日

收款人：立帆设备有限公司
金　额：¥3 842
用　途：购买工具

单位主管　曲漫　　会计　沙芳

借：周转材料——低值易耗品　　3 400

　　应交税费——应交增值税（进项税额）　　442

　　贷：银行存款　　3 842

（2）领用低值易耗品时。

【例 5-4】扬子电子有限公司 4 月生产车间领用工具一套，实际成本 2 400

元，管理部门领用办公用具560元。采用一次摊销法，见表5-5。

表 5-5　　　　　　　　　　**材料出库单**

2019年4月

类别 用途	材料		
	生产工具（元）	办公用具（元）	合　计
生产成本	2 400		2 400
管理费用		560	560
合　计			2 960

借：生产成本——生产工具　　　　2 400

　　管理费用　　　　560

　　贷：周转材料——低值易耗品　　　　2 960

根据上述业务，库存商品账户登记如下。

周转材料

借方		贷方
期初余额	0	
	3 400	2 960
期末余额	440	

5.1.4　委托加工物资科目的具体运用

委托加工物资是指企业委托外单位加工成新的材料或包装物、低值易耗品、商品等。

1. 委托加工物资的成本确定

委托加工物资的成本应当包括：①加工中实际耗用物资的成本；②支付的加工费用；③支付的税金（根据委托加工物资的具体情况，可能涉及增值税和消费税）；④委托加工物资的往返运杂费、保险费等。

对于发生委托加工物资的一方为委托方，收到委托加工物资并按委托方的要求进一步加工的一方为受托方。

（1）增值税的处理。

①对于一般纳税人收回委托加工物资时，对于支付的受托方的增值税，如果取得了增值税专用发票，应计入“应交税费——应交增值税（进项税额）”科目，不计入委托加工物资的成本。如果未取得增值税专用发票，则将支付增值税的部分，同样计入委托加工物资的成本。

②对于小规模纳税人，即使取得增值税专用发票，也不得抵扣增值税进项税额，对于支付增值税的部分，计入委托加工物资的成本。

③关于凡属于加工物资用于非纳增值税项目、免征增值税项目、未取得增值税专用发票的一般及小规模纳税企业的加工物资，应将这部分增值税计入加工物资成本。

（2）消费税的处理。

①对于委托方收回委托加工物资，如果委托加工物资收回后直接销售的，关于支付给受托方的消费税部分，直接计入委托加工物资的成本。

②对于委托方收回委托加工物资，如果委托加工物资收回后连续加工成应税消费品再出售的，关于支付给受托方的消费税部分，直接计入“应交税费——应交消费税”科目的借方，不计入委托加工物资的成本。

如果采用计划成本法核算，在发出委托加工物资时，应同时结转发出材料应负担的材料成本差异。收回委托加工物资时，应视同材料购入应结转采购形成的材料成本差异。

2. 委托加工物资科目的设置与账务处理

委托加工物资科目核算企业委托外单位加工的各种物资的实际成本。该科目应按加工合同和委托加工单位设置明细科目，反映加工单位名称，加工合同号数，发出加工物资的名称、数量，发生的加工费用和运杂费，退回剩余物资的数量及实际成本，以及加工完成物资的实际成本等。

“委托加工物资”借方登记的是：领用加工物资的实际成本；支付的加工费用应负担的运杂费、保险费以及支付的税金（包括应负担的增值税）。

委托加工物资（资产类）

借方	贷方
期初余额	
企业增加委托加工物资	企业减少委托加工物资
期末借方余额 反映企业持有的委托加工物资	

为了反映和监督委托加工物资的增减变动及其结存情况，企业应设置“委托加工物资”科目。委托加工物资可以采用计划成本或售价进行核算。账务处理如图 5-5 所示。

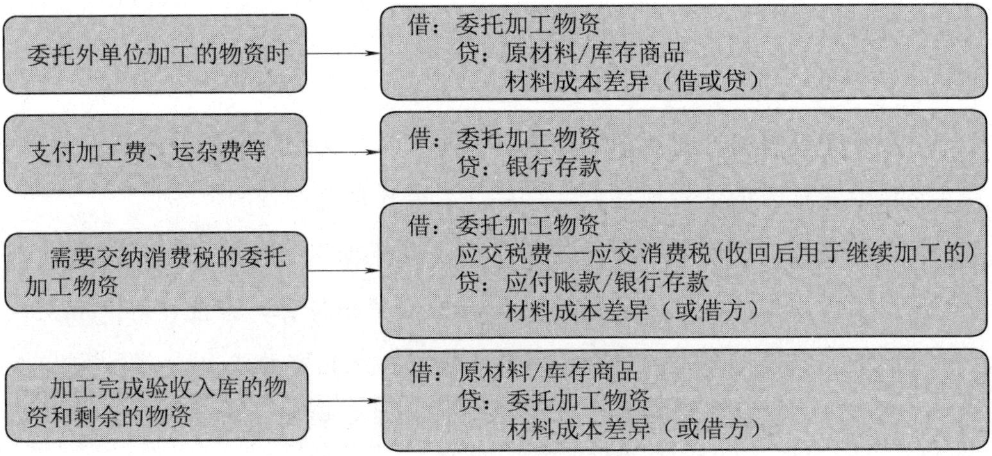

图 5-5　委托加工物资的账务处理

【例 5-5】 扬子电子有限公司委托乙企业加工一批 A 材料（属于应税消费品），成本为 80 000 元，支付加工费为 1 000 元（不含增值税），消费税税率为 10%，加工完毕验收入库，加工费用等尚未支付。双方适用的增值税税率均为 13%，扬子电子有限公司的有关会计处理如下：

（1）发出委托加工材料

借：委托加工物资	80 000	
贷：原材料——甲材料		80 000

（2）支付加工费用

消费税的组成计税价格＝（80 000＋1 000）÷（1－10%）＝90 000（元）

（受托方）代收代缴的消费税：90 000×10%＝9 000（元）

应纳增值税＝1 000×13％＝130（元）

根据计算结果甲企业编制会计分录如下：

①扬子电子有限公司收回加工后的材料用于继续生产应税消费品。

借：委托加工物资　　1 000

　　应交税费——应交增值税（进项税额）　　130

　　　　　　——应交消费税　　9 000

　　贷：应付账款——乙企业　　10 130

②加工完成收回委托加工原材料A。

借：原材料——甲材料　　81 000

　　贷：委托加工物资　　81 000

根据上述业务，委托加工物资账户登记如下。

委托加工物资

借方　　贷方

借方	贷方
期初余额	
80 000 1 000	81 000
期末余额　0	

5.2 固定资产

固定资产是企业生产经营过程中的重要生产资料。固定资产，是指同时具有下列特征的有形资产：

（1）为生产商品，提供劳务，出租或经营管理而持有的；

（2）使用寿命超过一个会计年度；

（3）固定资产为有形资产。

5.2.1 固定资产科目的设置

为了对固定资产进行会计核算，企业一般需要设置“固定资产”“累计折旧”“工程物资”“在建工程”“固定资产清理”等科目，核算固定资产取得、计提折旧、处置等情况。

该科目借方登记企业增加的固定资产原价，贷方登记企业减少的固定资产原价，期末借方余额，反映企业期末固定资产的账面原价。“固定资产”科目一般分为三级，企业除了应设置“固定资产”总账科目，还应设置“固定资产登记簿”和“固定资产卡片”，按固定资产类别、使用部门和每项固定资产进行明细核算。固定资产账户结构如下：

固定资产（资产类）

借方	贷方
期初余额	
企业增加固定资产	企业减少固定资产
期末借方余额 反映企业持有的固定资产	

固定资产应当按照取得时成本进行初始计量。对于特定行业的特定固定资产（如核工业反应堆），确定其初始入账成本时还应考虑弃置费用。

企业外购固定资产的成本，包括购买价款、相关税费和使固定资产达到预定可使用状态前所发生的可归属于该项资产的运输费、装卸费、安装费和专业人员服务费（不含可抵扣的增值税进税额）等。

小贴士

①员工培训费不计入固定资产成本，计入当期损益；②购买固定资产发生的差旅费，不计入固定资产成本，计入当期损益。

外购固定资产的相关账务处理，见表5-6。

表5-6　外购固定资产的相关账务处理

项　目		账务处理（以一般纳税人为例）
外购不需要安装的固定资产（动产）		借：固定资产 应交税费——应交增值税（进项税额） 贷：银行存款等
购入需要安装的固定资产	购入时	借：在建工程 应交税费——应交增值税（进项税额） 贷：银行存款等
	支付安装费时（如果取得增值税专用发票）	借：在建工程 应交税费——应交增值税（进项税额） 贷：银行存款等

续上表

项目		账务处理（以一般纳税人为例）
购入需要安装的固定资产	耗用了本单位的材料或人工时	借：在建工程 贷：原材料 应付职工薪酬
	安装完毕交付使用时	借：固定资产（在建工程借方金额合计） 贷：在建工程
2019年4月1日以后购入不动产或者不动产在建工程，取得增值税专用发票		借：固定资产/在建工程 应交税费——应交增值税（进项税额） 贷：银行存款等

需要注意的是，企业以一笔款项购入多项没有单独标价的固定资产。按各项固定资产公允价值的比例对总成本进行分配，分别确定各项固定资产的成本。

每一单项固定资产的入账成本＝待分配总成本×该单项固定资产的公允价值÷各单项固定资产公允价值之和

固定资产入账成本＝买价＋装卸费＋运输费＋安装费＋专业人员服务费等

一般纳税人购入固定资产支付的增值税，可以作为进项税抵扣。小规模纳税人购入固定资产支付的增值税不可以抵扣，直接计入固定资产的成本。

【例 5-6】 2019年4月23日，扬子电子有限公司从华南制造厂购入一台需要安装的电梯，电梯买价535 000元，增值税69 550元，运杂费1 308元（运输公司增值税率为9%）。按合同约定，电梯由供货方安装，安装费9 400元。全部款项中买价和增值税尚未支付，其余以用银行存款付讫，设备安装并交付使用。固定资产验收单见表5-7。

（1）购入电梯时，采购成本＝535 000＋1 308÷（1＋9%）＝536 200（元）

运费的进项增值税额＝1 308÷（1＋9%）×9%＝108（元）

借：在建工程　　536 200

　　应交税费——应交增值税（进项税额）（69 550＋108）

　　　　69 658

　贷：应付账款　　604 550

　　　银行存款　　1 308

（2）支付安装费用时。

借：在建工程　　9 400

　　贷：银行存款　　9 400

（3）2019 年 4 月 26 日，电梯安装完毕并交付使用时。

借：固定资产　　545 600

　　贷：在建工程　　545 600

表 5-7　　扬子电子有限公司

固定资产（电梯）验收交付使用交接单

编号：NO. 00031　　2019 年 4 月 26 日　　单位：元

供货商	扬子电子有限公司	合同科目代码	GT098		发票科目代码	略		收货日期	2019 年 4 月 26 日	
资金来源	银行存款	用途	工地使用							
序号	固定资产（设备）名称	设备类别	设备科目代码	规格型号	单位	数量	单价	安装费	运费	总计
1	电梯				部	1	535 000	9 400	1 200	545 600
2										
3										
4										
5										
合计										
部门		部门负责人	经办人		部门			部门负责人	经办人	
采购部门		采购部			使用部门			办公大楼		
验收部门		质检部			财务部门					

根据上述业务，固定资产账户登记如下。

固定资产

借方		贷方
期初余额	3 748 100	
	545 600	
期末余额	4 293 700	

5.2.2 固定资产折旧方法

固定资产折旧方法可以采用年限平均法、工作量法、双倍余额递减法、年数总和法等。固定资产折旧方法一经确定，不得随意变更。具体内容见表 5-8。

表 5-8　　固定资产折旧方法

折旧方法	定　义	公　式
年限平均法	又称直线法，是指将固定资产的应计折旧额均衡地分摊到固定资产使用寿命期内的一种方法。采用这种方法计算的每期折旧额均相等	年折旧率＝（1－预计净残值率）÷预计使用寿命（年）×100％ 月折旧率＝年折旧率÷12 月折旧额＝固定资产原价×月折旧率
工作量法	是根据实际工作量计算每期应提折旧额的一种方法	单位工作量折旧额＝固定资产原价×（1－预计净残值率）÷预计总工作量 某项固定资产月折旧额＝该项固定资产当月工作量×单位工作量折旧额
双倍余额递减法	是指在不考虑固定资产预计净残值的情况下，根据每期期初固定资产原价减去累计折旧后的金额和双倍的直线法折旧率计算固定资产折旧的一种方法。	年折旧率＝2÷预计使用寿命（年）×100％ 月折旧率＝年折旧率÷12 月折旧额＝每月月初固定资产账面净值×月折旧率
年数总和法	又称年限合计法，是指将固定资产的原价减去预计净残值后的余额，乘以一个以固定资产尚可使用寿命为分子。以预计使用寿命逐年数字之和为分母的逐年递减的分数计算每年的折旧额	年折旧率＝尚可使用年限÷预计使用寿命的年数总和×100％ 月折旧率＝年折旧率÷12 月折旧额＝（固定资产原价－预计净残值）×月折旧率

固定资产按月计提折旧，企业通过编制“固定资产折旧计算表”作为固定资产折旧账务处理的依据，每月计提折旧时，可以在上月计提的折旧额的基础上，根据上月固定资产的增减变动情况调整计算出当月应计提的折旧额，计算方法如下：

当月应计提折旧额＝上月计提的折旧额＋上月增加固定资产应计提的折旧额－上月减少固定资产应计提的折旧额

每月计提的折旧额应按固定资产用途计入相关资产的成本或者当期损益费用。

固定资产应当按月计提折旧，计提的折旧应通过“累计折旧”科目核算，并根据用途计入相关资产的成本或者当期损益，见表5-9。

表5-9 固定资产折旧

形　式	记入科目
企业自行建造固定资产过程中使用的固定资产	计提的折旧计入在建工程
基本生产车间	计提的折旧应计入制造费用
管理部门	计提的折旧应计入管理费用
销售部门	计提的折旧应计入销售费用
经营租出的固定资产	计提的折旧应计入其他业务成本

【例5-7】扬子电子有限公司2019年3月31日编制的固定资产折旧计算表，见表5-10。

表5-10 固定资产折旧计算表

2019年3月31日

使用部门	上月折旧额	上月增加固定资产应提折旧额	上月减少固定资产应提折旧额	本月折旧额
第一生产车间	80 000	5 280	7 600	77 680
第二生产车间	106 000	3 700	9 000	100 700
行政管理部门	25 900	3 400	5 500	23 800
经营性租出	25 300	—	—	25 300
合计	237 200	12 380	22 100	227 480

借：制造费用——第一生产车间　　77 680
　　　　　　——第二生产车间　　100 700
　　管理费用　　23 800
　　销售费用　　25 300
　　贷：累计折旧　　227 480

将制造费用转入生产成本。

借：生产成本　　178 380
　　贷：制造费用——第一生产车间　　77 680
　　　　　　　　——第二生产车间　　100 700

根据上述业务，登记累计折旧账户如下。

累 计 折 旧

借方　　　　　　　　　　　　　　　　　　　　　　　　　　　　贷方

	期初余额　181 200
	227 480
	期末余额　408 680

5.2.3　固定资产的处置

1. 固定资产的处置及其终止确认

所谓固定资产处置，通常就是指企业固定资产的出售和对报废、毁损固定资产的处理。此外，企业因对外投资、非货币性资产交换、债务重组等原因转出固定资产，也属于固定资产处置。

2. 固定资产出售、报废或毁损的核算

企业对出售、报废或毁损的固定资产，应设置“固定资产清理”账户进行核算。出售、抵债、投资、捐赠时记入“资产处置损益”科目；报废和毁损固定资产所得净收益，应计入营业外收入（“非流动资产处置利得”项目），如为净损失应计入营业外支出（属于正常的处理损失，计入“非流动资产处置损失”项目）。如果企业在筹建期间发生出售、报废和毁损固定资产处置业务，其净损益应计入管理费用。

企业因对外投资、非货币性资产交换、债务重组等原因转出的固定资产，一般也通过“固定资产清理”账户进行核算，具体处理应按有关会计准则的规定进行处理。

固定资产出售、报废或毁损的账务处理，见表 5-11。

表 5-11　　　　　　　　固定资产处置的账务处理

处置固定资产的核算	借：固定资产清理 　　累计折旧 　　固定资产减值准备 　　贷：固定资产
发生的清理费用	借：固定资产清理 　　贷：银行存款

续上表

出售收入		借：银行存款 　　贷：固定资产清理 　　　　应交税费——应交增值税（销项税额）
保险赔偿和残料		借：其他应收款/原材料 　　贷：固定资产清理
出售	固定资产清理完成后的净收益	借：资产处置损益 　　贷：固定资产清理
毁损、报废	固定资产清理完成后的净损失	借：营业外支出（损失） 　　贷：固定资产清理 　　　　营业外收入（收益）

【例 5-8】扬子电子有限公司报废一台生产设备，原价 434 000 元，已提折旧 285 000 元，未计提减值准备，报废资产的残料变价 12 900 元已存入银行，支付清理费用 8 400 元，设备清理完毕。

（1）结转固定资产账面价值。

借：固定资产清理　　149 000

　　累计折旧　　285 000

　　贷：固定资产　　434 000

（2）支付清理费用。

借：固定资产清理　　8 400

　　贷：银行存款　　8 400

（3）残料变价收入存入银行。

借：银行存款　　12 900

　　贷：固定资产清理　　12 900

（4）结转固定资产清理。

借：营业外支出——非流动资产处置损失　　144 500

　　贷：固定资产清理　　144 500

根据上述业务，固定资产清理账户登记如下。

固定资产清理

借方		贷方
期初余额	0	
	149 000	12 900
	84 000	144 500
期末余额	0	

小贴士

编制资产负债表时，“固定资产”行项目，反映资产负债表日企业固定资产的期末账面价值和企业尚未清理完毕的固定资产清理净损益。该项目应根据“固定资产”科目的期末余额，减去“累计折旧”和“固定资产减值准备”科目的期末余额后的金额，以及“固定资产清理”科目的期末余额填列。

5.3 无形资产

无形资产是指企业拥有或控制的没有实物形态的可辨认非货币性资产。无形资产主要包括专利权、非专利技术、商标权、著作权、土地使用权、特许权等。商誉的存在无法与企业自身分离，不具有可辨认性，不在本准则规范。

无形资产同时满足下列条件的，才能予以确认：

（1）与该无形资产有关的经济利益很可能流入企业；

（2）该无形资产的成本能够可靠地计量。

企业取得的土地使用权通常应确认为无形资产，但改变土地使用权用途，用于赚取租金或资本增值的，应当将其转为投资性房地产。

自行开发建造厂房等建筑物，相关的土地使用权与建筑物应当分别进行处理。外购土地及建筑物支付的价款应当在建筑物与土地使用权之间进行分配；难以合理分配的，应当全部作为固定资产。

企业（房地产开发）取得土地用于建造对外出售的房屋建筑物，相关的土地使用权账面价值应当计入所建造的房屋建筑物成本。

5.3.1 无形资产初始计量

1. 外购无形资产

外购无形资产的成本包括购买价款、相关税费以及直接归属于使该项资产达到预定用途所发生的其他支出。

其中，相关税费不包括按照现行增值税制度规定，可以从销项税额中抵扣的增值税进项税额。不包括在无形资产初始成本中的项目：①引入新产品进行宣传发生的广告费、管理费用及其他间接费用；②为使用该项新技术发生的有关人员培训费。

2. 自行研究开发无形资产

自行研究开发无形资产的账务处理，见表 5-12。

表 5-12　　自行研究开发无形资产账务处理

业务情形	账务处理
研究阶段不满足资本化条件支出	借：研发支出——费用化支出 　　贷：原材料 　　　　银行存款 　　　　应付职工薪酬 期末，不满足资本化条件的支出会计处理。 借：管理费用 　　贷：研发支出——费用化支出
开发阶段满足资本化条件支出	借：研发支出——资本化支出 　　贷：原材料 　　　　银行存款 　　　　应付职工薪酬 期末，满足资本化条件的支出会计处理。 借：无形资产 　　贷：研发支出——资本化支出

自行研发无形资产发生的支出取得增值税专用发票的计入应交税费——应交增值税（进项税额）；如果无法可靠区分研究阶段的支出和开发阶段的支出，应将其所发生的研发支出全部费用化，计入当期损益。

企业应当根据研究与开发的实际情况加以判断。

（1）研究阶段。

研究阶段是探索性的，为进一步开发活动进行资料及相关方面的准备，已进行的研究活动将来是否会转入开发、开发后是否会形成无形资产等均具有较大的不确定性。

比如，意在获取知识而进行的活动，研究成果或其他知识的应用研究、评价和最终选择，材料、设备、产品、工序、系统或服务替代品的研究，新的或经改进的材料、设备、产品、工序、系统或服务的可能替代品的配制、设计、评价和最终选择等，均属于研究活动。

（2）开发阶段。

相对于研究阶段而言，开发阶段应当是已完成研究阶段的工作，在很大程度上具备了形成一项新产品或新技术的基本条件。

比如，生产前或使用前的原型和模型的设计、建造和测试，不具有商业性生产经济规模的试生产设施的设计、建造和运营等，均属于开发活动。

【例 5-9】扬子电子有限公司 2017 年 1 月 1 日，开始自行研究开发一项新技术，截止当年年末该项目研究各项工作已经完成，共发生 85 400 元（假定均以银行存款支付）。2018 年 1 月进入开发阶段，共发生 532 100 元，并符合开发支出予以资本化的条件，其中材料费用 230 000 元、研发人员薪酬 249 000元、以银行存款支付相关费用 53 100 元。2019 年 3 月末，研发的新技术达到预定使用用途，形成一项非专利技术，确认为企业的无形资产。

（1）2017 年项目研发阶段发生的支出。

借：研发支出——费用化支出	85 400	
贷：银行存款		85 400

（2）2017 年结转项目费用化支出。

借：管理费用	85 400	
贷：研发支出——费用化支出		85 400

（3）2018 年项目开发阶段发生的、予以资本化条件的支出。

借：研发支出——资本化支出	532 100	
贷：原材料		230 000
应付职工薪酬		249 000
银行存款		53 100

（4）2019 年 3 月末，研究开发的新技术达到预定用途。

借：无形资产——非专利技术	532 100	
贷：研发支出——资本化支出		532 100

根据上述业务，无形资产账户登记如下。

无形资产——非专利技术

借方		贷方
期初余额	0	
	532 100	
期末余额	532 100	

5.3.2 无形资产的摊销

企业应当按月对无形资产进行摊销。无形资产的摊销额一般应当计入当期损益。企业自用的无形资产，其摊销金额计入管理费用，出租的无形资产，其摊销金额计入其他业务成本，某项无形资产包含的经济利益通过所生产的产品或其他资产实现的，其摊销金额应当计入相关资产成本，如图 5-6 所示。

账面净值＝账面余额－累计摊销

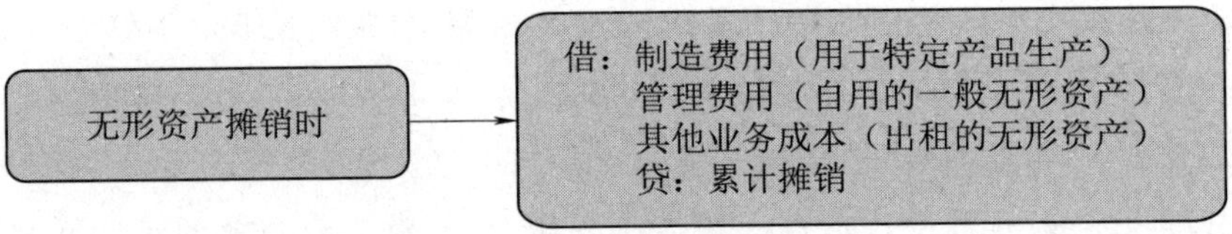

图 5-6 无形资产的摊销账处理

【例 5-10】2019 年 3 月 26 日，扬子电子有限公司从其他公司购入一项商标权，以银行存款支付买价和有关费用合计 509 400 元。估计该项商标权的使用寿命为 10 年。假定这项无形资产的净残值均为零，并按直线法摊销。

3 月摊销费用为 4 245（509 400÷10÷12）元。

借：管理费用　　　　4 245

　　贷：累计摊销　　　　4 245

根据上述业务，无形资产累计摊销账户登记如下。

累计摊销——商标权

借方	贷方	
	期初余额	0
		4 245
	期末余额	4 245

第6章 企业投资业务的核算

企业投资业务包括金融工具投资和长期股权投资。

6.1 新金融工具

2008年国际金融危机发生后，现行会计准则下的金融工具会计问题凸显。国际会计准则理事会于2014年7月发布了《国际财务报告准则第9号——金融工具》（IFRS9），于2018年1月1日生效。我国借鉴IFRS9并结合我国实际情况和需要，财政部修订了金融工具相关会计准则。2017年3月31日，财政部修订发布了《企业会计准则第22号——金融工具确认和计量》《企业会计准则第23号——金融资产转移》和《企业会计准则第24号——套期会计》等三项金融工具会计准则（以下简称新金融工具准则或新准则）。本章只介绍金融资产。

6.1.1 新金融工具准则实施时间

国际会计准则理事会为了避免保险公司因执行新金融工具相关会计准则而导致其资产和负债的错配，以及因执行即将发布的国际保险合同会计准则而需要两次调账，于2016年9月通过决议，允许符合条件的保险公司延后执行新金融工具国际财务报告准则，但最晚不得晚于2021年1月1日。我国也拟借鉴国际做法，实施时间如下：

符合条件的保险公司允许在2018年1月1日至2021年1月1日任意年度执行新金融工具相关会计准则，最迟不晚于2021年。

除下列各项外，新金融工具准则适用于所有企业各种类型的金融工具：

长期股权投资　职工薪酬　股份支付　债务重组　或有事项　收入　租赁　套期会计　金融工具列表　金融资产转移

6.1.2　金融资产分类

金融资产分类由现行“四分类”改为“三分类”

修订前分类与计量

基于合同特征和持有意图（例如：交易还是持有到期）进行资产分类

金融资产有四类：以公允价值计量且其变动计入当期损益的金融资产；持有至到期投资；贷款和应收款项；可供出售金融资产

可以对含嵌入衍生工具的金融资产进行拆分

修订后分类与计量

基于商业模式和合同现金流特征进行资产分类：

金融资产有三类：以公允价值计量且其变动计入当前损益的金融资产；以摊余成本计量的金融资产；以公允价值计量且其变动计入其他综合收益的金融资产

不得对含嵌入衍生工具的金融资产进行拆分

6.1.3　以公允价值计量且其变动计入当期损益的金融资产

企业常见的下列投资产品通常应当分类为以公允价值计量且其变动计入当期损益的金融资产：股票、基金、可转换债券。

此外，在初始确认时，如果能够消除或显著减少会计错配，企业可以将金融资产指定为以公允价值计量且其变动计入当期损益的金融资产。该指定一经作出，不得撤销。

1. 账户设置

企业应设置“交易性金融资产”科目，本科目应当按照交易性金融资产的类别和品种，分别“成本”“公允价值变动”进行明细核算，“公允价值变动损益”科目核算企业交易性金融资产等公允价值变动而形成的应计入当期损益的利得或损失。

交易性金融资产（资产类）

借方	贷方
期初余额	
企业增加交易性金融资产	企业减少交易性金融资产
期末借方余额 反映企业持有的交易性金融资产	

2. 账务处理

交易性金融资产的账务处理，见表6-1。

表6-1　　交易性金融资产的账务处理

<table>
<tr><th colspan="2">财务情况</th><th>账务处理</th></tr>
<tr><td colspan="2">取得时</td><td>借：交易性金融资产——成本（公允价值）
应收股利或应收利息（已宣告未发放的股利、利息）
应交税费——应交增值税（进项税额）
投资收益（交易费用）
贷：其他货币资金——存出投资款</td></tr>
<tr><td rowspan="3">持有时</td><td>宣告及收到股利、利息时</td><td>宣告时不做处理。
收到时：
借：应收股利/应收利息
贷：投资收益
借：其他货币资金——存出投资款
贷：应收股利/应收利息</td></tr>
<tr><td>期末计价公允价值＞账面价值时</td><td>借：交易性金融资产——公允价值变动
贷：公允价值变动损益</td></tr>
<tr><td>期末计价公允价值＜账面价值时</td><td>借：公允价值变动损益
贷：交易性金融资产——公允价值变动</td></tr>
<tr><td rowspan="2">处置时</td><td>盈利</td><td>借：其他货币资金——存出投资款
贷：交易性金融资产——成本
交易性金融资产——公允价值变动
投资收益</td></tr>
<tr><td>亏损</td><td>借：银行存款
投资收益
交易性金融资产——公允价值变动
贷：交易性金融资产——成本</td></tr>
</table>

续上表

财务情况	账务处理
转让金融商品应交增值税	借：投资收益（或贷） 　　贷：应交税费——转让金融商品应交增值税（或借）

【例 6-1】扬子电子有限公司 2019 年 1 月 1 日购入同方公司 2019 年 1 月 1 日发行的债券，支付价款为 210 万元（含已到付息期但尚未领取的债券利息 4 万元），另支付交易费用 1 万元。该债券面值为 200 万元，票面年利率为 4%（票面利率等于实际利率），每半年付息一次，甲公司将其划分为交易性金融资产。

（1）2019 年 1 月 1 日，购入同方公司债券 2 100 000 元。见表 6-2。

表 6-2

中国工商银行
现金支票存根
IV V000467

科　　目：

对方科目：

出票日期：2019 年 1 月 1 日

收款人：	同方公司
金　额：	2 110 000
用　途：	投资

单位主管　张楠　　会计　付晴

借：其他货币资金——存出投资款　　2 110 000

　　贷：银行存款　　2 110 000

（2）2019 年 1 月 1 日，取得该项交易性金融资产。

借：交易性金融资产——成本　　2 060 000

　　应收利息（2 000 000×4%×1/2）　　40 000

　　投资收益　　10 000

　　贷：其他货币资金——存出投资款　　2 110 000

（3）1 月 15 日，收到价款中包含的应收未收利息。

借：其他货币资金——存出投资款　　40 000

　贷：应收利息　　40 000

根据上述业务，交易性金融资产账户结构如下。

交易性金融资产

借方		贷方
期初余额	0	
	2 060 000	
期末余额	2 060 000	

图 6-1　交易性金融资产账户结构

6.1.4　以摊余成本计量的金融资产

金融资产同时符合下列条件的，应当分类为以摊余成本计量的金融资产：

（1）企业管理该金融资产的业务模式是以收取合同现金流量为目标。

（2）该金融资产的合同条款规定，在特定日期产生的现金流量，仅为对本金和以未偿付本金金额为基础的利息的支付。

例如，银行向企业客户发放的固定利率贷款、普通债券、具有一定信用期限的应收账款，如果企业拟根据这些合同现金流量收取现金，且不打算提前处置的，则可以分类为以摊余成本计量的金融资产。

1. 实际利率

实际利率，是指将金融资产或金融负债在预计存续期的估计未来现金流量折现为该金融资产账面余额（不考虑减值）或该金融负债摊余成本所使用的利率。在确定实际利率时，应当在考虑金融资产或金融负债所有合同条款（如提前还款、展期、看涨期权或其他类似期权等）的基础上估计预期现金流量，但不应当考虑预期信用损失。

2. 构成实际利率组成部分的各项费用

构成金融工具实际利率组成部分的各项费用包括：①企业形成或取得某项金融资产而收取的必不可少的费用。例如评估借款人财务状况，评估并记录各类担保、担保物和其他担保安排，议定金融工具的合同条款，编制和处理相关文件，达成交易等相关活动而收取的补偿。②企业收取的发放贷款的承诺费用。若贷款承诺不以公允价值计量，且企业很可能签订相关借款协议，此费用可视为企业持续涉入取得金融工具的过程而获得的补偿。③企业发行以摊余成本计量的金融负债而支付的必不可少的费用。企业应当区分构成相关金融负债实际利率组成部分的必不可少的费用和涉及提供服务（如投资管理服务）的交易费用。

3. 摊余成本

金融资产或金融负债的摊余成本，应当以该金融资产或金融负债的初始确认金额经下列调整确定：

①扣除已偿还的本金。

②加上或减去采用实际利率法将该初始确认金额与到期日金额之间的差额进行摊销形成的累计摊销额。

③扣除计提的累计信用减值准备（仅适用于金融资产）。

如何理解“加上或减去采用实际利率法将该初始确认金额与到期日金额之间的差额进行摊销形成的累计摊销额”，如图 6-1 所示。

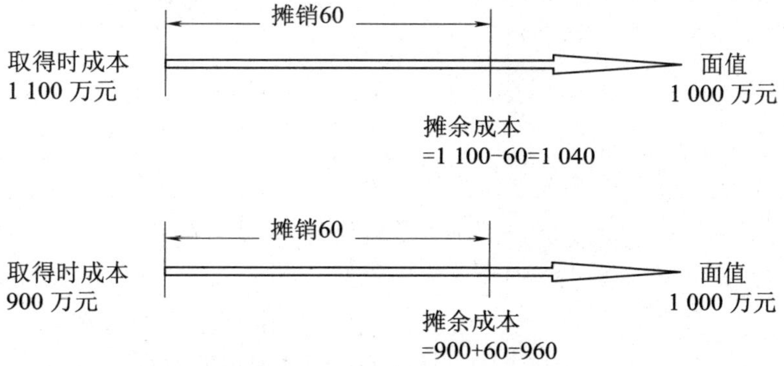

图 6-1　摊余成本图释

本期计提的利息＝期初摊余成本×实际利率

期末摊余成本＝期初摊余成本＋本期计提的利息－本期收回的利息和本

金－本期计提的减值准备

某期末摊余成本＝期初摊余成本＋利息调整摊销额－实际收到本金－减值准备

利息调整摊销额＝期初摊余成本×实际利率－面值×票面利率。

某期期末摊余成本＝期初摊余成本＋期初摊余成本×实际利率－面值×票面利率。

【提示】就债权投资来说，摊余成本即为其账面价值。

4. 账务处理

债权投资应设置债权投资科目，按照投资的类别和品种，分别设置“成本”“利息调整”“应计利息”等明细科目核算。本科目期末借方余额，反映企业债权投资的摊余成本。债权投资账户结构如下。

债权投资（资产类）

借方	贷方
期初余额	
本期增加债权投资	本期减少债权投资
期末余额反映企业持有的债权投资	

债权投资的主要账务处理，见表6-3。

表6-3　　债权投资的主要账务处理

财务情形		账务处理
取得时		借：债权投资——成本（面值） 债权投资——利息调整（或贷） 应收利息（价款中包含利息） 贷：银行存款
账面余额		持有至到期投资的账面余额＝成本＋（－）利息调整＋应计利息
持有时	资产负债表日的处理	借：应收利息（或债权投资——应计利息） 债权投资——利息调整（或贷） 贷：投资收益 借：银行存款 贷：应收利息

财务情形		账务处理
出售时	盈利	借：其他货币资金——存出投资款 债权投资减值准备 贷：债权投资——成本 ——利息调整 ——应计利息 投资收益
	亏损	借：其他货币资金——存出投资款 持有至到期投资减值准备 投资收益 贷：持有至到期投资——成本 ——利息调整 ——应计利息

【例 6-2】2019 年 1 月 1 日，扬子电子有限公司支付价款 1 000 000 元（含交易费用）从深圳证券交易所购入新都酒店同日发行的 5 年期公司债券 12 500份，债券票面价值总额为 1 250 000 元，票面年利率为 4.72%，于年末支付本年度债券利息，本金在债券到期一次性偿还。扬子电子有限公司有意图也有能力将该债券持有至到期，划分为到期投资。

假设不考虑其他因素，计算该债券的实际利率 r。

$59\ 000\times(1+r)^{-1}+59\ 000\times(1+r)^{-2}+59\ 000\times(1+r)^{-3}+59\ 000\times(1+r)^{-4}+(59\ 000+1\ 250\ 000)\times(1+r)^{-5}=1\ 000\ 000$（元）

采用插值法，计算得出 r=10%。根据利率，计算利息收入和期末摊余成本，见表 6-4。

表 6-4

日期	现金流入（a）	实际利息收入（b）=期初（d）×10%	已收回本金（c）=（a）－（b）	摊余成本余额（d）=期初（d）－（c）
2018 年 1 月 1 日				1 000 000
2018 年 12 月 31 日	59 000	100 000	−41 000	1 041 000
2019 年 12 月 31 日	59 000	104 100	−45 100	1 086 100
2020 年 12 月 31 日	59 000	108 610	−49 610	1 135 710
2021 年 12 月 31 日	59 000	113 571	−54 571	1 190 281

续上表

日期	现金流入（a）	实际利息收入（b）＝期初（d）×10%	已收回本金（c）＝（a）－（b）	摊余成本余额（d）＝期初（d）－（c）
2022年12月31日	59 000	118 719	－59 719	1 250 000
小计	295 000	545 000	－250 000	1 250 000
2022年12月31日	1 250 000	—	1 250 000	0
合计	1 545 000	545 000	1 000 000	—

根据表6-4，账务处理如下。

2019年1月1日，购入新都酒店债券。

借：债权投资——新都酒店——成本　　1 250 000

　　贷：银行存款　　1 000 000

　　　　债权投资——新都酒店——利息调整　　250 000

债权投资

借方	贷方
期初余额　0	
1 250 000	250 000
期末余额　1 000 000	

小贴士

编制资产负债表时，“债权投资”行项目，根据“债权投资”科目的相关明细科目期末余额，减去“债权投资减值准备”科目中相关减值准备的期末余额后的金额分析填列。自资产负债表日起一年内到期的长期债权投资的期末账面价值，在“一年内到期的非流动资产”行项目反映。企业购入的以摊余成本计量的一年内到期的债权投资的期末账面价值，在“其他流动资产”行项目反映。

6.1.5　以公允价值计量且其变动计入其他综合收益的金融资产

以公允价值计量且其变动计入其他综合收益的金融资产，是指：①企业管理该金融资产的业务模式既以收取合同现金流为目标，又以出售该金融资产为目标；②该金融资产的合同条款规定，在特定日期产生的现金流量，仅为对本金和未偿付本金金额为基础的利息支付。

以公允价值计量且其变动计入其他综合收益的金融资产分为债务工具和权益工具两种。

1. 其他债权投资的会计处理

其他债权投资科目核算企业持有的以公允价值计量且其变动计入其他综合收益的金融资产的公允价值，包括划分为股票投资、债券投资等金融资产。按照资产的类别和品种，分别“成本”“利息调整”“应计利息”“公允价值变动”等进行明细核算。发生减值的，可以单独设置“其他综合收益——其他债权投资减值准备”科目。

其他债权投资的主要账务处理，见表 6-5。

表 6-5　　其他债权投资的主要账务处理

<table>
<tr><th colspan="2">财务情况</th><th>账务处理</th></tr>
<tr><td colspan="2">取得时</td><td>借：其他债权资产——成本（面值）
应收股利（或应收利息）
其他债权投资——利息调整（借或贷）
贷：银行存款</td></tr>
<tr><td rowspan="2">债券持有时</td><td>资产负债表日的处理
债券为分期付息</td><td>借：应收利息
其他债权投资——利息调整（或贷）
贷：投资收益
借：银行存款
贷：应收利息</td></tr>
<tr><td>债券为一次还本付息</td><td>借：其他债权投资——应计利息
其他债权投资——利息调整（或贷）
贷：投资收益</td></tr>
<tr><td rowspan="2">公允价值变动时</td><td>资产负债表日，
公允价值上升</td><td>借：其他债权投资——公允价值变动
贷：其他综合收益</td></tr>
<tr><td>资产负债表日，
公允价值下降</td><td>借：其他综合收益
贷：其他债权投资——公允价值变动</td></tr>
</table>

续上表

财务情况	账务处理
处置时	借：银行存款 贷：其他债权投资——成本 ——公允价值变动 ——利息调整 ——应计利息 投资收益（或借） 同时，借：其他综合收益（或贷） 贷：投资收益（或借）

2. 指定为公允价值计量且其变动计入其他综合收益的金融资产

指定为公允价值计量且其变动计入其他综合收益的金融资产（权益工具）的会计处理，见表 6-6。

表 6-6　其他权益工具投资账务处理

企业取得金融资产	借：其他权益工具投资——成本（公允价值与交易费用之和） 应收股利 贷：银行存款等
资产负债表日公允价值正常变动	公允价值上升： 借：其他权益工具投资——公允价值变动 贷：其他综合收益 公允价值下降： 借：其他综合收益 贷：其他权益工具投资——公允价值变动
持有期间被投资单位发放现金股利	借：应收股利 贷：投资收益 借：银行存款 贷：应收股利
出售时	借：银行存款等 贷：其他权益工具投资（账面价值） 盈余公积 利润分配——未分配利润 同时： 借：其他综合收益 贷：盈余公积 利润分配——未分配利润 或作相反分录

【例 6-3】 2019 年 1 月 2 日，扬子电子有限公司从深圳证券交易所购入深发展股票 250 000 股，占深发展公司有表决权股份的 2%，支付价款合计 4 080 000元，其中，证券交易税等交易费用 6 000 元，已宣告发放现金股利 65 000 元。扬子电子有限公司将其划分为其他债权投资。

(1) 2019 年 1 月 2 日，扬子电子有限公司从深圳证券交易所购入深发展股票 250 000 股。

借：其他权益工具投资——深发展公司股票——成本 4 015 000

　　应收股利——深发展公司　65 000

　　贷：银行存款　4 080 000

深发展公司股票的单位成本＝（4 080 000－65 000）÷250 000＝16.06（元）

(2) 2019 年 1 月 20 日，扬子电子有限公司收到深发展发放的 2018 年现金股利 65 000 元。

借：银行存款　65 000

　　贷：应收股利——深发展公司　65 000

根据上述业务，可供出售金融资产账户结构如图 5-2 所示。

其他权益工具投资

借方　　　　贷方

期初余额	0	
	4 015 000	
期末余额	4 015 000	

小贴士

编制资产负债表时，“其他债权投资”行项目，根据“其他债权投资”科目的相关明细科目期末余额分析填列。自资产负债表日起一年内到期的长期债权投资的期末账面价值，在“一年内到期的非流动资产”行项目反映。企业购入的以公允价值计量且其变动计入其他综合收益的一年内到期的债权投资的期末账面价值，在“其他流动资产”行项目反映。

“其他权益工具投资”行项目，根据“其他权益工具投资”科目的期末余额填列。

6.1.6 金融资产减值准备

金融资产减值会计由“已发生损失法”改为“预期损失法”；对贷款承诺、财务担保合同等表外资产计提减值准备。将部分表外资产纳入减值准备的计提范围，更为审慎；采用三阶段模型计提预期信用损失。根据金融资产信用质量的情况，将金融资产划分为三个阶段，分别计算预期信用损失。

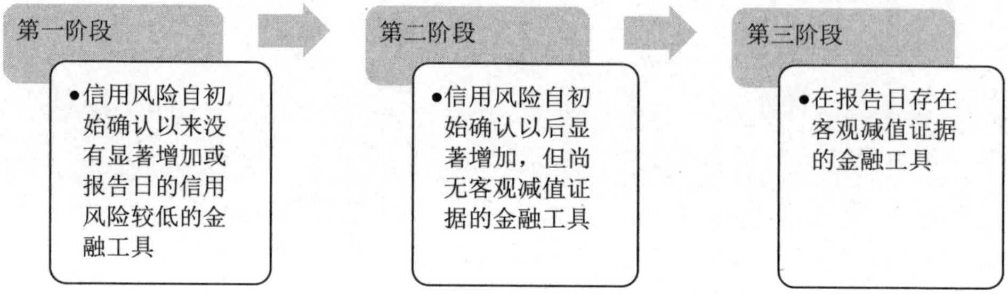

图 6-3　采用成本法核算的账务处理

新 CAS22 第四十七条规定：以预期信用损失为基础，在估计现金流量时，企业应当考虑金融工具在整个预计存续期的所有合同条款（如提前还款、展期、看涨期权或其他类似期权等）。企业所考虑的现金流量应当包括出售所持担保品获得的现金流量，以及属于合同条款组成部分的其他信用增级所产生的现金流量。

金融资产减值准备的账务处理，见表 6-7。

表 6-7　　金融资产减值准备的主要账务处理

财务情况	账务处理
资产负债表日，计提减值准备。以摊余成本计量的金融资产	①确认减值损失。 借：资产减值损失 　　贷：债权投资减值准备
以公允价值计量且其变动计入其他综合收益金融资产	①确认减值损失。 借：资产减值损失 　　贷：其他综合收益——其他债权投资减值准备 ②确认减值利得。 借：其他综合收益——其他债权投资减值准备 　　贷：资产减值损失。

6.2 长期股权投资

长期股权投资，是指投资方对被投资单位实施控制、重大影响的权益性投资，以及对其合营企业的权益性投资。达不到重大影响且无活跃市场的权益工具不再适用长期股权投资准则。

为了反映和监督企业长期股权投资的取得、持有和处置等情况，企业应当设置“长期股权投资”“投资收益”“其他综合收益”等科目。

6.2.1 长期股权投资的初始计量

企业合并形成的长期股权投资，应分别认定同一控制下控股合并与非同一控制下控股合并，确定其初始成本。

1. 同一控制下企业合并形成的长期股权投资

合并方以支付现金、转让非现金资产或承担债务方式作为合并对价的，应当在合并日按照所取得的被合并方在最终控制方合并财务报表中的净资产的账面价值的份额作为长期股权投资的初始投资成本，被合并方在合并日的净资产账面价值为负数的，长期股权投资成本按零确定，同时在备查簿中登记。账务处理如图 6-2 所示。

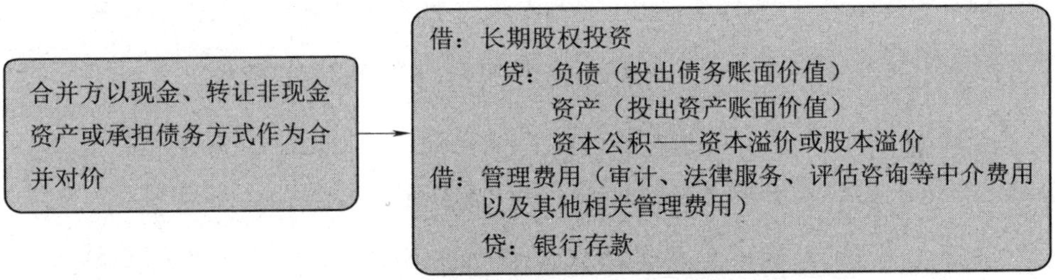

图 6-2　同一控制下企业合并形成的长期股权投资

【例 6-4】甲、乙两家建筑公司同为立帆集团的子公司，甲公司通过转让一项专利权，取得成方公司 70%的股份，该专利权账面价值为 1 300 000 元，实现了对乙公司的控制。合并日，乙公司所有者权益总额为 1 200 000 元，资本公积余额为 240 000 元，盈余公积 210 000 元。

借：长期股权投资——乙建筑公司　　840 000
　　资本公积　　240 000
　　盈余公积　　210 000

利润分配——未分配利润	10 000
贷：无形资产	1 300 000

2. 非同一控制下企业合并形成的长期股权投资

非同一控制下的控股合并中，购买方应当按照确定的企业合并成本作为长期股权投资的初始投资成本。购买方为企业合并发生的审计、法律服务、评估咨询等中介费用以及其他相关管理费用，应于发生时计入当期损益；购买方作为合并对价发行的权益性工具或债务性工具的交易费用，应当计入权益性工具或债务性工具的初始确认金额。账务处理如图 6-3 所示。

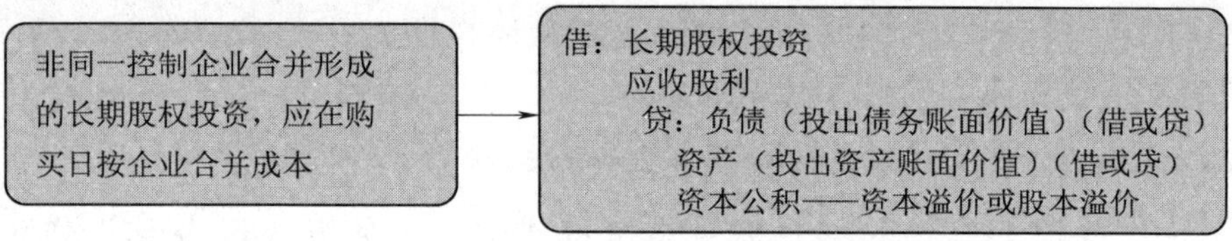

图 6-3　非同一控制企业合并形成的长期股权投资账务处理

【例 6-5】蓝翔、立健建筑公司不具关联方关系，2019 年 1 月 1 日，两家公司达成协议，蓝翔公司以一批钢材作为对价投资于立健公司，取得立健公司 60%的股权。该批钢材成本为 350 万元，公允价值为 440 万元，该批钢材应交增值税销项税额为 57.2 万元。则蓝翔公司编制会计分录如下：

借：长期股权投资——立健公司	4 972 000
贷：主营业务收入	4 400 000
应交税费——应交增值税（销项税额）	572 000

同时，结转该批钢材成本。

借：主营业务成本	3 500 000
贷：库存商品	3 500 000

6.2.2　长期股权投资持有期间的核算

长期股权投资的会计核算方法有两种：一是成本法；二是权益法，具体见表 6-8。

表 6-8　　长期股权投资

类型	持股比例	核算方法	初始计量	后续计量	
控制（对子公司投资，属于企业合并方式取得）	同一控制	50%以上	成本法	按享有被合并方所有者权益账面价值份额进行初始计量	采用成本法
	非同一控制	50%以上	成本法	按合并成本（付出对价的公允价值）进行初始计量	采用成本法
共同控制（对合营企业投资）		等于 50%	权益法	按付出对价的公允价值进行初始计量	采用权益法
重大影响（对联营企业投资）		20%～50%	权益法	按付出对价的公允价值进行初始计量	采用权益法

1. 成本法核算的科目设置

对长期股权投资采用成本法核算时，应设置“长期股权投资”、“应收股利”“投资收益”等科目。企业采用成本法对长期股权投资进行核算的，可按被投资单位进行明细核算。

长期股权投资科目具体设置，见表 6-9。

表 6-9　　长期股权投资会计科目编码的设置

科目代码	总分类科目（一级科目）	明细分类科目		明细分类科目	辅助核算类别
		二级明细科目	三级明细科目		
1511	长期股权投资				
151101	长期股权投资	股票投资		是	按投资单位
15110101	长期股权投资	股票投资	成本	是	按投资单位
15110102	长期股权投资	股票投资	损益调整	是	按投资单位
15110103	长期股权投资	股票投资	其他权益变动	是	按投资单位
151102	长期股投资	其他股权投资		是	按投资单位
15110201	长期股权投资	其他股权投资	成本	是	按投资单位
15110202	长期股权投资	其他股权投资	损益调整	是	按投资单位
15110203	长期股权投资	其他股权投资	其他权益变动	是	按投资单位

采用长期股权投资采用成本法核算的账务处理，如图 6-4 所示。

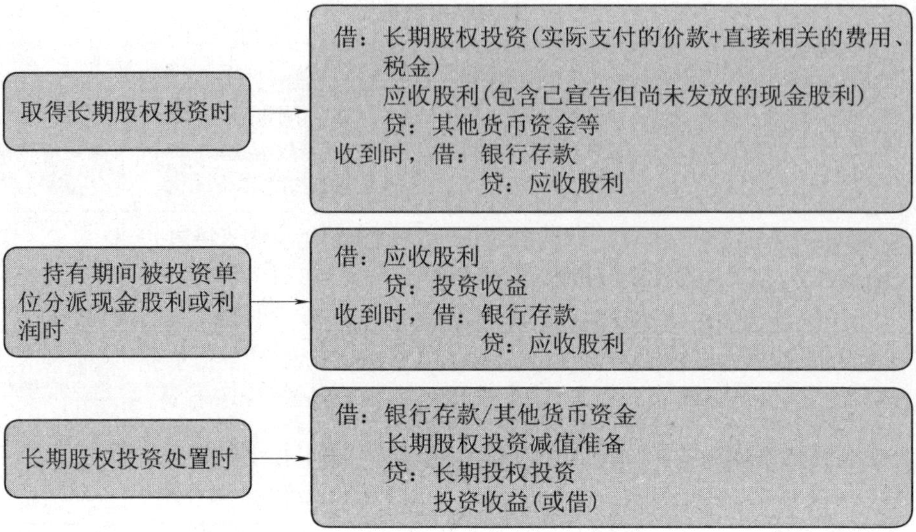

图 6-4　采用成本法核算的账务处理

【例 6-6】2018 年 1 月 1 日，扬子电子有限公司以每股 5 元购入 ST 百业公司普通股 25 万股作为长期股权投资，取得 ST 百业公司 5%具有表决权的股份，支付的价款包括 ST 百业公司已宣告但尚未分派的现金股利 20 000 元。并支付相关税费 4 500 元。2018 年 12 月 31 日，ST 百业公司实现净利润 500 万元，2019 年 4 月 5 日，ST 百业公司宣告分派每股 0.1 元的现金股利。成交过户交割单见表 6-10。

2018 年 1 月 1 日，购入时初始投资成本＝250 000×5－20 000＋4 500＝1 234 500（元）

表 6-10　　成交过户交割单

1/1/2018	成交过户交割单		买
股东编号：	A32125342	成交证券：	ST 百业公司
电脑编号：	11832	成交数量：	250 000
公司代号：	4568	成交价格：	5
申请编号：	2341	成交金额：	1 250 000
申报时间：	11：11：11	标准佣金：	4 500
成交时间：	11：15：31	过户费用：	0.00
上次余额：		印花税：	0.00
本次成交：	2 500 000（股）	应付金额：	1 254 500
本次余额：	2 500 000（股）	附加费用：	0.00
本次库存：	2 500 000（股）	实付金额：	1 254 500

深圳证券交易所

借：长期股权投资——成本　　　　　　　　　　　　1 234 500

　　应收股利——ST 百业公司　　　　　　　　　　　　　20 000

　　贷：银行存款　　　　　　　　　　　　　　　　　1 254 500

ST 百业公司分配股利公告，见表 6-11。

表 6-11　　　　ST 百业公司分配股利公告

ST 百业公司 2018 年度股东大会决议公告（部分）

2018 年度本公司法定财务报告的利润情况为：净利润为 9 800 000 元，可供分配的利润为 6 700 000 人民币元。本公司在 2018 年应按照全年净利润的 10%计算提取法定盈余公积人民币 980 000 元，同时本公司派发现金股利 1 200 000 元。

特此公告。

ST 百业公司董事会

2019 年 4 月 24 日

2019 年 4 月 24 日，宣告发放股利时。

借：银行存款　　　　　　　　　　　　　　　　　20 000

　　贷：应收股利　　　　　　　　　　　　　　　　　20 000

收到银行传票，见表 6-12。

表 6-12　　　　中国银行进账单（回单或收账通知）

进账日期：2019 年 4 月 25 日

第　　号

收款人	全称	扬子电子有限公司	付款人	全称	ST 百业公司
	账号	332101909234217689		账号	2346001909234212113
	开户银行	工商银行深圳龙岗支行		开户银行	工商银行深圳龙岗支行

人民币（大写）：⊗贰万元整	千	百	十	万	千	百	十	元	角	分
			¥	2	0	0	0	0	0	0

票据种类	转账支票	中国工商深圳 龙华支行 2019.4.25 收讫
票据张数	1	
主管　会计　复核　记账		收款人开户银行盖章

此联给收款人的收账通知

根据上述业务，扬子电子有限公司长期股权投资账户登记如下。

长期股权投资

借方		贷方
期初余额	0	
	1 234 500	
期末余额	1 234 500	

2. 长期股权投资采用权益法的账务处理

权益法是指投资以初始投资成本计量后，在投资持有期间根据投资企业享有被投资单位所有者权益份额的变动对投资的账面价值进行调整的方法。

（1）权益法核算的科目设置。

对长期股权投资采用权益法核算时，应设置“长期股权投资”“长期股权投资减值准备”“其他综合收益”“投资收益”“营业外收入”等科目。其中“长期股权投资”科目还应设置“投资成本”“损益调整”“其他权益变动”等二级明细科目。

（2）权益法核算的账务处理，如图 6-5 所示。

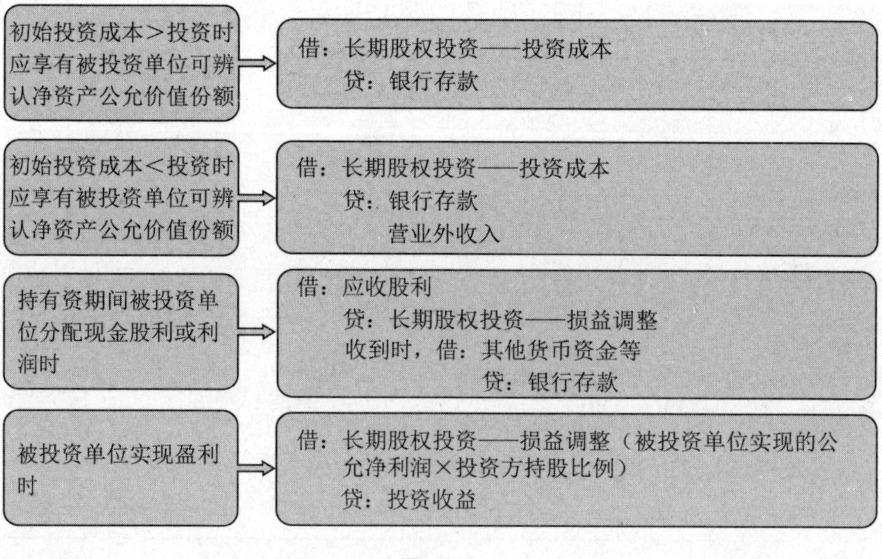

图 6-5

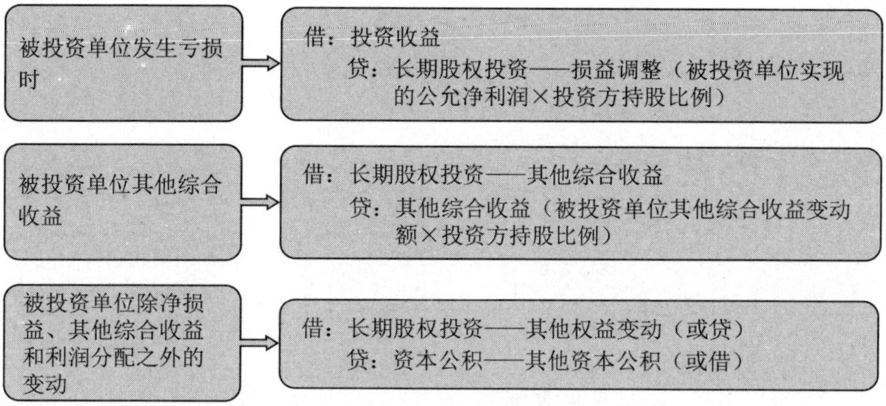

图 6-5　权益法核算的账务处理

6.2.3　长期股权投资的处置

处置时，按实际取得的价款和长期股权投资账面价值的差额确认为投资收益，同时结转已计提的长期股权投资减值准备，如图 6-6 所示。

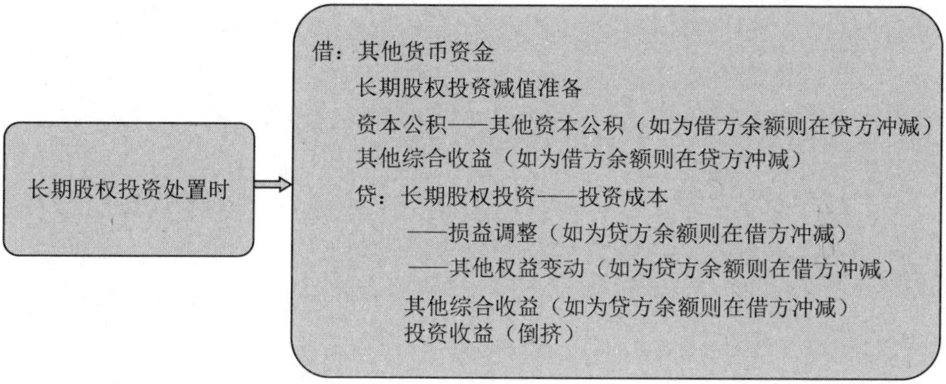

图 6-6　长期股权投资的处置的账务处理

【例 6-7】甲公司持有乙公司 30%的有表决权股份，能够对乙公司施加重大影响，对该股权投资采用权益法核算。2019 年 4 月，甲公司将该项投资中的 50%出售给非关联方，取得价款 2 400 万元。相关手续于当日完成。甲公司无法再对乙公司施加重大影响，将剩余股权投资转为以公允价值计量且其变动计入其他综合收益的金融资产。出售时，该项长期股权投资的账面价值为 1 800 万元，其中投资成本 1 500 万元，损益调整为 200 万元，其他综合收益为 40 万元（性质为被投资单位的以公允价值计量且其变动计入其他综合收益的金融资产的累计公允价值变动），除净损益、其他综合收益和利润分配外的其他所有者权益变动为 60 万元。剩余股权的公允价值为 1 000 万元。不考虑相关税费等其他因素影响。

(1) 甲公司确认有关股权投资的处置损益相关的会计分录：

借：银行存款　　24 000 000

　　贷：长期股权投资　　9 000 000

　　　　投资收益　　15 000 000

(2) 同时，由于终止采用权益法核算，将原确认的相关其他综合收益全部转入当期损益：

借：其他综合收益　　400 000

　　贷：投资收益　　400 000

(3) 由于终止采用权益法核算，将原计入资本公积的其他所有者权益变动全部转入当期损益：

借：资本公积——其他资本公积　　600 000

　　贷：投资收益　　600 000

(4) 剩余股权投资转为以公允价值计量且其变动计入其他综合收益的金融资产，当天公允价值为 1 000 万元，账面价值为 900 万元，两者差异应计入当期投资收益。

借：其他债权投资　　10 000 000

　　贷：长期股权投资　　9 000 000

　　　　投资收益　　1 000 000

第7章 企业借款业务的核算

企业借款业务包括长短期借款。

7.1 短期借款

短期借款是企业向银行或其他金融机构等借入的期限在 1 年以下（含 1 年）的各种借款，通常是为了满足正常生产经营的需要。

7.1.1 短期借款科目设置

“短期借款”账户属于负债类账户，用以核算企业的短期借款。该账户贷方登记短期借款本金的增加额，借方登记短期借款本金的减少额。期末余额在贷方，反映企业期末尚未归还的短期借款。该账户可按借款种类、贷款人和币种进行明细核算。

短期借款（负债类）

借方	贷方
	期初余额
企业减少短期借款	企业增加短期借款
	期末贷方余额 反映企业持有的短期借款

企业应通过“短期借款”科目，核算短期借款的取得及偿还情况，账务处理如图 7-1 所示。

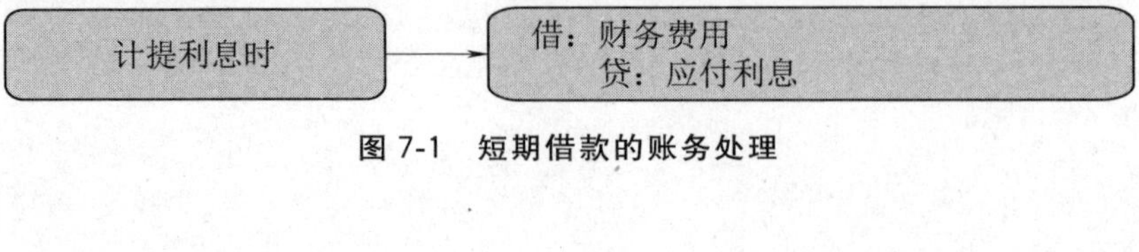

图 7-1 短期借款的账务处理

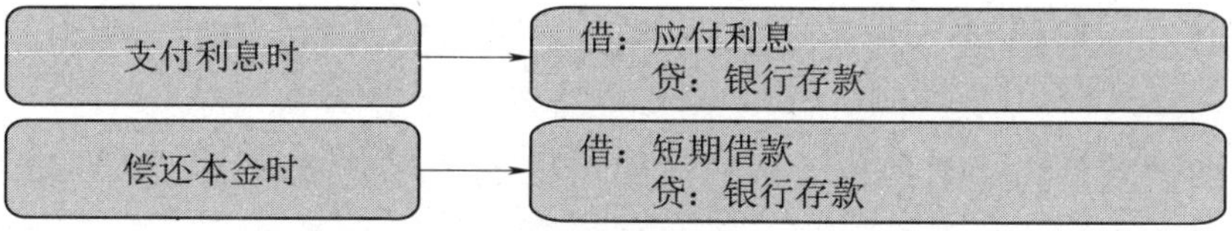

图 7-1　短期借款的账务处理（续）

7.1.2　短期借款账务处理

工商企业的短期借款主要有：经营周转借款、临时借款、结算借款、票据贴现借款、卖方信贷、预购定金借款和专项储备借款等。

短期借款利息较大需要计提的，在资产负债表日，按照应计提的金额，借记“财务费用”账户，贷记“应付利息”账户；若利息不大无须计提，在支付利息时记入“财务费用”账户。

【例 7-1】扬子电子有限公司取得短期借款 360 000 元，年利率 7%，借款期限 6 个月。利息数额较少，不进行计提，一直到期还本付息。

6 个月的利息＝360 000×7%÷12×6＝12 600（元）

（1）2019 年 1 月 1 日，取得借款时，见表 7-1。

借：银行存款　　　　360 000

　　贷：短期借款　　　　360 000

表 7-1　　中国工商银行流动资金借款收据（回单）

2019 年 1 月 1 日

<table>
<tr><td>借款单位全称</td><td colspan="2">扬子电子有限公司</td><td colspan="5">存款账号</td><td colspan="5">33210190923421 7689</td></tr>
<tr><td>贷款种类</td><td>短期</td><td>年利率</td><td colspan="5">贷款户账号</td><td colspan="5">3427001909234216590</td></tr>
<tr><td rowspan="2">贷款金额</td><td colspan="3" rowspan="2">人民币（大写）叁拾陆万元整</td><td>百</td><td>十</td><td>万</td><td>千</td><td>百</td><td>十</td><td>元</td><td>角</td><td>分</td></tr>
<tr><td>¥</td><td>3</td><td>6</td><td>0</td><td>0</td><td>0</td><td>0</td><td>0</td><td>0</td></tr>
<tr><td colspan="4">借款原因或用途：流动资金</td><td colspan="4">约定还款期限</td><td colspan="5">2019 年 6 月 30 日</td></tr>
<tr><td colspan="4">备注：</td><td colspan="9">上列贷款已转入你单位存款户</td></tr>
</table>

工行深圳宝安支行
2019.1.1
转讫

根据上述业务，短期借款账户登记如下。

短期借款

借方　　　　　　　　　　　　　　　　贷方

	期初余额	0
		360 000
	期末余额	360 000

7.2 长期借款

长期借款是指一般纳税人企业向银行或其他经营机构借入的期限在一年以上（不含一年）的各种借款。为了核算借入的长期借款，一般纳税人企业应设置“长期借款”科目，该科目应按借款单位和借款种类设明细账，分别以“本金”“利息调整”等进行明细核算。

7.2.1 长期借款科目设置

企业借入长期借款，应按实际收到的金额借记“银行存款”科目，按借款本金贷记“长期借款——本金”科目，如存在差额，还应借记“长期借款——利息调整”科目。归还借款时做相反的会计分录。

（1）长期借款的利息费用按照实际利率法计算确定，实际利率与合同利率差异较小的，也可以采用合同利率计算确定。

（2）利息费用，应当按以下原则进行会计处理：属于筹建期间的，计入成本；属于生产经营期间的，计入财务费用；如果长期借款用于购建固定资产的，在固定资产尚未达到预定可使用状态前，所发生的应当资本化的利息支出数，计入在建工程成本；达到预定可使用状态后发生的利息支出，以及按规定不予资本化的利息支出，计入财务费用。

（3）资产负债表日，应按确定的长期借款的利息费用，借记“在建工程”“制造费用”“财务费用”“研发支出”等科目，按确定的应付未付利息，贷记“应付利息”科目，按其差额，贷记“长期借款——利息调整”等科目。

长期借款（负债类）

借方	贷方
	期初余额
登记归还的各种长期借款的本金和利息	登记各种长期借款应付的本金和利息
	反映企业尚未偿还的 长期借款的本金和利息

企业应通过“长期借款”科目核算长期借款的取得和偿还情况，并分别设置“本金”“应计利息”“利息调整”等二级科目进行明细核算。

7.2.2 长期借款账务处理

长期借款的账务处理，如图 7-2 所示。

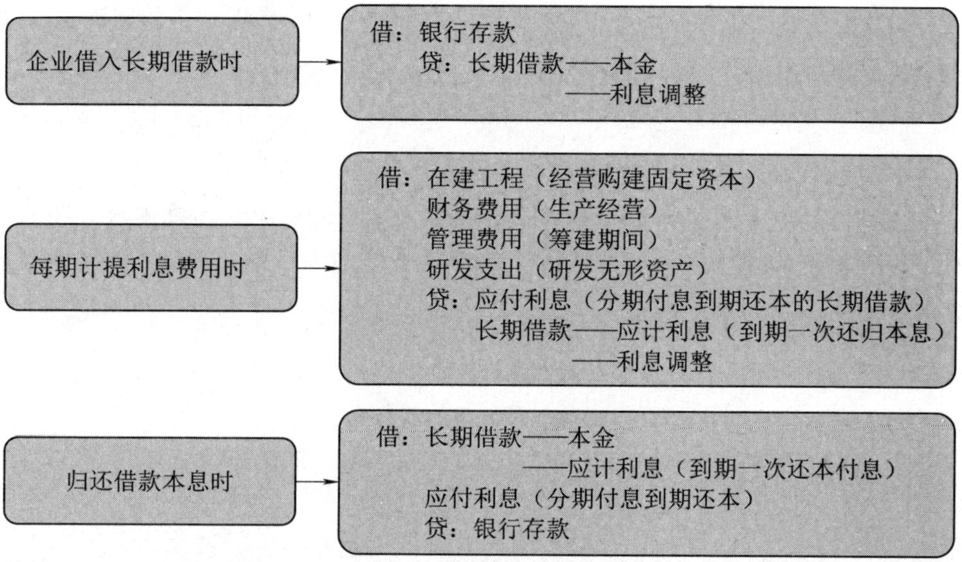

图 7-2 长期借款的账务处理

长期借款利息的计算有两种方式，即单利计算法和复利计算法两种。

1. 单利

单利计算法是指只按本金计算利息，其所生成利息不再加入本金重复计算利息。其计算公式为：

借款本利和＝本金＋本金×利率×期数

对应计入购建固定资产成本的借款利息，一般在年末和资产交付使用并办理竣工决算时计提入账；如果年内分期支付利息，也可按付息期进行账务处理。

【例 7-2】 扬子电子有限公司向银行借入一笔 2 240 000 元的借款，银行借款利率为 8%，借款期限为 4 年，采用单利方式计息。则扬子电子有限公司每年应付的长期借款利息为：

每年的利息＝本金×利率×期数＝2 240 000×8%×1＝179 200（元）

四年利息总额＝179 200×4＝716 800（元）

四年到期时，扬子电子有限公司需偿还银行的资金总额为：

本利和＝2 240 000＋716 800＝2 956 800（元）

2. 复利

是指不仅对借款的本金计算利息，其前期所发生的利息也要加入本金重复计算利息，也就是根据本金和前期利息之和计算各期利息，俗称“利滚利”。

其计算公式为：

本利和＝本金×（1＋利率）^{期数}

利息＝本利和－本金

　　＝本金×［（1＋利率）^{期数}－1］

【例 7-3】扬子电子有限公司向银行借入一笔 3 600 000 元的借款，年利率为 10%，借款期限为 5 年，采用复利方式计息，见表 7-2。则扬子电子有限公司每年应付的长期借款利息为：

表 7-2　　　　**中国银行借款凭证**

日期：2019 年 1 月 1 日

借款人：扬子电子有限公司	贷款账号：
借款种类：一般企业流动性资金贷款	利率：10%
借款用途：材料款	
借款合同科目代码：No45112	
担保合同科目代码：No9321	
借款日期：2019 年 1 月 1 日	到期日：2023 年 12 月 31 日
金额：人民币叁佰陆拾万元整	存款账号
上述贷款已入借款人账户　中国人民银行深圳市支行 2019.01.01 业务办讫章	

制单：　　　　　　　　复核：

第一年的利息＝3 600 000×10%＝360 000（元）

第二年的利息＝（3 600 000＋360 000）×10%＝396 000（元）

第三年的利息＝（3 600 000＋360 000＋396 000）×10%＝435 600（元）

第四年的利息＝（3 600 000＋360 000＋396 000＋435 600）×10%＝479 160（元）

第五年的利息＝（3 600 000＋360 000＋396 000＋435 600＋479 160）×10%＝527 076（元）

借款利息计提表，见表 7-3。

表 7-3

借款利息计提表

序号	贷款银行	借款金额	年利率	年利息金额
1	中国银行	3 600 000	10%	360 000
2			10%	396 000
3			10%	435 600
4			10%	479 160
5			10%	527 076
合计				2 197 836

审核　　　　　　　　　　　　制单

5 年到期时扬子电子有限公司需偿还银行的资金总额为：

本利和＝360 000×（$1+10\%$）^{5}＝3 600 000×1.610 51＝5 797 836（元）

五年利息总额＝5 797 836－3 600 000＝2 197 836（元）

＝360 000＋396 000＋435 600＋479 160＋527 076＝2 197 836（元）

还款付息凭证，见表 7-4。

表 7-4

中国银行存（贷）款利息凭证

币种：人民币（本位币）　　　　2019 年 1 月 1 日　　　　单位：元

<table>
<tr><td rowspan="2">付款人</td><td>户名</td><td colspan="2">扬子电子有限公司</td><td rowspan="2">收款人</td><td>户名</td><td>普通长期贷款利息收入</td></tr>
<tr><td>账号</td><td colspan="2">332101909234217689</td><td>账号</td><td>211565435678512341</td></tr>
<tr><td colspan="2">金额</td><td colspan="2">2 197 836</td><td colspan="2">计息账号</td><td>211565435678517621</td></tr>
<tr><td colspan="2">借据科目代码</td><td colspan="2"></td><td colspan="2">借据序号</td><td></td></tr>
<tr><td rowspan="4">备注</td><td>起息日</td><td>止息日</td><td>积数</td><td colspan="2">利率</td><td>利息</td></tr>
<tr><td>2019.1.1</td><td>2023.12.31</td><td></td><td colspan="2">10%</td><td>2 197 836</td></tr>
<tr><td></td><td></td><td></td><td colspan="2"></td><td></td></tr>
<tr><td colspan="3">调整利息：</td><td colspan="3">冲正利息：</td></tr>
</table>

银行章　　　　　　　　　　　　经办人

借：银行存款　　　　　　　　　　3 600 000

　　贷：长期借款　　　　　　　　　　3 600 000

长期借款

借方　　　　　　　　　　　　　　贷方

	期初余额	0
		3 600 000
	期末余额	3 600 000

第 8 章
投资者投入资本的核算

投资者投入资本的核算包括实收资本账户、资本公积账户、盈余公账户等。

8.1 实收资本会计处理

实收资本（或股本）是指企业的投资者按照企业章程合同或协议的约定，实际投入企业的资本金以及按照有关规定由资本公积、盈余公积等转增资本的资金。

“实收资本”账户属于所有者权益类账户，用以核算企业接受投资者投入的实收资本。该账户贷方登记所有者投入企业资本金的增加额，借方登记所有者投入企业资本金的减少额。期末余额在贷方，反映企业期末实收资本（或股本）总额。该账户可按投资者的不同设置明细账户，进行明细核算。

实收资本（所有者权益类）

借方	贷方
	期初余额
本期实收资本减少额	本期实收资本增加额
	企业期末实收资本（或股本）总额

在股份有限公司中，应设置“股本”账户进行核算。股份有限公司稳定的股本总额及在核定的股份总额范围内实际发行股票的面值。

8.1.1 接受现金资产投资

接受现金资产投资的账务处理，如图 8-1 所示。

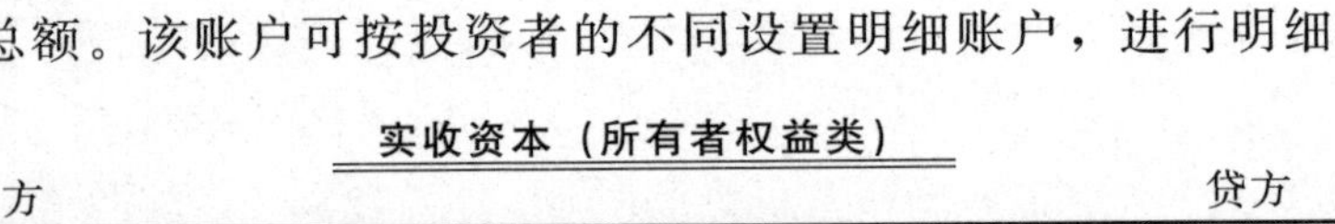

图 8-1 接受现金资产投资的账务处理

【例 8-1】扬子电子有限公司注册资本为 9 000 000 元，2019 年 1 月 5 日，收到大华娱乐城有限公司 1 247 000 元。见表 8-1、表 8-2。

表 8-1

投资协议书（摘要）

投资单位：大华娱乐城有限公司

被投资单位：扬子电子有限公司

经双方协商，扬子电子有限公司按受大华娱乐城有限公司货币资金投资，投资额为 1 247 000元，享有扬子电子有限公司 1%的股权，每年可分配扬子电子有限公司的净利润

投资人：马珏　　　　被投资人：邱松林

（印章：大华娱乐城有限公司 财务专用章）2019 年 1 月 5 日　　　　（印章：扬子电子有限公司 财务专用章）2019 年 1 月 5 日

表 8-2

中国银行进账单（回单或收账通知）

进账日期：2019 年 1 月 5 日　　　　第 13 号

收款人	全　　称	扬子电子有限公司	付款人	全　　称	大华娱乐城有限公司
	账　　号	332101909234217689		账　　号	6220004309234215678
	开户银行	工商银行深圳龙岗支行		开户银行	深圳工商银行富林支行裕林路营业室

人民币（大写）	千	百	十	万	千	百	十	元	角	分
⊗壹佰贰拾肆万柒仟元整	￥	1	2	4	7	0	0	0	0	0

票据种类	1	（印章：工行深圳龙华支行 2019.01.05 收讫）
票据张数	转账支票	
主管　会计　复核　记账		收款人开户银行盖章

此联给收款人的收账通知

借：银行存款　　1 247 000

　　贷：实收资本——大华娱乐城有限公司　　1 247 000

8.1.2 接受非现金资产投资

企业接受固定资产、无形资产等非现金资产投资时，应按投资合同或协议约定的价值（不公允的除外）作为固定资产、无形资产的入账价值，按投

资合同或协议约定的投资者在企业注册资本或股本中所占份额的部分作为实收资本或股本入账，投资合同或协议约定的价值（不公允的除外）超过投资者在企业注册资本或股本中所占份额的部分，计入资本公积，账务处理如图8-2所示。

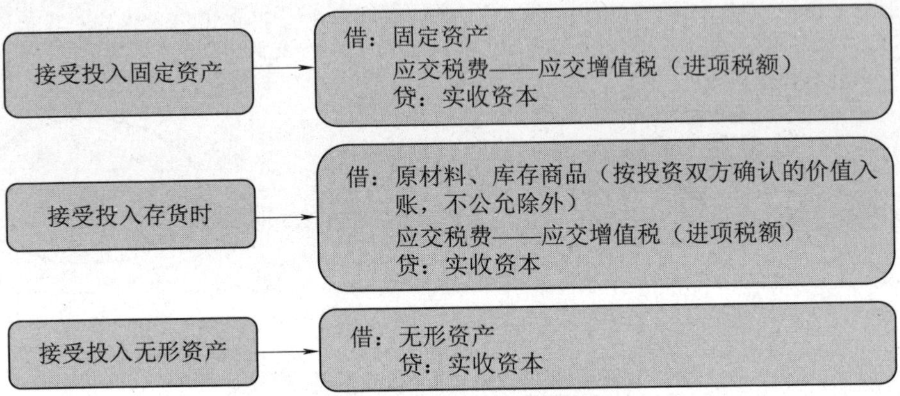

图 8-2　接受非现金资产投资账务处理

【例 8-2】 扬子电子有限公司接受蓝野机电公司的一台机器设备投资，按照协议规定，该设备的公允价值为 610 200 元，占扬子电子有限公司股份的5%。原始单据见表 8-3、表 8-4。

表 8-3　　**投资协议书（摘要）**

投资单位：蓝野机电公司
被投资单位：扬子电子有限公司
经双方协商，扬子电子有限公司按受蓝野机电公司设备投资，投资额为 610 200 元，享有扬子电子有限公司 5%的股权，每年可分配扬子电子有限公司的净利润
投资人：马珏　　　　被投资人：邱松林
2019 年 1 月 8 日　　　　2019 年 1 月 8 日

固定资产验收单，见表 8-4。

表 8-4

固定资产验收单

2019 年 1 月 8 日

名称	单位	数量	单价	已摊销价值	账面净值（元）	评估确认价值（元）	备注
XT 设备	台	1	540 000		540 000	540 000	蓝野机电公司

借：固定资产　　540 000

　　应交税费——应交增值税（进项税额）　　70 200

　　贷：实收资本——蓝野机电公司　　610 200

实收资本

借方	贷方
	期初余额　9 000 000
	1 247 000 610 200
	期末余额　10 857 200

8.2 资本公积的会计处理

资本公积账户可按资本公积的来源不同，分别“资本溢价（或股本溢价）”“其他资本公积”进行明细核算。“资本溢价（或股本溢价）”核算企业收到投资者出资额超出其在注册资本或股本中所占份额的部分；“其他资本公积”核算直接计入所有者权益的利得和损失。

“资本公积”账户属于所有者权益类账户，用以核算企业收到投资者出资额超出其在注册资本或股本中所占份额的部分，以及直接计入所有者权益的利得和损失等。该账户借方登记资本公积的减少额，贷方登记资本公积的增加额。期末余额在贷方，反映企业期末资本公积的结余数额。

资本公积（所有者权益类）

借方	贷方
	期初余额
本期资本公积减少额	本期资本公积增加额
	反映企业期末资本公积的结余数额

股份公司设置的两个二级科目为“股本溢价”“其他资本公积”；除股份公司外的其他公司设“资本溢价”“其他资本公积”两个二级科目。

（1）资本溢价。

除股份公司外的其他类型的企业，投资者缴付的出资额大于注册资本产生的差额计入资本公积，如图 8-3 所示。

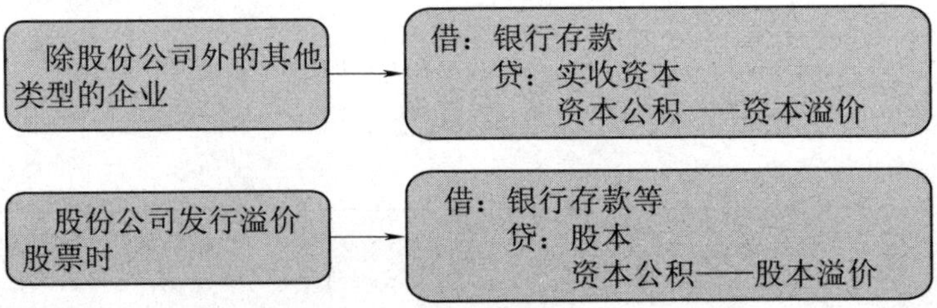

图 8-3　资本溢价的账务处理

（2）其他资本公积。

以因被投资单位除净损益、其他综合收益和利润分配以外的所有者权益的其他变动相关的资本公积核算，如图 8-4 所示。

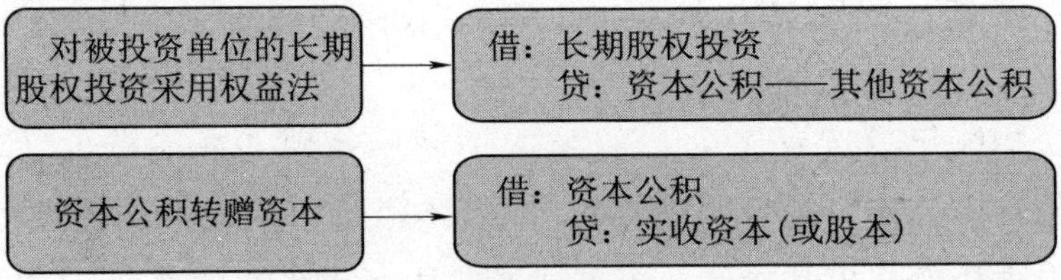

图 8-4　其他资本公积的账务处理

第9章 期间费用的核算

期间费用是企业日常活动发生的不能计入特定核算对象的成本，而应计入发生当期损益的费用。

期间费用包含以下两种情况。

（1）企业发生的支出不产生经济利益，或者即使产生经济利益但不符合或者不再符合资产确认条件的，应当在发生时确认为费用，计入当期损益。

（2）企业发生的交易或者事项导致其承担了一项负债，而又不确认为一项资产的，应当在发生时确认为费用，计入当期损益。

9.1 销售费用

销售费用是指企业在销售商品和材料、提供劳务过程中发生的各项与成本无关的费用。销售费用包括企业在销售商品过程中发生的包装费、保险费、展览费和广告费、商品维修费、预计产品质量保证损失、运输费、装卸费用，以及企业发生的为销售本企业商品而专设的销售机构的职工薪酬、业务费、折旧费、固定资产修理费等费用。

9.1.1 销售费用账户设置

"销售费用"账户属于损益类账户，用以核算企业发生的各项销售费用。

该账户借方登记发生的各项销售费用，贷方登记期末转入"本年利润"账户的销售费用额。期末结转后，该账户无余额。

销售费用（费用类）

借方	贷方
销售费用增加额	销售费用减少额或结转额
本期发生额（费用增加额合计）	本期发生额（费用减少额合计）

9.1.2 销售费用账务处理

企业应通过"销售费用"科目，核算销售费用的发生和结转情况，账务处理如图 9-1 所示。

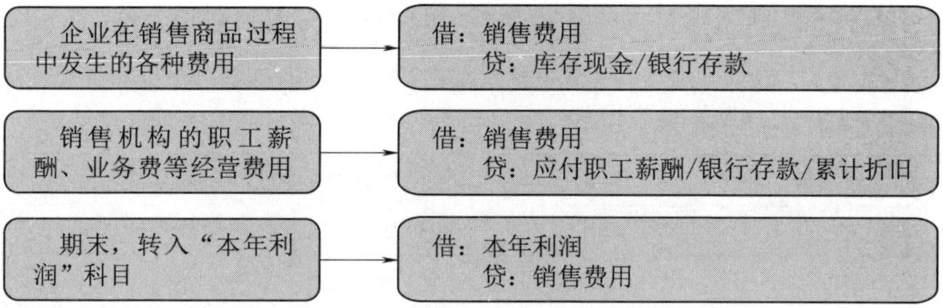

图 9-1　销售费用的账务处理

【**例 9-1**】2019 年 1 月 23 日，扬子电子有限公司支付商品的运杂费，以银行存款 7 842 元支付，做会计分录如下。

借：销售费用　　　　7 842

　　贷：银行存款　　　　7 842

期末结转销售费用时，公司所做会计处理如下。

借：本年利润　　　　7 842

　　贷：销售费用　　　　7 842

9.2　管理费用

管理费用是企业为组织和管理企业生产经营过程中发生的各种费用，包括企业董事会和行政管理部门发生的，或者应由企业统一负担的公司经费（包括行政管理部门职工工资、修理费、物料消耗、低值易耗品摊销、办公费和差旅费等）、工会经费、待业保险费、劳动保险费、董事会会费（包括董事会成员津贴、会议费和差旅费等）、聘请中介机构费、咨询费（含顾问费）、诉讼费、业务招待费、技术转让费、矿产资源补偿费、研究费用、排污费以及除企业生产车间外的生产部门和行政管理部门发生的固定资产日常修理费用等。

9.2.1　管理费用账户设置

“管理费用”账户属于损益类账户，用以核算企业为组织和管理企业生产经营所发生的费用。

该账户借方登记发生的各项管理费用，贷方登记期末转入“本年利润”账户的管理费用额。期末结转后，该账户无余额。

该账户可按费用项目设置明细账户，进行明细分类核算。账户结构如下。

管理费用（费用类）

借方	贷方
管理费用增加额	管理费用减少额或结转额
本期发生额（费用增加额合计）	本期发生额（费用减少额合计）

9.2.2 管理费用账务处理

企业应通过“管理费用”科目，核算管理费用的发生和结转情况。该科目借方登记企业发生的各项管理费用，贷方登记期末转入“本年利润”科目的管理费用，结转后该科目应无余额。该科目按管理费用的费用项目进行明细核算。账务处理如图 9-2 所示。

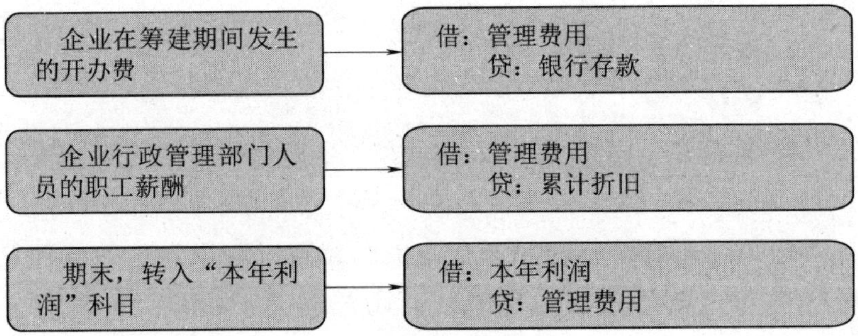

图 9-2 管理费用账务处理

【例 9-2】2019 年 2 月，扬子电子有限公司发生下列业务：购买办公用品 1 742 元，用现金支付；计提固定资产折旧 14 950 元；支付汽车队事故赔偿费 8 508 元。

(1)

借：管理费用——办公用品　　1 742

　　贷：库存现金　　1 742

(2) 计提固定资产折旧。

借：管理费用——折旧　　14 950

　　贷：累计折旧　　14 950

(3) 支付汽车队事故赔偿费。

借：管理费用——事故赔偿费　　8 508

　　贷：银行存款　　8 508

（4）月底，结转本年利润。

借：本年利润　　25 200

　　贷：管理费用　　25 200

9.3 财务费用

财务费用是指企业为筹集生产经营所需资金而发生的费用。包括利息支出（减利息收入）、汇总差额以及相关的手续费、企业发生或收到的现金折扣等。

9.3.1 财务费用账户设置

“财务费用”账户属于损益类账户，用以核算企业为筹集生产经营所需资金等而发生的筹资费用，包括利息支出（减利息收入）、汇兑损益以及相关的手续费、企业发生的现金折扣或收到的现金折扣等。为购建或生产满足资本化条件的资产发生的应予资本化的借款费用，通过“在建工程”等账户核算。

该账户借方登记手续费、利息费用等的增加额，贷方登记应冲减财务费用的利息收入等。期末结转后，该账户无余额。账户结构如下。

财务费用（费用类）

借方	贷方
财务费用增加额	财务费用减少额或结转额
本期发生额（费用增加额合计）	本期发生额（费用减少额合计）

9.3.2 财务费用账务处理

企业发生财务费用时，借记“财务费用”账户，贷记“应付利息”等账户；发生冲减财务费用的利息收入、汇兑损益等，借记“银行存款”等账户，贷记“财务费用”账户；期末将账户余额转入“本年利润”账户，结转后账户无余额。账务处理如图 9-3 所示。

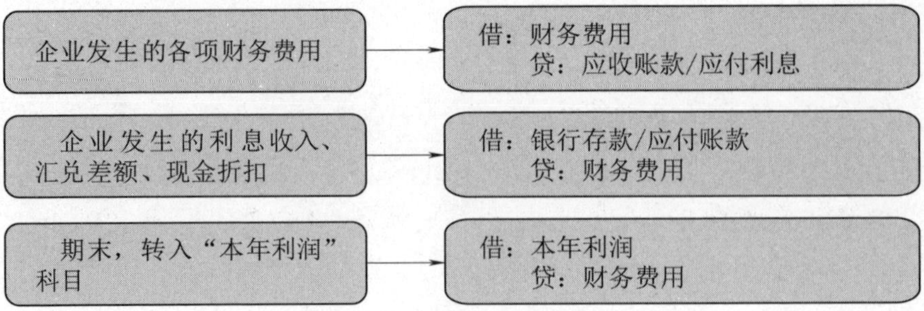

图 9-3　财务费用账务处理

【例 9-3】 2019 年 1 月 27 日，扬子电子有限公司用现汇 6 000 美元对外付汇，支付当日银行市场汇价为 1 美元＝6.95 元人民币，原应付外汇账款入账时的记账汇率为 1 美元＝6.90 元人民币，见表 9-1。

表 9-1　　外汇会计账簿（结售汇、套汇）

机构号码：091076535　　　　日期：2019 年 1 月 27 日

业务编号			业务类型		售汇	起息日	
借方或付款单位	名称	扬子电子有限公司		贷方或收款单位	名称	汇出汇款	
	账号	332101909234217689			账号		
	币种与金额	USD6 000			币种与金额	USD6 000	
	汇率/利率	6.95	开户行		汇率/利率	6.95	
收汇金额			发票号		挂销单号		
交易摘要	从其美元账户支取 USD6 000，支付货款。				工商银行深圳北安支行 2019.1.27 业务清讫		
交易代码		授权		复核　叶丽		经办　安明明	

借：应付账款——应付外汇账款（6 000×6.90）　　41 400

　　财务费用——汇兑损益　　300

　　贷：银行存款——美元户（6 000×6.95）　　41 700

第10章 企业税费的核算

目前，我国企业涉及的应纳税种较多，主要有增值税、消费税、城市维护建设税、教育费附加、房产税、城镇土地使用税、耕地占用税、印花税、土地增值税和所得税等。

10.1 增值税

增值税是以商品（含应税劳务）在流转过程中产生的增值额作为计税依据而征收的一种流转税。

10.1.1 划分一般纳税人和小规模纳税人的标准

我国现行增值税对纳税人实行分类管理的管理模式，以发生应税行为的年销售额为标准，将纳税人分为一般纳税人和小规模纳税人，二者在计税方法、适用税率（征收率）、凭证管理等方面都不相同，根据财政部、税务总局颁布《关于统一增值税小规模纳税人标准的通知》（财政〔2018〕33号）规定，见表10-1。

表10-1　　纳税人资格划分标准

纳税人	从事货物生产或者提供应税劳务的纳税人，以及以从事货物生产或者提供应税劳务为主，并兼营货物批发或者零售的纳税人	批发或零售的纳税人	销售服务、销售无形资产、销售不动产
小规模纳税人	年应税销售额低于500万元	年应税销售额低于500万元	应税服务年销售额低于500万元
一般纳税人	年应税销售额超过500万元	年应税销售额超过500万元	应税服务年销售额超过500万元

10.1.2 增值税税率

一般纳税人适用的税率有：13%、9%、6%、0%等。具体要求见表10-2。

表 10-2　　增值税税率表

税率	适用范围
13%	销售货物或者提供加工、修理修配劳务以及进口货物。提供有形动产租赁服务
9%	粮食、食用植物油
	自来水、暖气、冷气、热水、煤气、石油液化气、天然气、沼气、居民用煤炭制品；
	图书、报纸、杂志
	饲料、化肥、农药、农机、农膜
	建筑施工、房地产
	提供交通运输业服务
	农产品 音像制品
	电子出版物
	二甲醚
6%	提供现代服务业服务（有形动产租赁服务除外）
0%	出口货物等特殊业务

10.1.3　增值税账户设置

“应交税费”账户属于负债类账户，用以核算企业按照税法等规定计算应交纳的各种税费，包括增值税、消费税、所得税、资源税、土地增值税、城市维护建设税、房产税、土地使用税、车船使用税、教育费附加、矿产资源补偿费等，企业代扣代缴的个人所得税等，也通过本账户核算。

根据《增值税会计处理规定》（财会［2016］22号）的规定，“应交税费”二级科目由3个（应交增值税，未交增值税、增值税留抵税额）增加为10个，即“预交增值税”“待抵扣进项税额”“待认证进项税额”“待转销项税额”“简易计税”“转让金融商品应交增值税”“代扣代交增值税”7个二级科目。

该账户贷方登记各种应交未交税费的增加额，借方登记实际缴纳的各种税费。期末余额在贷方，反映企业尚未交纳的税费；期末余额在借方，反映企业多交或尚未抵扣的税费。

应交税费（负债类）

借方	贷方
	期初余额
登记实际缴纳的各种税费	登记各种应交未交税费的增加额
反映企业多交或尚未抵扣的税费	反映企业尚未交纳的税费

增值税会计核算有一个典型的特征，就是一些会计科目分专栏核算，借方专栏永远只能在借方，不放到贷方核算；贷方专栏只能在贷方，不能放到借方专栏核算。遇到退货、退回或其他情况，所购货物应冲销调账的，用红字登记。具体借方、贷方专栏如图 10-1 所示。

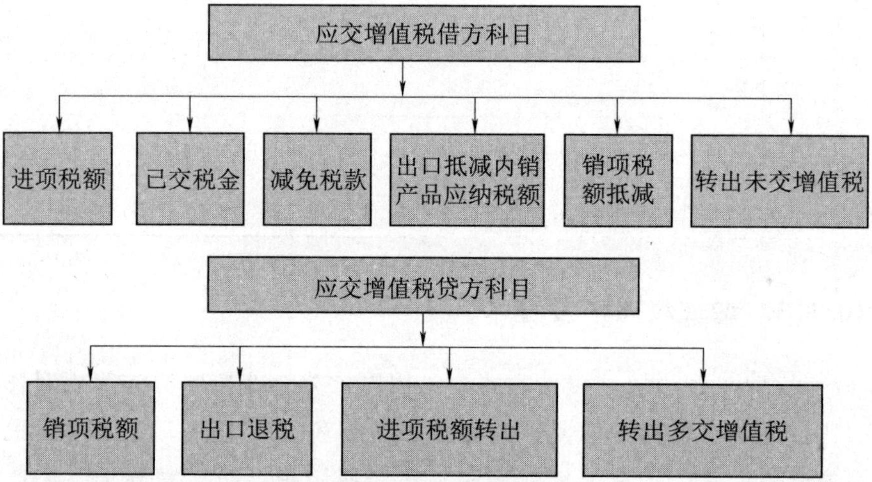

图 10-1　增值税应设子目

小规模纳税人只需在“应交税费”科目下设置“应交增值税”明细科目，不需要设置上述专栏及除“转让金融商品应交增值税”“代扣代交增值税”外的明细科目。

10.1.4　增值税税款缴纳的账务处理

应交增值税的账务处理，见表 10-3。

表 10-3　　应交增值税的账务处理

缴纳时间	账务处理
当月缴纳税款	借：应交税费——应交增值税（已交税金） 　　贷：银行存款
当月缴纳以前月份税款	借：应交税费——未交增值税 　　贷：银行存款
税款减免的账务处理	借：应交税费——应交增值税（减免税款） 　　贷：营业外收入
税款返还	借：银行存款 　　贷：营业外收入
当月应交未交的增值税	借：应交税费——应交增值税（转出未交增值税） 　　贷：应交税费——未交增值税
当月多交的增值税	借：应交税费——未交增值税 　　贷：应交税费——应交增值税（转出多交增值税）
当月预交应交增值税	借：应交增值税——已交税金 　　贷：银行存款

1. 一般计税方法

我国目前对一般纳税人采用的是国际上通行的购进扣税法，即当期销项税额抵扣当期进项税额后的余额。应纳税额的计算公式为：

当期应纳税额＝当期销项税额－当期进项税额

＝当期销售额×适用税率－当期进项税额

2. 特殊计算方法

当期应交增值税＝销项税额－（进项税额－进项税额转出－出口退税）－出口抵减内销产品应纳税额－减免税款

【例 10-1】 2019 年 1 月，经财务部月终汇总计算，扬子电子有限公司销售额共计 3 137 265 元，当期进项税额 186 435 元，当期销项税额 55 8467 元。上期留抵税额为 14 830 元，进项税额转出 0 元，本期已缴纳税额为 290 840 元。增值税纳税申报表主表，见表 10-4。

未交增值税＝558 467－186 435－14 830－290 840＝66 362（元）

借：应交税费——应交增值税（转出未交增值税）　　66 362

　　贷：应交税费——未交增值税　　66 362

借：应交税费——应交增值税（已交税金）　　290 840

　　贷：银行存款　　290 840

表 10-4 **增值税纳税申报表**

(一般纳税人适用)

名称：扬子电子有限公司

统一社会信用代码：99110132465422145H　　　　单位：元

项目		栏次	一般项目	
			本月数	本年累计
销售额	（一）按适用税率计税销售额	1	3 137 265	
	其中：应税货物销售额	2		
	应税劳务销售额	3		
	纳税检查调整的销售额	4		
	（二）按简易办法计税销售额	5		
	其中：纳税检查调整的销售额	6		
	（三）免、抵、退办法出口销售额	7		
	（四）免税销售额	8		
	其中：免税货物销售额	9		
	免税劳务销售额	10		
税款计算	销项税额	11	558 467	
	进项税额	12	186 435	
	上期留抵税额	13	14 830	
	进项税额转出	14	0	
	免、抵、退应退税额	15		
	按适用税率计算的纳税检查应补缴税额	16		
	应抵扣税额合计	17＝12＋13－14－15＋16	201 265	—
	实际抵扣税额	18（如 17<11，则为 17，否则为 11）	201 265	
	应纳税额	19＝11－18	357 202	

续上表

项目		栏次	一般项目	
			本月数	本年累计
税款计算	期末留抵税额	20＝17－18		
	简易计税办法计算的应纳税额	21		
	按简易计税办法计算的纳税检查应补缴税额	22		
	应纳税额减征额	23		
	应纳税额合计	24＝19＋21－23	357 202	
税款缴纳	期初未缴税额（多缴为负数）	25		
	实收出口开具专用缴款书退税额	26		
	本期已缴税额	27＝28＋29＋30＋31	290 840	
	①分次预缴税额	28		—
	②出口开具专用缴款书预缴税额	29		—
	③本期缴纳上期应纳税额	30		
	④本期缴纳欠缴税额	31		
	期末未缴税额（多缴为负数）	32＝24＋25＋26－27	66 362	
	其中：欠缴税额（≥0）	33＝25＋26－27		—
	本期应补（退）税额	34＝24－28－29	66 362	—
	即征即退实际退税额	35	—	—
	期初未缴查补税额	36		
	本期入库查补税额	37		
	期末未缴查补税额	38＝16＋22＋36－37		

小贴士

"应交税费"科目下的"应交增值税""未交增值税""待抵扣进项税额""待认证进项税额""增值税留抵税额"等明细科目期末借方余额应根据情况，在资产负债表中的"其他流动资产"或"其他非流动资产"项目列示；"应交税费——待转销项税额"等科目期末贷方余额应根据情况，在资产负债表中的"其他流动负债"或"其他非流动负债"项目列示；"应交税费"科目下的"未交增值税"、"简易计税"、"转让金融商品应交增值税"、"代扣代交增值税"等科目期末贷方余额应在资产负债表中的"应交税费"项目列示。

10.2 城市维护建设税

2018年10月19日，财政部、国家税务总局起草《中华人民共和国城市维护建设税法（征求意见稿）》规定，在中华人民共和国境内缴纳增值税、消费税的单位和个人，为城市维护建设税的纳税人，应当依照本法规定缴纳城市维护建设税。

城市建设税采用地区差别比例税率，纳税人所在地区不同，适用税率的档次也不同。具体规定见表10-5。

表10-5 城市维护建设税税率

城建税纳税人所在地	税率
市区的	7%
不在市区的	5%

1. 计税依据

纳税人实际缴纳的增值税、消费税税额，以及出口货物、劳务或者跨境销售服务、无形资产增值税免抵税额。

2. 城建税计算及会计处理

应纳税额＝（实际缴纳的增值税税额＋实际缴纳消费税税额）×适用税率

会计分录如下：

借：税金及附加

　　贷：应交税费——应交城建税

10.3　教育费附加

教育费附加是对缴纳增值税、消费税的单位和个人，就其实际缴纳的税额为计税依据征收的一种附加费，见表 10-6。

表 10-6　　教育费附加税率

征收范围	征收比率	计税依据	计算公式
缴纳增值税、消费税的单位和个人	3％	实际缴纳的增值税、消费税税额为计税依据，与“两税”同时缴纳	应纳教育费附加＝实际缴纳的“两税”税额×3％

（1）教育费附加出口不退，进口不征。

（2）对由于减免增值税、消费税而发生的退税，可同时退还已征收的教育费附加。

账务处理通过“应交税费”账户核算。企业按规定计算应缴的教育费附加时，借记“税金及附加”科目，贷记“应交税额——应交教育费附加”科目。

【例 10-2】2019 年 1 月，扬子电子有限公司实际缴纳增值税 290 840 元。城市维护建设税税率 7％，教育费附加 3％，见表 10-7。

应纳城建税税额＝290 840×7％＝20 358.80（元）

应纳教育费附加＝290 840×3％＝8 725.20（元）

（1）计提城建税和教育费附加。

借：税金及附加　　29 084

　　贷：应交税费——应交城市维护建设税　　20 358.80

　　　　　　　　——应交教育费附加　　8 725.20

(2) 缴纳税款。

借：应交税费——应交城市维护建设税　　20 358.80

　　　　　——应交教育费附加　　8 725.20

　贷：银行存款　　29 084

表 10-7　　××银行电子缴税付款凭证

转账日期：**2019 年 2 月 5 日**　　凭证字号：**0023095723284**

付款人全称	扬子电子有限公司	征收机关名称	地方税务局
付款人账号	332101909234217689	收款国库名称	中华人民共和国 国家金库桃园支库
付款人开户银行	中国银行深圳市 解放路支行	小写（合计）金额	29 084
缴款书交易流水号	153642－123	大写（合计）金额	贰万玖仟零捌拾肆元整
税（费）种名称	所属日期		实缴金额
城市维护建设税	2019 年 1 月 1 日至 2019 年 1 月 31 日		20 358.80
教育费附加	2019 年 1 月 1 日至 2019 年 1 月 31 日		8 725.20

10.4　企业所得税

企业所得税的计税依据是应纳税所得额，即指企业每一纳税年度的收入总额，减除不征税收入、免税收入、各项扣除以及允许弥补的以前年度亏损后的余额。如果计算出的数额小于零，为亏损。

根据利润表加减项目，计算出利润总额，即会计利润，乘以所得税适用税率，可以得出所得税税额，见表 10-8。

表 10-8　　利润表简表

项　　目	本期金额
一、营业收入	84 370 000
减：营业成本	53 620 000
税金及附加	79 380
销售费用	12 450

续上表

项　目	本期金额
管理费用	853 320
研发费用	
财务费用	114 600
加：其他收益	
投资收益（损失以"－"号填列）	
其中：对联营企业和合营企业的投资收益	
资产处置收益	
公允价值变动收益（损失以"－"号填列）	
二、营业利润（亏损以"－"号填列）	29 633 250
加：营业外收入	45 800
减：营业外支出	23 680
三、利润总额（亏损以"－"号填列）	29 655 370
减：所得税费用	7 413 842．5
四、净利润（净亏损以"－"号填列）	22 241 527．5

我国计算企业所得税时，一般采用资产负债债务法。利润表中的所得税费用由两部分组成：当期所得税和递延所得税费用（或收益）。

1. 当期所得税

当期所得税应当以适用的税收法规为基础计算确定。

应交所得税＝应纳税所得额×所得税税率

应纳税所得额＝会计利润＋纳税调整增加额－纳税调整减少额＋境外应税所得弥补境内亏损－弥补以前年度亏损、

当期应交所得税＝应纳税所得额×适用税率－减免税额－抵免税额

2. 居民企业应纳税额的计算

（1）直接计算法

应纳税所得额＝收入总额－不征税收入－免税收入－各项扣除金额－弥补亏损

（2）间接计算法

应纳税所得额＝会计利润总额±纳税调整项目金额

【例 10-3】 扬子电子有限公司所得税税率为25％，2019 年 1 月有关的生产经营情况如下：

(1) 销售电子产品，取得收入 3 137 265 元（不含税价格）。

(2) 买卖国债取得收益 100 000 元，取得国债利息收入 40 000 元，企业债券利息收入 23 000 元。

(3) 当年产品的销售成本为 1 130 900 元。

(4) 当年企业发生的管理费用 707 644.42 元，业务招待费 400 000 元；其他费用性税费 307 644.42 元。

根据上述资料，计算企业所得税额。

①计算应税收入。取得的国债利息收入 40 000 元免征企业所得税。

应税收入＝3 137 265＋100 000＋23 000＝3 260 265（元）

②计算允许税前扣除的业务招待费。

根据规定，企业发生的与生产经营活动有关的业务招待费，按照发生额的 60％ 扣除，但最高不得超过当年销售（营业）收入的 5‰。所以，400 000×60％＝240 000（元）；3 137 265×5‰＝15 686.33（元）。允许税前扣除的业务招待费限额＝15 686.33（元），应调增所得额＝400 000－15 686.33＝384 313.67（元）。

应纳税所得额＝3 260 265－1 130 900－15 686.33－307 644.42＝1 806 034.25（元）

应纳税额＝1 806 034.25×25％＝451 508.56（元）

借：所得税费用　　451 508.56

　　贷：应交税费——应交所得税　　451 508.56

应交税费

借方	贷方
	期初余额
66 362	66 362
290 840	29 084
29 084	451 508.56
	期末余额　160 668.56

小贴士

编制资产负债表时，“应交税费”项目应根据“应交税费”科目的期末贷方余额填列；如“应交税费”科目期末为借方余额，应以“－”号填列。

第11章 资产负债表

资产负债表是反映企业在某一特定时期的财务状况的报表。资产负债表主要反映资产、负债和所有者权益三方面的内容，并满足“资产＝负债＋所有者权益”平衡式。

11.1 聚集新资产负债表

为了尽快与国际财务报告准则一致，财政部于 2018 年 6 月 15 日发布了《关于修订印发 2018 年度一般企业财务报表格式的通知》（财会〔2018〕15 号，以下简称《通知》），公布两种财务报表格式：一种是适用于尚未执行新金融准则和新收入准则的企业；另一种是适用于已执行新金融准则或新收入准则的企业。那么这两种财务报表格式有哪些不同呢，我们将在下面章节中介绍。

11.1.1 尚未执行新金融准则和新收入准则的企业报表格式

《一般企业财务报表格式（适用于尚未执行新金融准则和新收入准则的企业）》变化如下：

（1）“应收票据”“应收账款”合并为“应收票据及应收账款”。

衍生金额资产		
应收票据		
应收账款		

应收票据及应收账款		
预付款项		
其他应收款		

（2）“应收利息”、“应收股利”合并至“其他应收款”。

应收利息		
应收股利		
其他应收款		

预付款项		
其他应收款		
存货		

（3）“固定资产清理”合并至“固定资产”。

固定资产		
在建工程		
工程物资		
固定资产清理		

投资性房地产		
固定资产		
在建工程		
生产性生物资产		

（4）“工程物资”合并至“在建工程”。

投资性房地产		
固定资产		
在建工程		
工程物资		

固定资产		
在建工程		
生产性生物资产		
油气资产		

（5）“应付票据”、“应付账款”合并为“应付票据及应付账款”。

衍生金融资产		
应付票据		
应付账款		
预收款项		

衍生金融资产		
应付票据及应付账款		
预收款项		
应付职工薪酬		

（6）“应付利息”、“应付股利”合并至“其他应付款”。

应交税费		
应付利息		
应付股利		
其他应付款		

应交税费		
其他应付款		
持有待售负债		
一年内到期的非流动负债		

（7）“专项应付款”合并至“长期应付款”。

长期应付款		
专项应付款		
预计负债		
递延收益		

长期应付款		
预计负债		
递延收益		
递延所得税负债		

11.1.2　已经执行新金融准则和新收入准则的企业报表格式

除了未执行新金融准则和新收入准则企业财务报表格式更改项以外，还新增以下项目：

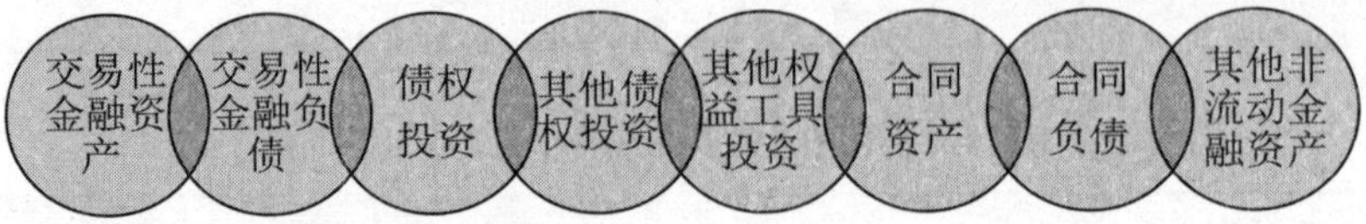

同时删除“以公允价值计量且其变动计入当期损益的金融资产”、“可供出售金融资产”、“持有至到期投资”以及“以公允价值计量且其变动计入当期损益的金融负债”项目。将按照新收入准则相关规定设置的特定科目纳入现有项目中列示，见表 11-1。

表 11-1　　　　新增项目报表填制方法

科目	报表项目	科目	报表项目
合同资产	合同资产	合同负债	合同负债
	其他非流动资产		其他非流动负债
合同取得成本	其他流动资产	应收退货成本	其他流动资产
	其他非流动资产		其他非流动资产
合同履约成本	存货	应付退货款	其他流动资产
	其他非流动资产		预计负债

注：根据流动性计入相关科目，若超过一年；计入其他非流动性资产，应付退货款应计入预计负债，未超过一年计入相关科目。

其他合并项目同尚未执行新金融准则和新收入准则的企业报表格式列示项目相同。如“应收票据”及“应收账款”项目归并至新增的“应收票据及应收账款”项目等，报表格式见表 11-2。

表 11-2　　　　资产负债表

会企 01 表

编制单位：　　　　____年____月____日　　　　单位：元

资　产	期末余额	年初余额	负债和所有者权益（或股东权益）	期末余额	年初余额
流动资产：			流动负债：		
货币资金			短期借款		

续上表

资　产	期末余额	年初余额	负债和所有者权益（或股东权益）	期末余额	年初余额
交易性金融资产			交易性金融负债		
衍生金融资产			衍生金融负债		
应收票据及应收账款			应付票据及应付账款		
预付款项			预收款项		
其他应收款			合同负债		
存货			应付职工薪酬		
合同资产			应交税费		
持有待售资产			其他应付款		
一年内到期的非流动资产			持有待售负债		
其他流动资产			一年内到期的非流动负债		
流动资产合计			其他流动负债		
非流动资产：			流动负债合计		
债权投资			非流动负债：		
其他债权投资			长期借款		
长期应收款			应付债券		
长期股权投资			其中：优先股		
其他权益工具投资			永续债		
其他非流动金融资产			长期应付款		
投资性房地产			预计负债		
固定资产			递延收益		

11.2 资产负债表的编制方法

资产负债表的各项目均须填列“年初余额”和“期末余额”两栏。

资产负债表“年初余额”栏内各项数字，应根据上年年末资产负债表的“期末余额”栏内所列数字填列。如果上年度资产负债表规定的各个项目的名称和内容与本年度不一致，应对上年年末资产负债表各项目的名称和数字按照本年度的规定进行调整，填入本表“年初余额”栏内。

11.2.1 会计账簿的准备

设置和登记账簿，是编制会计报表的基础，是联结会计凭证和会计报表的中间环节。

按照“资产＝负债＋所有者权益”的会计等式与“有借必有贷，借贷必相等”的记账原则，总分类账簿间存在下列平衡关系：

（1）全部总账账户的期初借方余额合计＝全部总账账户的期初贷方余额合计

（2）全部总账账户的期末借方余额合计＝全部总账账户的期末贷方余额合计

（3）全部总账账户的期末借方发生额合计＝全部总账账户的期末贷方发生额合计

（4）期末余额＝期初余额＋本期增加发生额－本期减少发生额

1. 总分类账簿与所属明细分类账簿的核对

某个总分类账户的期末余额＝该总分类账户所属明细分类账户的期末余额合计

2. 明细账簿的核对

会计部门有关实物资产的明细账与财产物资保管部门或使用部门的明细账进行核对。

11.2.2 试算平衡表的编制

试算平衡表的主要作用是检验总分类账的记录是否正确，总分类账的各类平衡关系是否正确。

（1）试算平衡表的格式，见表 11-3。

表 11-3　　　　　　　　　　　　　试算平衡表的格式

年　　月　　　　　　　　　　　　单位：元

会计科目	期初余额		本期发生额		期末余额	
	借方	贷方	借方	贷方	借方	贷方
库存现金						
银行存款						
其他货币资金						
……						
合计						

（2）试算平衡表编制应注意的问题。

①必须保证企业所有账户的余额、发生额均已计入试算平衡表。因为缺少任何一个账户的发生额、余额，都会造成期初或期末借贷方余额合计不相等。

②如果试算平衡表借贷不相等，说明企业的账户记录一定有错误，应认真查找，直到试算平衡表平衡为止。若试算平衡表中的数字关系不平衡，企业不能开始编制会计报表的工作。

③试算平衡表的数字关系平衡，并不能说明账簿记录正确，企业还必须要进行必要的对账工作。

【例 11-1】 2019 年 3 月 31 日，扬子电子有限公司科目余额表见表 11-4。

表 11-4　　　　　　　　　　　　　科目余额表

账户名称	期初余额	借方发生额	贷方发生额	期末余额
库存现金	5 800	552 120	555 040	2 880
银行存款	2 500 000	13 824 793.69	12 153 763	4 171 030.69
其他货币资金	0	2 328 700	2 242 860	85 840
交易性金融资产	2 120 000	—	—	2 120 000
应收票据	409 180	12 519	325 985	95 714
合同资产	113 250	34 900	—	148 150
应收账款	499 800	1 244 716	0	744 516
坏账准备	14 000	4 000	—	10 000

续上表

账户名称	期初余额	借方发生额	贷方发生额	期末余额
应收利息	0	40 000	40 000	0
应收股利	0	85 000	85 000	0
其他应收款	297 800	169 482.80	34 530	432 752.80
原材料	48 990	505 700	378 900	175 790
周转材料	18 900	3 400	2 960	19 340
库存商品	600 000	590 000	1 130 900	59 100
委托加工物资	0	81 000	81 000	0
其他权益工具投资	0	4 015 000		4 015 000
债权投资	0	1 250 000	250 000	1 000 000
长期股权投资	1 189 450	1 234 500		2 423 950
投资性房地产	0	1 353 500		1 353 500
固定资产	3 748 100	2 582 480	434 000	5 896 580
在建工程	0	545 600	545 600	0
固定资产清理	0	157 400	157 400	0
累计折旧	328 900	285 000	242 430	286 330
无形资产	411 700	532 100		943 800
累计摊销	0		4 245	4 245
研发支出	0	617 500	617 500	0
短期借款	0		360 000	360 000
应付票据	91 460		81 900	173 360
应付账款	499 800		1 054 611	1 554 411
合同负债	376 321		69 800	446 121
应付职工薪酬	396 280	1 085 416	1 881 866	1 192 730
应交税费	118 710	313 875	558 467	363 302
应付利息	0	48 400	48 400	0
其他应付款	297 800		30 350	328 150

续上表

账户名称	期初余额	借方发生额	贷方发生额	期末余额
长期借款	1 000 000		3 600 000	4 600 000
应付债券	0	60 114.74	52 06 852.64	5 146 737.90
长期应付款	0	560 000	1 680 000	1 120 000
递延所得税负债	0			
实收资本	6 000 000		4 751 399	10 751 399
盈余公积	298 700	242 062.79		56 637.21
未分配利润	1 900 000	1 390 265.14		509 734.86

“货币资金”项目＝2 880＋4 171 030.69＋85 840＝4 259 750.69（元）

“交易性金融资产”项目＝2 120 000（元）

“应收票据及应收账款”项目＝95 714＋499 800＋1 244 716－10 000
＝1 830 230（元）

“合同资产”项目＝113 250＋34 900＝148 150（元）

“其他应收款”项目＝297 800＋169 482.80－34 530＝432 752.80（元）

“存货”项目＝175 790＋19 340＋59 100＝254 230（元）

“其他权益工具投资”项目＝4 015 000（元）

“债权投资”项目＝1 250 000－250 000＝1 000 000（元）

“长期股权投资”项目＝1 189 450＋1 234 500＝2 423 950（元）

“投资性房地产”项目＝1 353 500（元）

“固定资产”项目＝3 748 100＋2 582 480－434 000－286 330－0
＝5 610 250（元）

“无形资产”项目＝411 700＋532 100－4 245＝939 555（元）

“短期借款”项目＝360 000（元）

“应付票据及应付账款”项目＝173 360＋499 800＋1 054 611
＝1 727 771（元）

“合同负债”项目＝69 800＋376 321＝446 121（元）

“应付职工薪酬”项目＝396 280＋1 881 866－1 085 416＝1 192 730（元）

“应交税费”项目＝118 710＋55 847－313 875＝363 302（元）

“其他应付款”项目＝297 800＋30 350＝328 150（元）

"长期借款"项目＝1 000 000＋3 600 000＝4 600 000（元）

"应付债券"项目＝5 206 852.64－60 114.74＝5 146 737.90（元）

"长期应付款"项目＝1 680 000－560 000＝1 120 000（元）

"实收资本"项目＝6 000 000＋4 978 530＝10 978 530（元）

"盈余公积"项目＝56 637.21（元）

"未分配利润"项目＝509 734.863（元）

根据上述资料，编制资产负债表，见表11-5。

表11-5 **资产负债表**

编制单位：扬子电子有限公司 2019年3月31日 单位：元

资产	期末余额	年初余额	负债和所有者权益（或股东权益）	期末余额	年初余额
流动资产：			流动负债：		
货币资金	4 259 750.69	2 505 800	短期借款	360 000	
交易性金融资产	2 120 000		交易性金融负债		
应收票据及应收账款	1 830 230	894 980	应付票据及应付账款	1 727 771	591 260
预付款项			合同负债	446 121	300 000
其他应收款	432 752.80	297 800	应付职工薪酬	1 192 730	96 280
存货	254 230	667 890	应交税费	363 302	118 710
合同资产	148 150	113 250	其他应付款	328 150	297 800
持有待售资产			持有待售负债		
一年内到期的非流动资产			一年内到期的非流动负债		
其他流动资产			其他流动负债		
流动资产合计	9 045 113.49	4 479 720	其他流动负债	4 051.95	

续上表

资产	期末余额	年初余额	负债和所有者权益（或股东权益）	期末余额	年初余额
非流动资产：			流动负债合计	4 422 125.95	1 404 050
债权投资	1 000 000				
其他债权投资			非流动负债：		
长期应收款			长期借款	4 600 000	1 000 000
长期股权投资	2 423 950	1 189 450	应付债券	5 146 737.90	
其他权益工具投资	4 015 000		其中：优先股		
投资性房地产	1 353 500		永续债		
固定资产	5 610 250	3 419 200	长期应付款	1 120 000	
在建工程			预计负债		
生产性生物资产			递延收益		
油气资产			递延所得税负债		
无形资产	939 555	411 700	其他非流动负债		
开发支出			非流动负债合计	10 866 737.90	1 000 000
商誉	2 219 266.43	1 102 680	负债合计	15 288 863.85	2 404 050
长期待摊费用			所有者权益（或股东权益）：		
递延所得税资产			实收资本（或股本）	10 751 399	6 000 000
其他非流动资产			其他权益工具		
非流动资产合计	17 561 521.43	6 123 030	期中：优先股		
			永续债		
			资本公积		
			减：库存股		
			其他综合收益		
			盈余公积	56 637.21	298 700
			未分配利润	509 734.86	1 900 000

续上表

资产	期末余额	年初余额	负债和所有者权益（或股东权益）	期末余额	年初余额
			所有者权益（或股东权益）合计	11 317 771.07	8 198 700
资产总计	26 606 634.92	10 602 750	负债和所有者权益（或股东权益）总计	26 606 634.92	10 602 750

11.3 资产负债表分析

通过对资产与负债的组成分析，可以了解企业资产、负债质量；通过对资本结构分析，企业财务杠杆利用水平。通过对偿债能力分析，可以了解企业是否存在财务风险；通过对资产运营能力分析，可以了解企业资产管理状况和运营效率。

11.3.1 短期偿债能力分析

短期偿债能力是反映企业在不用变卖或处置固定资产的情况下能够偿还短期债务的能力。短期债务是指流动负债，具体包括短期借款、应付、应交及预收款项等不长于一年或一个经营周期的债务。

评估企业的短期偿债能力可通过分析流动比率、速动比率、现金比率来进行。

1. 营运资金

营运数据可直接取自资产负债表。当流动资产大于流动负债时，营运资金为正，说明企业财务状况稳定，反之，则相反。计算公式如下：

营运资金＝流动资产－流动负债

【例 11-2】根据扬子电子有限公司表 11-5 数据计算营运资金：

年初营运资金＝流动资产－流动负债

＝4 479 720－1 404 050＝3 075 670（元）

期末营运资金＝流动资产－流动负债

＝9 045 113.49－4 422 125.95＝4 622 987.54（元）

2. 流动比率

流动比率是流动资产与流动负债进行比较的结果，它是分析短期偿债能力的指标。流动比率表明每 1 元流动负债有多少流动资产作为保障，流动比率越大通常短期偿期能力越强。一般认为，生产企业合理的最低流动比率是 2。需要说明的是，流动比率高不意味着短期偿债能力一定很强；计算出来的流动比率，只有和同行业平均流动比率、本企业历史流动比率进行比较，才能知道这个比率是高还是低。

流动资产包括货币资金、交易性金融资产和各种应收、预付款项、存货、一年内到期的非流动资产、其他流动资产。

计算公式如下：

流动比率（相对数）＝流动资产÷流动负债

【例 11-3】 根据表 11-5 的资料，则扬子电子有限公司流动比率为：

年初流动比率＝流动资产÷流动负债＝4 479 720÷1 404 050＝3.19

期末流动比率＝9 045 113.49÷4 422 125.95＝2.05

(1) 比率越高，说明企业偿还流动负债的能力越强，流动负债得到保障越大。

(2) 过高的流动比率也并非好现象，因为流动比率过高，可能是企业滞留在流动资产上的资金过多，可能会影响企业的获利能力。

3. 速动比率

速动比率是衡量企业流动资产中可以立即变现用于偿还流动负债的能力。与流动比率的差异，就是在流动资产与流动负债比较时，将流动资产中的存货（库存材料、库存商品）进行扣除。由于存货质量和周转情况的影响，一般情况下变现能力或得到补偿能力较其他流动资产差，将其从流动资产中扣除后，其他的流动资产显得变现速度更快，称为速动资产。因此，分析速动比率，更可以进一步判断企业的偿债能力或支付能力。其计算公式为：

速动比率＝速动资产÷流动负债

速动资产＝货币资金＋交易性金融资产＋应收账款＋应收票据

＝流动资产－存货－预付账款－待处理流动资产损失

【例 11-4】 根据表 11-5 的资料，扬子电子有限公司年初速动资产为 3 400 780（2 505 800＋894 980），期末速动资产为 8 209 980.69 元（4 259 750.69＋2 120 000＋1 830 230）。则扬子电子有限公司流动比率为：

年初速动比率＝速动资产÷流动负债

＝3 400 780÷1 404 050＝2.42

期末速动比率＝速动资产÷流动负债

＝8 209 980.69÷4 422 125.95＝1.86

4. 现金比率

现金资产包括货币资金和交易性金融资产等，现金资产与流动负债的比值称为现金比率。计算公式为：

现金比率＝（货币资金＋交易性金融资产）÷流动负债

现金比率是速动资产扣除应收账款后的余额。速动资产扣除应收账款后计算出来的金额，最能反映企业直接偿付流动负债的能力。现金比率一般认为 0.5 以上为好。但这一比率过高，就意味着企业流动负债未能得到合理运用，而现金类资产获利能力低，这类资产金额太高会导致企业机会成本增加。

【例 11-5】 根据表 11-5 资料，扬子电子有限公司的现金比率为：

年初现金比率＝2 505 800 ÷1 404 050＝1.78

期末现金比率＝（4 259 750.69＋2 120 000）÷4 422 125.95＝1.44

扬子电子有限公司现金比率偏高，说明该公司现金利用率很低。

11.3.2 长期偿债能力分析

长期偿债能力是指企业偿还长期负债的能力。企业的长期负债主要包括长期借款、应付长期债券、长期应付款等偿还期在一年以上的债务。

对于企业的长期债权人和投资者来说，不仅关注短期债务偿还能力，更关心长期债务的偿还能力。

分析和评价企业长期偿债能力的指标有：资产负债率、产权比率、权益乘数等。

1. 资产负债率

资产负债率是企业负债总额与资产总额的比率，也称负债率。它反映企业的资产总额中有多少是通过举债获得的资产。

从积极的角度来看，资产负债率普遍偏低表明公司的财务成本较低，风险较小，偿债能力强，经营较为稳健，对于投资行为的态度比较慎重。但是，也有专业人士认为，资产负债率的普遍偏低说明企业的经营趋于谨慎。从会计的角度来看，资产负债率过低或过高均属不太正常，如果过低则表明企业的经营非常保守或对自己的行业看淡。一般情况下，欧美国家的资产负债率是55%左右，日本、韩国则为75%。

资产负债率＝负债总额÷资产总额×100%

【例 11-6】 根据表 11-5 的资料，扬子电子有限公司的资产负债率为：

年初资产负债率＝负债总额÷资产总额

＝2 404 050÷10 602 750×100%＝22.67%

期末资产负债率＝负债总额÷资产总额

＝15 288 863.85÷26 606 634.92×100%＝57.46%

2. 产权比率

产权比率是负债总额与所有者权益总额的比率，是为评估资金结构合理性的一种指标。一般来说，产权比率可反映股东所持股权是否过多，或者是尚不够充分等情况，从另一个侧面表明企业借款经营的程度。

产权比率的计算公式如下

产权比率＝负债总额÷所有者权益总额×100%

产权比率不仅反映了由债务人提供的资本与所有者提供的资本的相对关系，而且反映了企业自有资金偿还全部债务的能力，因此它又是衡量企业负债经营是否安全有利的重要指标。一般来说，这一比率越低，表明企业长期偿债能力越强，债权人权益保障程度越高，承担的风险越小，一般认为这一比率为1：1，即100%以下时，应该是有偿债能力的，但还应该结合企业的具体情况加以分析。当企业的资产收益率大于负债成本率时，负债经营有利于提高资金收益率，获得额外的利润，这时的产权比率可适当高些。产权比率高，是高风险、高报酬的财务结构；产权比率低，是低风险、低报酬的财务结构。

【例 11-7】 根据表 11-5 资料，扬子电子有限公司的产权比率为：

年初产权比率＝负债总额÷所有者权益总额

＝2 404 050÷8 198 700×100%＝29.32%

期末产权比率＝负债总额÷所有者权益总额

＝15 288 863.85÷11 317 771.07×100%＝135.09%

3. 权益乘数

权益乘数又称股本乘数，是指资产总额相当于股东权益的倍数。表示企业的负债程度，权益乘数越大，企业负债程度越高。

权益乘数＝资产总额÷股东权益总额＝1＋产权比率＝1÷（1－资产负债率）

【例 11-8】 根据表 11-5 资料，扬子电子有限公司的权益乘数为：

年初权益乘数＝资产总额÷股东权益总额

＝10 602 750÷8 198 700＝1.29

年末权益乘数＝资产总额÷股东权益总额

＝26 606 634.92÷11 317 771.07＝2.35

11.3.3 营运能力分析

资产营运能力指标包括应收账款周转率、存货周转率、营业周期和流动资产周转率。

1. 应收账款周转率

公司的应收账款在流动资产中具有举足轻重的地位。公司的应收账款如能及时收回，公司的资金使用效率便能大幅提高。应收账款周转率就是反映公司应收账款周转速度的比率。它说明一定期间内公司应收账款转为现金的平均次数。用时间表示的应收账款周转速度为应收账款周转天数，也称平均应收账款回收期或平均收现期。它表示公司从获得应收账款的权利到收回款项、变成现金所需要的时间。

应收账款周转率公式如下：

应收账款周转率（次）＝销售收入净额÷应收账款平均余额

＝销售收入净额÷［（期初应收账款＋期末应收账款）÷2］

应收账款周转天数指应收账款周转一次（从销售开始到收回现金）所需要的时间，计算公式为：

应收账款周转天数＝计算期天数÷应收账款周转次数

应收账款周转天数＝计算期天数×应收账款平均余额÷销售收入净额

小贴士

(1) 销售收入是指扣除折扣和折让后的销售净额。

(2) 应收账款包括会计报表中“应收账款”和“应收票据”等全部赊销账款。

(3) 应收账款应为未扣除坏账准备的金额。

【例 11-9】 扬子电子有限公司 2019 年 3 月销售收入净额为 3 120 000 元，期末应收账款为 1 804 316 元，期初应收账款为 375 700 元。

应收账款周转率（次）＝销售收入净额÷应收账款平均余额

＝销售收入净额÷［(期初应收账款＋期末应收账款)÷2］

＝应收账款周转次数＝3 120 000÷［(1 804 316＋375 700)÷2］

＝3 120 000÷1 090 008

＝2.86（次）

应收账款周转天数＝360÷2.86＝125.87（天）

通常，应收账款周转率越高、周转天数越短，表明应收账款管理效率越高。

在计算应收账款周转次数时应注意，其中的应收账款包括会计报表中“应收账款”和“应收票据”等全部赊销账款在内，因为应收票据是销售形成的应收款项的另一种形式。另外，应收账款应为未扣除坏账准备的金额。因为，如果按照扣除坏账准备的金额计算，其结果是，计提坏账准备越多，应收账款周转率越高、周转天数越少，对应收账款实际管理欠佳的企业反而会得出应收账款周转情况更好的错误结论。还要注意的是，应收账款在财务报表上按净额列示。

2. 存货周转率

存货周转率也叫存货周转天数，它是反映企业在一个年度内销售及消耗转出的存货成本与存货平均余额的比率。存货周转率指标可以用于判断企业存货质量、变现速度，还可以衡量存货的储备是否经济合理。

在流动资产中，存货所占比重较大，存货的流动性将直接影响企业的流动比率。因此，必须特别重视对存货的分析。存货流动性的分析一般通过存货周转率来进行。

存货周转率（次数）计算公式为：

存货周转率（次数）＝销货成本÷存货平均余额

其中：平均存货余额＝（期初存货＋期末存货）÷2

存货周转天数＝计算期天数÷存货周转率（次数）

＝计算期天数×平均存货余额÷销货成本

【例 11-10】扬子电子有限公司 2019 年 3 月销售成本为 1 130 900 元，期初存货为 667 890 元，期末存货为 254 230 元，该公司存货周转率指标为：

存货周转次数＝1 130 900÷［（667 890＋254 230）÷2］

＝1 130 900÷461 060＝2.45（次）

存货周转天数＝计算期天数÷存货周转次数

＝360÷2.45

＝146.94（天）

一般来讲，存货周转速度越快（即存货周转率或存货周转次数越大、存货周转天数越短），存货占用水平越低，流动性越强，存货转化为现金或应收账款的速度就越快，这样会增强企业的短期偿债能力及获利能力。通过存货周转速度分析，有利于找出存货管理中存在的问题，尽可能降低资金占用水平。

3. 流动资产周转率

流动资产周转率又叫流动资产周转次数，是营业收入与全部流动资产的比率。它反映的是全部流动资产的营运效率，用时间表示流动资产周转速度的指标叫流动资产周转天数，表示流动资产平均周转一次所需的时间。其计算公式如下：

流动资产周转率（次）＝销售收入净额÷流动资产平均余额×100％

流动资产周转天数＝计算期天数÷流动资产周转次数

＝计算期天数×流动资产平均余额÷销售收入净额

式中：流动资产平均余额＝（流动资产年初数＋流动资产年末数）÷2

一般情况下，该指标越高，表明企业流动资产周转速度越快，利用越好。在较快的周转速度下，流动资产会相对节约，相当于流动资产投入的增加，在一定程度上增强了企业的盈利能力；而周转速度慢，则需要补充流动资金参加周转，会形成资金浪费，降低企业盈利能力。

【例 11-11】 根据表 11-5，扬子电子有限公司销售收入净额 3 120 000 元，流动资产期初数为 4 479 720 元，期末数为 9 045 113.49 元，则该公司流动资产周转指标计算如下：

流动资产平均余额＝（流动资产年初数＋流动资产年末数）÷2

＝（4 479 720＋9 045 113.49）÷2＝6 762 416.75(万元)

流动资产周转率（次）＝主营业务收入净额÷平均流动资产总额

＝3 120 000÷6 762 416.75

＝0.46

流动资产周转次数＝360÷0.46＝782.61（天）

第 12 章
利润表

本章按照新利润表格式进行编写，包括新增项目说明与填列方式，以及利润结转、利润表编制方法等。

12.1 聚集新利润表

根据财会〔2018〕15号规定，利润表主要是分拆项目，并对部分项目的先后顺序进行调整。

12.1.1 利润表的调整

利润表主要是新增项目、分拆项目，并对部分项目的先后顺序进行调整，同时简化部分项目的表：

从“管理费用”项目中分拆“研发费用”项目，在“财务费用”项目下分拆“利息费用”和“利息收入”明细项目。

除了分拆项目，还有新增新金融工具准则有关的项目如下：

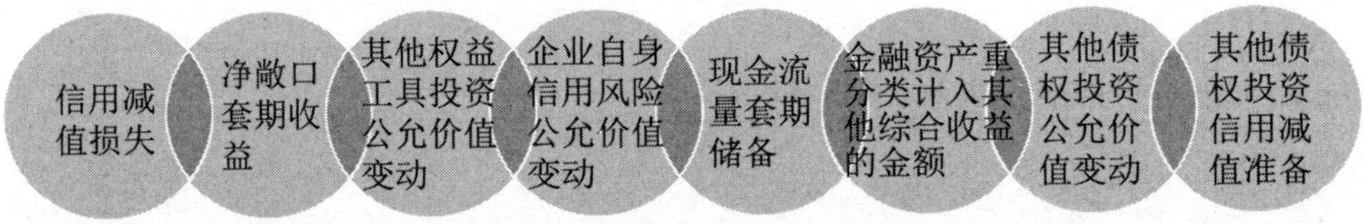

另外，在其他综合收益部分删除与原金融工具准则有关的“可供出售金融资产公允价值变动损益”“持有至到期投资重分类为可供出售金融资产损益”以及“现金流量套期损益的有效部分”。

12.1.2 利润表填列说明

新利润表新增项目说明，见表12-1。

表 12-1　　利润表修订新增项目填列说明

项　　目	填列方式
“研发费用”行项目	根据“管理费用”科目下的“研发费用”明细科目的发生额分析填列
“利息费用”行项目	根据“财务费用”科目的相关明细科目的发生额分析填列
“利息收入”行项目	根据“财务费用”科目的相关明细科目的发生额分析填列
“资产处置收益”行项目	根据“资产处置损益”科目的发生额分析填列；如为处置损失，以“－”号填列
“信用减值损失”行项目	根据“信用减值损失”科目的发生额分析填列
“净敞口套期收益”行项目	根据“净敞口套期损益”科目的发生额分析填列；如为套期损失，以“－”号填列
“其他权益工具投资公允价值变动”行项目	根据“其他综合收益”科目的此类项目相关明细科目的发生额分析填列
“企业自身信用风险公允价值变动”行项目	根据“其他综合收益”科目的此类项目相关明细科目的发生额分析填列
“其他债权投资公允价值变动”行项目	根据“其他综合收益”科目下的此类项目相关明细科目的发生额分析填列
“金融资产重分类计入其他综合收益的金额”行项目	根据“其他综合收益”科目下的此类相关明细科目的发生额分析填列
“其他债权投资信用减值准备”行项目	根据“其他综合收益”科目下的“信用减值准备”明细科目的发生额分析填列
“现金流量套期储备”行项目	根据“其他综合收益”科目下的“套期储备”明细科目的发生额分析填列
“其他收益”行项目	根据“其他收益”科目的发生额分析填列
“(一) 持续经营净利润”和“(二) 终止经营净利润”行项目	反映净利润中与持续经营相关的净利润和与终止经营相关的净利润；如为净亏损，以“－”号填列。该两个项目应按照《企业会计准则第 42 号——持有待售的非流动资产、处置组和终止经营》的相关规定分别列报

利润表保留项目的填列说明，见表 12-2。

表 12-2　　利润表项目填列说明

营业收入	根据“主营业务收入”和“其他业务收入”科目的发生额分析填列
营业成本	根据“主营业务成本”和“其他业务成本”科目的发生额分析填列
税金及附加	根据“税金及附加”科目的发生额分析填列
管理费用	根据“管理费用”科目的发生额分析填列
财务费用	根据“财务费用”科目的发生额分析填列
资产减值损失	根据“资产减值损失”科目发生额分析填列
公允价值变动收益	根据“公允价值变动损益”科目的发生额分析填列，如为净损失，本项目以“—”号填列
投资收益	根据“投资收益”科目的发生额分析填列。如为投资损失，本项目用“—”号填列
营业利润	反映企业实现的营业利润。如为亏损，本项目以“—”号填列
营业外收入	根据“营业外收入”科目的发生额分析填列
营业外支出	根据“营业外支出”科目的发生额分析填列
利润总额	反映企业实现的利润。如为亏损，本项目以“—”号填列
所得税费用	根据“所得税费用”科目的发生额分析填列
净利润	反映企业实现的净利润。如为亏损，本项目以“—”号填列
每股收益	包括基本每股收益和稀释每股收益两项指标，反映普通股或潜在普通股已公开交易的企业，以及正在公开发行普通股或潜在普通股过程中的企业的每股收益信息
其他综合收益	反映根据《企业会计准则》规定，未在损益中确认的各项利得和损失扣除所得税影响后的净额
综合收益总额	反映企业净利润与其他综合收益的合计金额

12.2　利润结转与编制

企业期（月）末结转利润时，应将各损益类科目的金额转入本年利润，结平各损益类科目。结转后本科目的贷方余额为当期实现的净利润；借方余额为当期发生的净亏损。

12.2.1　期末利润结转账务处理

期末本年利润的结转，相关会计分录如图 12-1 所示。

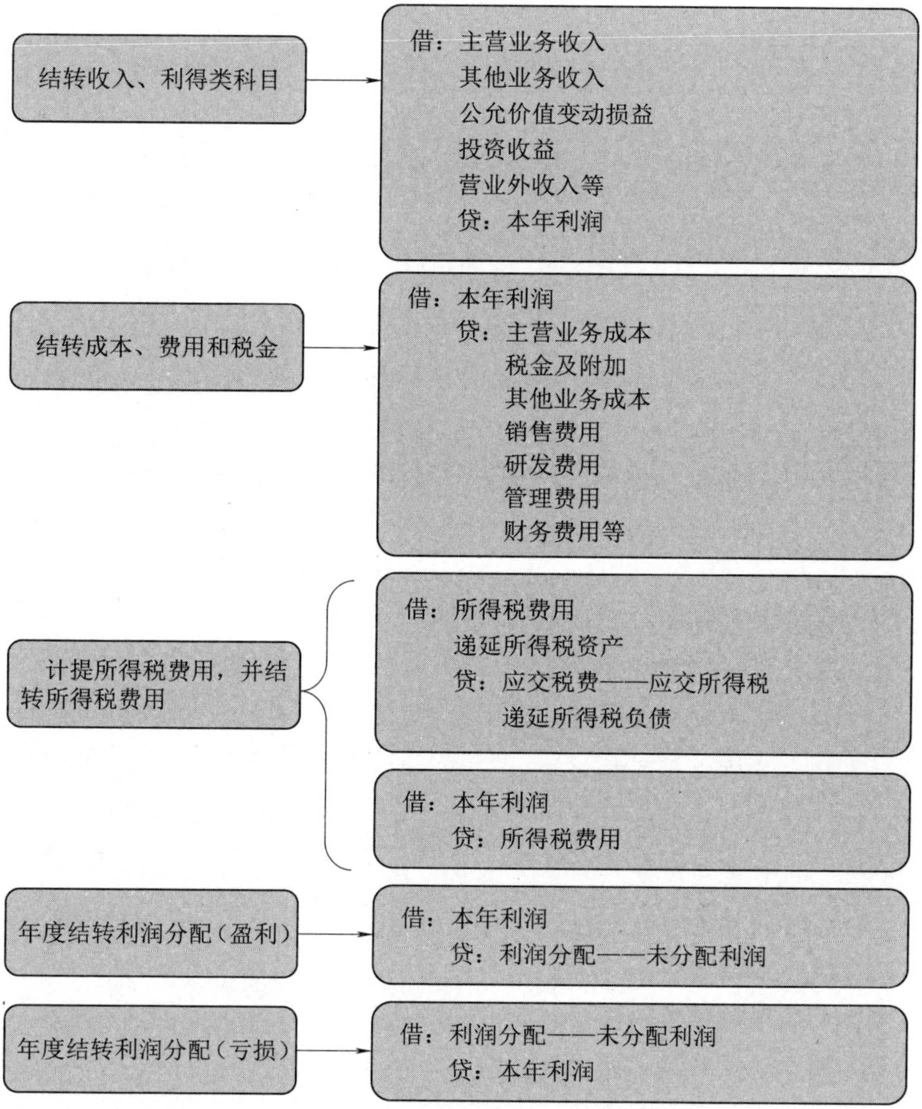

图 12-1　期末本年利润结转的会计处理

【例 12-1】2019 年 3 月 31 日，各损益类账户余额见表 12-3。

（1）结转收入与损益：

借：主营业务收入	3 137 265	
其他业务收入	123 000	
投资收益	—10 000	
贷：本年利润		3 250 265

表 12-3　　损益类账户余额表

科目名称	余额方向	期末余额
主营业务收入	贷	3 137 265
其他业务收入	贷	123 000
主营业务成本	借	1 130 900
其他业务成本	借	94 200
税金及附加	借	29 084
投资收益	贷	－10 000
营业外支出	借	144 500
销售费用	借	21 700
管理费用	借	607 644.42
财务费用	借	55 114.84

(2) 结转成本费用：

借：本年利润　　2 083 143.26

　贷：主营业务成本　　1 130 900

　　其他业务成本　　94 200

　　营业外支出　　144 500

　　税金及附加　　29 084

　　销售费用　　21 700

　　管理费用　　607 644.42

　　财务费用　　55 114.84

(3) 经上述结转后，会计利润为 3 250 265－2 083 143.26＝1 167 121.74（元)，假设没有纳税调整项目。

计提所得税为 1 167 121.74×25%＝291 780.44（元）

结转所得税：

借：本年利润　　291 780.44

　贷：所得税费用　　291 780.44

(4) 结转本年利润。

借：本年利润　　875 341.31

　贷：利润分配——未分配利润　　875 341.31

12.2.2 利润分配

利润分配是企业根据国家有关规定和企业章程、投资者协议等，对企业当年可供分配的利润所进行的分配。

可供分配的利润＝企业当年实现的净利润（或净亏损）＋年初未分配利润（或一年初未弥补亏损）＋其他转入

1. 可供分配利润账务处理

可供分配的利润，按下列顺序分配：①提取法定盈余公积；②提取任意盈余公积；③向投资者分配利润，如图 12-2 所示。

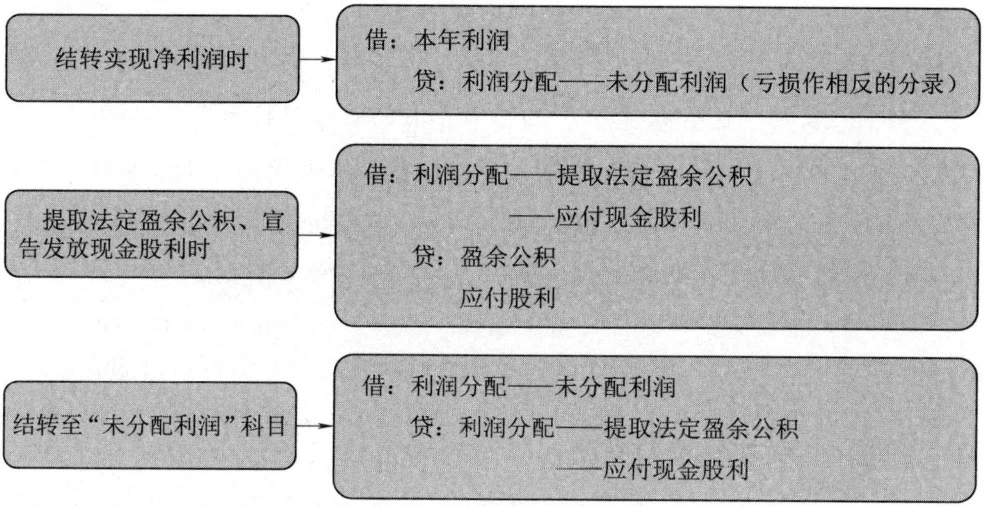

图 12-2 利润分配的账务处理

2. 盈余公积的账务处理

企业应通过“盈余公积”科目，核算盈余公积提取、使用等情况，并分别在“法定盈余公积”“任意盈余公积”进行明细核算，如图 12-3 所示。

年度终了，企业应将全年实现的净利润或发生的净亏损，自“本年利润”科目转入“利润分配——未分配利润”科目，并将“利润分配”科目所属其他明细科目的余额，转入“未分配利润”明细科目。结转后，“利润分配——未分配利润”科目如为贷方余额，表示累积未分配的利润数额；如为借方余额，则表示累积未弥补的亏损数额。

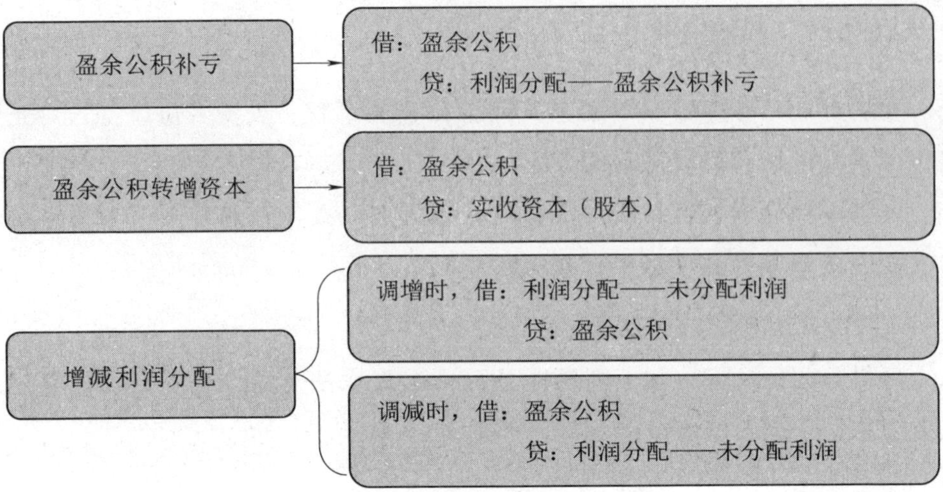

图 12-3　盈余公积的账务处理

【例 12-2】 扬子电子有限公司 2019 年 1 月的税后利润为 7 840 000 元，按规定 10% 的比率提取法定盈余公积金，并根据股东大会决议按 2% 的比率提取任意公积金。会计分录如下：

借：利润分配——提取盈余公积　　　　940 800

　　贷：盈余公积——法定盈余公积　　　　7 840 00

　　　　　　　　——任意盈余公积　　　　156 800

12.2.3　利润表编制案例

利润表编制方法如下：

第一步，以营业收入为基础，减去营业成本、税金及附加、销售费用、管理费用、财务费用、资产减值损失、加上公允价值变动收益（减去公允价值变动损失），计算出营业利润。

第二步，以营业利润为基础，加上营业外收入，减去营业外支出，计算出利润总额。

第三步，以利润总额为基础，减去所得税费用，计算出净利润（或亏损）。

第四步，以净利润（或亏损）为基础，计算每股收益。

第五步，以净利润（或亏损）和其他综合收益为基础，计算综合收益总额。

利润表各项目均需填列“本期金额”和“上期金额”两栏。

【例 12-3】根据【例 12-1】【例 12-2】，编制利润表，见表 12-4。

表 12-4　　　　　　　　　　　　　　利润表

编制单位：扬子电子有限公司　　　　2019 年 1 月　　　　　　　　　　单位：元

项　　目	本期金额	上期金额（略）
一、营业收入	3 260 265	
减：营业成本	1 225 100	
税金及附加	29 084	
销售费用	21 700	
管理费用	607 644.42	
研发费用		
财务费用	55 114.84	
其中：利息费用		
利息收入		
资产减值损失		
信用减值损失		
加：其他收益（损失以“—”号填列）		
投资收益（损失以“—”号填列）	−10 000	
其中：对联营企业和合营企业的投资收益		
净敞口套期收益		
公允价值变动收益（损失以“—”号填列）		
资产处置损益（损失以“—”号填列）		
二、营业利润（亏损以“—”号填列）	1 311 621.74	
加：营业外收入		
减：营业外支出	144 500	
三、利润总额（亏损总额以“—”号填列）	1 167 121.74	
减：所得税费用	291 780.44	
四、净利润（净亏损以“—”号填列）	875 341.30	
（一）持续经营净利润（净亏损以“—”号填列）		
（二）终止经营净利润（净亏损以“—”号填列）		

续上表

项　目	本期金额	上期金额（略）
五、其他综合收益的税后净额		
（一）不能重分类进损益的其他综合收益		
1. 重新计量设定受益计划变动额		
2. 权益法下不能转损益的其他综合收益		
3. 其他权益工具投资公允价值变动		
4. 企业自身信用风险公允价值变动		
（二）将重分类进损益的其他综合收益		
1. 权益法下可转损益的其他综合收益		
2. 其他债权投资公允价值变动		
3. 金融资产重分类计入其他综合收益的金额		
4. 其他债权投资信用减值准备		
5. 现金流量套期储备		
6. 外币财务报表折算差额		
……		
六、综合收益总额		
七、每股收益		
（一）基本每股收益		
（二）稀释每股收益		

12.4　利润表分析

对企业盈利能力的分析主要从销售盈利能力、经营盈利能力、投资收益能力和股本盈利能力四方面进行。

12.4.1　销售盈利能力分析

销售盈利能力是指企业通过经营活动获取利润的能力。企业的盈利能力增强，带来的现金流入量越多，则给予股东的回报越高，偿债能力越强，企业价值越大。

销售盈利能力指标主要通过收入与利润之间的关系、资产与利润之间的关系反映。反映企业盈利能力的指标主要有销售毛利率、销售净利率、资产净利率和净资产收益率。

1. 销售毛利率

销售毛利率是销售毛利与销售收入之比，计算公式如下：

销售毛利率＝销售毛利÷销售收入

其中，销售毛利＝销售收入－销售成本

销售毛利率反映产品每销售 1 元所包含的毛利润是多少，即销售收入扣除销售成本后还有多少剩余可用于各期费用和形成利润。销售毛利率越高，表明产品的盈利能力越强。

【例 12-4】根据表 12-4 资料，扬子电子有限公司销售毛利率如下：

销售毛利率＝（3 260 265－1 225 100）÷3 260 265

＝62.42％

销售毛利率越高，表明产品的盈利能力越强。

2. 销售净利率

销售净利率是净利润与销售收入之比，计算公式为：

销售净利率＝净利润÷销售收入

销售净利率反映每 1 元销售收入最终赚取了多少利润，用于反映产品最终的盈利能力。在利润表上，从销售收入到净利润需要扣除销售成本、期间费用、税金等项目。因此，将销售净利率按利润的扣除项目进行分解可以识别影响销售净利率的主要因素。

【例 12-5】根据表 12-4 资料，计算销售净利率如下：

销售净利率＝875 341.30÷3 260 265

＝26.85％

3. 净资产收益率

净资产收益率又叫权益净利率或权益报酬率，是净利润与平均所有者权益的比值，表示每 1 元股东资本赚取的净利润，反映资本经营的盈利能力。计算公式为：

净资产收益率＝(净利润÷平均所有者权益）×100％

＝资产净利率×权益乘数

净资产收益率越高，股东和债权人的利益保障程度越高。但净资产收益率不是一个越高越好的概念，分析时要注意企业的财务风险。

【例 12-6】 扬子电子有限公司为一家上市公司，已公布的公司 2018 年财务报告显示，该公司 2018 年净资产收益率为 4.8%，较 2017 年大幅降低。扬子电子有限公司 2018 年和 2017 年有关财务指标，见表 12-5。

表 12-5　　相关财务指标

项　　目	2017 年	2018 年
销售净利率	10%	17.37%
总资产周转率（次数）	0.5	0.4
权益乘数	1.48	2.88

2017 年净资产收益率＝10%×0.5×1.48＝7.4%

2018 年净资产收益率＝17.37%×0.4×2.88＝20.01%

净资产收益率指标越高，说明投资带来的收益越高；净资产收益率越低，说明企业所有者权益的获利能力越弱。该指标体现了自有资本获得净收益的能力。

一般来说，负债增加会导致净资产收益率的上升。

企业资产包括了两部分，一部分是股东的投资，即所有者权益（它是股东投入的股本，企业公积金和留存收益等的总和），另一部分是企业借入和暂时占用的资金。企业适当地运用财务杠杆可以提高资金的使用效率，借入的资金过多会增大企业的财务风险，但一般可以提高盈利，借入的资金过少会降低资金的使用效率。净资产收益率是衡量股东资金使用效率的重要财务指标。

12.4.2　股本盈利能力分析

与股本有关的盈利能力指标有每股收益、每股股利、股利支付率、每股净资产和市盈率等。

1. 每股收益

每股收益即每股盈利（EPS），又称每股税后利润、每股盈余，指税后利润与股本总数的比率。每股收益计算公式为：

基本每股收益＝归属于普通股股东的净利润÷当期发行在外普通股的加权平均数

其中：发行在外普通股的加权平均数＝期初发行在外普通股股数＋当期新发普通股股数×已发行时间÷报告期时间－当期回购普通股股数×已回购时间÷报告期时间

该比率反映普通股的盈利水平，是衡量上市公司盈利能力的重要财务指标，对于公司股票市价、股利支付能力等均有重要影响。该指标越高，说明公司的盈利能力越强。

【例 12-7】甲壳虫娱乐有限公司 2018 年度归属于普通股东的净利润为 48 000万元，2018 年年末的股本为 10 000 万股，2019 年 4 月 7 日，经公司 2018 年度股东大会决议，以截止 2018 年末公司总股本为基础，向全体股东每 10 股送红股 10 股，工商注册登记变更完成后公司总股本变为 20 000 万股。2018 年 11 月 29 日发行新股本 8 400 万股。

$$基本每股收益=\frac{48\ 000}{10\ 000+10\ 000+8\ 400\times\frac{1}{12}}=2.32\ （元）$$

2. 每股股利

每股股利是企业股利总额与普通股股数的比值，计算公式为：

每股股利＝现金股利总额÷期末发行在外普通股权数

该指标反映普通股每股获得现金股利的多少，该指标越高，不仅能够体现公司具有较强的盈利能力，而且体现公司的股利政策和现金是否充足。

【例 12-8】甲壳虫娱乐有限公司 2018 年度发放普通股股利 6 800 万元，年末发行在外的普通股股数为 10 000 万股。每股股利计算如下：

每股股利＝68 000 000÷100 000 000＝0.68（元）

3. 市盈率

市盈率是股票每股市价与每股收益的比率，反映普通股股东为获得 1 元净利润所愿意支付的股票价格。计算公式为：

市盈率＝每股市价÷每股收益

该指标是市场对公司的共同期望指标，可以用来评估股票投资的报酬与风险。市盈率越高，表明市场对公司的未来发展前景看好。

【例 12-9】按【例 12-9】，假设 2018 年年末每股市价 4.08 元。则该公司 2018 年年末市盈率计算如下：

市盈率＝4.08÷2.32＝1.76（倍）

很显然，股票的市盈率与股价成正比，与每股净收益成反比。股票的价格越高，则市盈率越高；而每股净收益越高，市盈率则越低。

4. 每股净资产

每股净资产，又称每股账面价值，是指企业期末净资产与期末发行在外的普通股股数之间的比率。计算公式为：

每股净资产＝期末净资产÷期末发行在外的普通股股数

该指标表明发行在外的每股股票所代表的净资产的账面价值，在公司性质相同、股票市价相近的条件下，公司股票每股资产越高，则该公司发展潜力与股票的投资价值越大，投资者所承受风险越小。

【例 12-10】甲壳虫娱乐有限公司 2018 年年末股东权益为 47 620 万元，全部为普通股，年末发行在外的普通股股数为 15 000 万股。则每股净资产计算公式：

每股净资产＝47 620÷15 000＝3.17（元）

每股净资产指标反映了在会计期末每一股份在企业账面上到底值多少钱，它与股票面值、发行价值、市场价值有较大的差距。

第13章 现金流量表

现金流量表是反映企业在一定会计期间现金和现金等价物流入和流出的报表。

现金是企业库存现金以及可以随时用于支付的存款，包括库存现金、银行存款和其他货币资金（如外埠存款、银行汇票存款、银行本票存款）等。不能随时用于支付的存款不属于现金。

现金等价物是企业持有的期限短、流动性强、易于转换为已知金额现金、价值变动风险很小的投资。期限短，一般是指从购买日起3个月内到期。现金等价物通常包括3个月内到期的债券投资等。权益性投资变现的金额通常不确定，因而不属于现金等价物。企业应当根据具体情况，确定现金等价物的范围，一经确定不得随意变更。

13.1　现金流量各项目计算方法

现金流量表分为经营活动、投资活动及筹资活动三部分。

企业产生的现金流量分为三类，主要内容见表13-1。

表13-1　　企业产生的三类现金流量

经营活动产生的现金流量	主要包括销售商品或提供劳务、购买商品、接受劳务、支付工资和交纳税款等流入和流出现金及现金等价物的活动或事项
投资活动产生的现金流量	主要包括购建固定资产、处置子公司及其他营业单位等流入和流出现金及现金等价物的活动或事项
筹资活动产生的现金流量	主要包括吸收投资、发行股票、分配利润、发行债券、偿还债务等流入和流出现金及现金等价物的活动或事项。偿付应付账款、应付票据等商业应付款等属于经营活动，不属于筹资活动

我国企业现金流量表采用报告式结构，分类反映经营活动产生的现金流量、投资活动产生的现金流量和筹资活动产生的现金流量，最后汇总反映企业某一期间现金及现金等价物的净增加额。

13.1.1　经营活动产生的现金流量项目计算

经营活动产生的现金流量净额的各个子项目计算方法，具体见表13-2。

表 13-2　　　　经营活动产生的现金流量净额计算

项　　目	计算公式
销售商品、提供劳务收到的现金	利润表中主营业务收入×（1＋适用税率）＋利润表中其他业务收入＋（应收票据期初余额－应收票据期末余额）＋（应收账款期初余额－应收账款期末余额）＋（预收账款期末余额－预收账款期初余额）－计提的应收账款坏账准备期末余额
收到的税费返还	（应收补贴款期初余额－应收补贴款期末余额）＋补贴收入＋所得税本期贷方发生额累计数
收到的其他与经营活动有关的现金	营业外收入相关明细本期贷方发生额＋其他业务收入相关明细本期贷方发生额＋其他应收账款相关明细本期贷方发生额＋其他应付账款相关明细本期贷方发生额＋银行存款利息收入
购买商品、接受劳务支付的现金	[利润表中主营业务成本＋（存货期末余额－存货期初余额）]×（1＋适用税率）＋其他业务成本（剔除税金）＋（应付票据期初余额－应付票据期末余额）＋（应付账款期初余额－应付账款期末余额）＋（预付账款期末余额－预付账款期初余额）
支付给职工以及为职工支付的现金	“应付职工薪酬”科目本期借方发生额累计数
支付的各项税费	“应交税款”各明细账户本期借方发生额累计数
支付的其他与经营活动有关的现金	营业外支出（剔除固定资产处置损失）＋管理费用（剔除工资、福利费、劳动保险金、待业保险金、住房公积金、养老保险、医疗保险、折旧、坏账准备或坏账损失、列入的各项税金等）＋销售费用、成本及制造费用（剔除工资、福利费、劳动保险金、待业保险金、住房公积金、养老保险、医疗保险等）＋其他应收款本期借方发生额＋其他应付款本期借方发生额＋银行手续费

1. 销售商品、提供劳务收到的现金

“销售商品、提供劳务收到的现金”项目，反映企业销售商品、提供劳务实际收到的现金（含销售收入和应向购买者收取的增值税额），包括本期销售商品、提供劳务收到的现金，以及前期销售和前期提供劳务本期收到的现金和本期预收的账款，扣除本期退回本期销售的商品和前期销售本期退回的商品支付的现金。企业销售材料和代购代销业务收到的现金，也在本项目反映。

【例 13-1】扬子电子有限公司 2019 年 3 月，增值税专用发票上注明的不含税金额为 2 520 000 元，应收票据期初余额为 409 180 元，期末余额为 95 714元；应收账款期初余额为 375 700 元，期末余额为 1 804 316 元；本月核销坏账损失为 10 000 元。

本期销售商品提供劳务收到的现金	2 520 000×（1＋13%）＝2 847 600
加：本期收到前期的应收票据 本期收到前期的应收账款	313 466（409 180－95 714） －1 438 616（375 700－1 804 316－10 000）
本期销售商品、提供劳务收到的现金	1 722 450

2. 收到的税费返回

“收到的税费返还”项目，反映企业收到返还的各种税费，如收到的增值税、所得税、消费税、关税和教育费附加返还款等。本项目可以根据有关科目的记录分析填列。

【例 13-2】2019 年 3 月，扬子电子有限公司扣缴所得税 588 419.67 元，本月应交所得税款 588 419.67 元，月末收到所得税返还款 34 317.5 元，已存入银行。

本期收到的税费返还 34 317.5 元。

3. 收到的其他与经营有关的现金

“收到的其他与经营活动有关的现金”项目，反映企业除上述各项目外，收到的其他与经营活动有关的现金，如罚款收入、经营租赁固定资产收到的现金、投资性房地产收到的租金收入、流动资产损失中由个人赔偿的现金收入、除税费返还外的其他政府补助收入等。其他现金流入如价值较大的，应单列项目反映。

本项目可以根据“库存现金”“银行存款”“营业外收入”“管理费用”“销售费用”等科目的记录分析填列。

【例 13-3】扬子电子有限公司收到出租设备收入 21 400 元。

收到的其他与经营活动有关的现金为 21 400 元。

4. 购买商品、接受劳务支付的现金

“购买商品、接受劳务支付的现金”项目，反映企业购买材料、商品、接受劳务实际支付的现金，包括支付的货款以及与货款同时支付的增值税进项

税额，具体包括：本期购买商品、接受劳务支付的现金，以及本期支付前期购买商品、接受劳务的未付款项和本期预付款项，减去本期发生的购货退回收到的现金。为购置存货而发生的借款利息资本化部分，应在“分配股利、利润或偿付利息支付的现金”项目中反映。企业购买材料和代购代销业务支付的现金，也在本项目反映。

本项目可以根据“库存现金”“银行存款”“应付票据”“应付账款”“预付账款”“主营业务成本”“其他业务成本”等科目的记录分析填列。

【例 13-4】 扬子电子有限公司本期购买原料，收到的专用发票上注明价款为 995 100 元；应付账款月初余额为 499 800 元，月末余额为 1 589 311 元；应付票据月初余额为 91 460 元，月末余额为 173 360 元，预付账款月初余额 113 250 元，月末余额为 192 231 元。货款已通过银行转账支付。

本期购买商品、接受劳务支付的现金计算如下：

本期购买钢材支付的价款	995 100
加：本期支付的前期应付账款　本期支付的前期应付票据　本期预付货款	−1 089 511（499 800−1 589 311） −819 00（91 460−173 360） 78 981（192 231−113 250）
本期购买商品、接受劳务支付的现金	−97 330

5. 支付给职工以及为职工支付的现金

“支付给职工以及为职工支付的现金”项目，反映企业实际支付给职工的现金以及为职工支付的现金，包括企业为获得职工提供的服务，本期实际给予各种形式的报酬以及其他相关支出，如支付给职工的工资、奖金、各种津贴和补贴，为职工支付的医疗、养老、失业、工伤、生育等社会保险基金、补充养老保险、住房公积金，为职工交纳的商业保险金，因解除与职工劳动关系给予的补偿，现金结算的股份支付，以及支付给职工或为职工支付的其他福利费用等，不包括支付给在建工程人员的工资。支付的在建工程人员的工资，在“购建固定资产、无形资产和其他长期资产所支付的现金”项目中反映。应根据职工的工作性质和服务对象，分别在“购建固定资产、无形资产和其他长期资产所支付的现金”和“支付给职工以及为职工支付的现金”项目中反映。

本项目可以根据“库存现金”“银行存款”“应付职工薪酬”等科目的记录分析填列。

【例 13-5】 扬子电子有限公司本期实际支付工资 746 000 元，其中车间工人工资 298 000 元，管理人员工资 327 000 元。本公司职工宿舍楼施工人员工资 40 000 元；按工资总额的 10%缴纳保险费；按照工资总额 1%支付误餐费。

支付给职工的工资	625 000（298 000+327 000）
加：支付的保险费 支付的误餐费用	（625 000×10%）62 500 （625 000×1%）6 250
支付给职工以及为职工支付的现金	693 750

6. 支付的各项税费。

“支付的各项税费”项目，反映企业按规定支付的各项税费，包括本期发生并支付的税费，以及本期支付以前各期发生的税费和预交的税金，如支付的增值税、消费税、所得税、教育费附加、印花税、房产税、土地增值税、车船使用税等。不包括本期退回的增值税、所得税。本期退回的增值税、所得税等，在“收到的税费返还”项目中反映。本项目可以根据“应交税费”“库存现金”“银行存款”等科目的记录分析填列。

【例 13-6】 1 月，扬子电子有限公司支付的增值税、城建税、教育费附加、所得税、印花税、车船税等税款共计 833 011.67 元，本期向税务机关缴纳上月补缴所得税 45 000 元。

本期发生并缴纳的税款	833 011.67
前期发生本期补缴的所得税额	45 000
本期支付的各项税费	878 011.67

13.1.2 投资活动产生的现金流量项目计算

投资活动产生的现金流量净额各个子项目计算方法具体见表 13-3。

表 13-3　　投资活动产生的现金流量净额计算

项　目	计算公式
收回投资所收到的现金	（短期投资期初数－短期投资期末数）＋（长期股权投资期初数－长期股权投资期末数）＋（长期债权投资期初数－长期债权投资期末数）
取得投资收益所收到的现金	利润表投资收益－（应收利息期末数－应收利息期初数）－（应收股利期末数－应收股利期初数）
处置固定资产、无形资产和其他长期资产所收回的现金净额	“固定资产清理”的贷方余额＋（无形资产期末数－无形资产期初数）＋（其他长期资产期末数－其他长期资产期初数）
收到的其他与投资活动有关的现金	如收回融资租赁设备本金等
购建固定资产、无形资产和其他长期资产所支付的现金	（在建工程期末数－在建工程期初数）（剔除利息）＋（固定资产期末数－固定资产期初数）＋（无形资产期末数－无形资产期初数）＋（其他长期资产期末数－其他长期资产期初数） 投资所支付的现金（短期投资期末数－短期投资期初数）＋（长期股权投资期末数－长期股权投资期初数）（剔除投资收益或损失）＋（长期债权投资期末数－长期债权投资期初数）（剔除投资收益或损失）
支付的其他与投资活动有关的现金	如投资未按期到位的罚款

1. 收回投资收到的现金

“收回投资收到的现金”项目，本项目可以根据“交易性金融资产”“债权投资”“其他债权投资”“长期股权投资”“库存现金”“银行存款”等科目的记录分析填列。

2. 取得投资收益收到的现金

“取得投资收益收到的现金”项目，反映企业因股权性投资而分得的现金股利，因债权性投资而取得的现金利息收入。

本项目可以根据“应收股利”“应收利息”“投资收益”“库存现金”“银行存款”等科目的记录分析填列。

3. 处置固定资产、无形资产和其他长期资产收回的现金净额

“处置固定资产、无形资产和其他长期资产收回的现金净额”项目，反映企业出售固定资产、无形资产和其他长期资产（如投资性房地产）所取得的现金，减去为处置这些资产而支付的有关税费后的净额。

本项目可以根据“固定资产清理”“库存现金”“银行存款”等科目的记录分析填列。

【例 13-7】扬子电子有限公司处置固定资产，收回现金 4 500 元。

4. 购建固定资产、无形资产和其他长期资产支付的现金

“购建固定资产、无形资产和其他长期资产支付的现金”项目，反映企业购买、建造固定资产，取得无形资产和其他长期资产（如投资性房地产）支付的现金（含增值税款），以及用现金支付的应由在建工程和无形资产负担的职工薪酬。

本项目可以根据“固定资产”“在建工程”“工程物资”“无形资产”“库存现金”“银行存款”等科目的记录分析填列。

【例 13-8】2019 年 3 月，购入两条生产线，价款共 2 582 480 元，货款已付。本期购建固定资产、无形资产和其他长期资产支付的现金计算如下：

购买生产线支付的现金	2 582 480
本期购建固定资产、无形资产和其他长期资产支付的现金	2 582 480

5. 投资支付的现金

“投资支付的现金”项目，反映企业进行权益性投资和债权性投资所支付的现金，包括企业取得的除现金等价物以外的交易性金融资产、债权投资、其他债权投资而支付的现金，以及支付的佣金、手续费等交易费用。

本项目可根据“交易性金融资产”“债权投资”“其他债权投资”“投资性房地产”“长期股权投资”“库存现金”“银行存款”等科目的记录分析填列。

【例 13-9】本期其他债权投资 4 015 000 元，债权投资1 000 000元，长期股权投资 2 423 950 元，投资性房地产 1 353 500 元。

“投资支付的现金”项目＝4 015 000＋1 000 000＋2 423 950＋1 353 500＝8 792 450（元）

6. 支付的其他与投资活动有关的现金

“支付的其他与投资活动有关的现金”项目，反映企业除上述各项目外，支付的其他与投资活动有关的现金流出。其他与投资活动有关的现金，如果价值较大的，应单列项目反映。

13.1.3 筹资活动产生的现金流量有关项目的计算

筹资活动产生的现金流量净额各个子项目计算方法具体见表13-4。

表13-4　　筹资活动产生的现金流量净额计算

项　目	计算公式
吸收投资所收到的现金	（实收资本或股本期末数－实收资本或股本期初数）＋（应付债券期末数－应付债券期初数）
借款收到的现金	（短期借款期末数－短期借款期初数）＋（长期借款期末数－长期借款期初数）
收到的其他与融资活动有关的现金	如投资人未按期缴纳股权的罚款现金收入等
偿还债务所支付的现金	（短期借款期初数－短期借款期末数）＋（长期借款期初数－长期借款期末数）（剔除利息）＋（应付债券期初数－应付债券期末数）（剔除利息）
分配股利、利润或偿付利息所支付的现金	应付股利借方发生额＋利息支出＋长期借款利息＋在建工程利息＋应付债券利息－票据贴现利息支出
支付的其他与融资活动有关的现金	如发生融资费用所支付的现金、融资租赁所支付的现金、减少注册资本所支付的现金（收购本公司股票，退还联营单位的联营投资等）、企业以分期付款方式购建固定资产，除首期付款支付的现金以外的其他各期所支付的现金等

（1）收回投资收到的现金。

“吸收投资收到的现金”项目，反映企业以发行股票、债券等方式筹集资金实际收到的款项净额（发行收入减去支付的佣金等发行费用后的净额）。

本项目可以根据“实收资本（或股本）”“资本公积”“库存现金”“银行存款”等科目的记录分析填列。

（2）借款收到的现金。

“取得借款收到的现金”项目，反映企业举借各种短期、长期借款而收到的现金。

本项目可以根据“短期借款”“长期借款”“交易性金融资产”“应付债券”“库存现金”“银行存款”等科目的记录分析填列。

【例 13-10】 本期借入长期借款 4 600 000 元，短期借款 360 000 元。

借款收到的现金 4 960 000 元。

（3）“收到的其他与筹资活动有关的现金”项目，反映企业除上述各项目外，收到的其他与筹资活动有关的现金流入，如接受现金捐赠等。其他与筹资活动有关的现金，如果价值较大的，应单列项目反映。本项目可以根据有关科目的记录分析填列。

（4）“偿还债务所支付的现金”项目，反映企业以现金偿还债务的本金。

本项目可以根据“短期借款”“长期借款”“交易性金融资产”“应付债券”“库存现金”“银行存款”等科目的记录分析填列。

【例 13-11】 本期偿还短期借款 1 200 000 元，长期借款 900 000 元。

偿还债务所支付的现金 2 100 000 元。

（5）“分配股利、利润或偿付利息所支付的现金”项目，反映企业实际支付的现金股利，支付给其他投资单位的利润或用现金支付的借款利息，债券利息。

本项目可根据“应付股利”“应付利息”“利润分配”“财务费用”“在建工程”“制造费用”“研发支出”“库存现金”“银行存款”等科目的记录分析填列。

6. 汇率变动对现金及现金等价物的影响

企业外币现金流量折算成记账本位币时，所采用的是现金流量发生日的汇率或即期汇率的近似汇率，而现金流量表“现金及现金等价物净增加额”项目中外币现金净增加额是按资产负债表日的即期汇率折算。这两者的差额即为汇率变动对现金的影响。

13.1.4 编制现金流量表

根据上述资料，编制 2019 年 3 月扬子电子有限公司现金流量表，见

表 13-5。

表 13-5 **现金流量表**

编制单位：扬子电子有限公司 2019 年 1 月 单位：元

项目	本期金额	上期金额
一、经营活动产生的现金流量		
销售商品、提供劳务收到的现金	1 722 450	
收到的税费返还	34 317.50	
收到其他与经营活动有关的现金	21 400	
经营活动现金流入小计	1 778 167.50	
购买商品、接受劳务支付的现金	−97 330	
支付给职工以及为职工支付的现金	693 750	
支付的各项税费	878 011.67	
支付其他与经营活动有关的现金		
经营活动现金流出小计	1 474 431.67	
经营活动产生的现金流量净额	303 735.83	
二、投资活动产生的现金流量		
收回投资收到的现金		
取得投资收益收到的现金		
处置固定资产、无形资产和其他长期资产收回的现金净额	4 500	
处置子公司及其他营业单位收到的现金净额		
收到其他与投资活动有关的现金		
投资活动现金流入小计	4 500	
购建固定资产、无形资产和其他长期资产支付的现金	2 582 480	
投资支付的现金	8 792 450	
取得子公司及其他营业单位支付的现金净额		
支付其他与投资活动有关的现金		
投资活动现金流出小计	11 374 930	

续上表

项目	本期金额	上期金额
投资活动产生的现金流量净额	－11 370 430	
三、筹资活动产生的现金流量		
吸收投资收到的现金		
取得借款收到的现金	4 960 000	
收到其他与筹资活动有关的现金		
筹资活动现金流入小计	4 960 000	
偿还债务支付的现金	2 100 000	
分配股利、利润或偿付利息支付的现金		
支付其他与筹资活动有关的现金		
筹资活动现金流出小计	2 100 000	
筹资活动产生的现金流量净额	2 860 000	
四、汇率变动对现金及现金等价物的影响		
五、现金及现金等价物净增加额		
加：期初现金及现金等价物余额		
六、期末现金及现金等价物余额		

13.2　现金流量表分析

收益质量是指企业财务报告收益与实际业绩之间的相关性。如果收益如实反映企业的实际业绩，则认为企业收益的质量好；如果收益不能很好地反映企业的实际业绩，则认为企业收益的质量不好。反映企业收益质量的财务比率主要有净收益营运指数和现金营运指数。

13.2.1　净收益营运指数

净收益营运指数是指经营净收益与全部净收益的比率。其计算公式为：

$$净收益营运指数=\frac{经营净收益}{净收益}=\frac{净收益-非经营收益}{净收益}$$

$$=经营净收益\div净利润$$

其中，经营净收益＝净利润－非经营净收益

净收益营运指数越小，非经营收益所占比重越大，收益质量越差。

13.2.2 现金营运指数

现金营运指数是指经营现金净流量与经营所得现金的比率。该比率一方面可用来评价净收益的质量，查明账面利润的真实性，即净收益中是否有足够的现金保障，是否存在多计收入、少计费用的现象；另一方面也可作为评价企业生产经营资金周转是否正常、能否持续经营的参考，在已实现的经营收益中，有多少未能及时收回现金，反映出资产管理效率的高低。其计算公式为：

现金营运指数反映企业经营活动现金流量净额与企业经营所得现金的比值，计算公式为：

现金营运指数＝经营活动现金流量净额÷经营所得现金

经营所得现金＝经营活动净收益＋非付现费用

现金营运指数＜1，说明：

（1）一部分收益尚未取得现金，停留在实物或债权形态，收益质量不好；

（2）营运资金增加，反映企业为取得同样的收益占用了更多的营运资金，取得收益的代价增加。

无论是净收益营运指数还是现金营运指数的分析，通常都需要使用连续若干年的数据，仅仅靠一年的数据未必能说明问题。

【例 13-12】 2019 年 3 月，扬子电子有限公司净利润为 875 341.30 元，非付现费用为 8 240 000 元，处置固定资产损失 144 500 元，财务费用为 55 114.84元，投资收益为－10 000 元。经营资产净增加 3 250 000 元。

要求：

（1）计算非经营净收益

＝投资活动净收益＋筹资活动净收益

＝投资收益－处置固定资产损失－固定资产报废损失－财务费用

＝－10 000－144 500－55 114.84＝－209 614.84（元）

经营净收益＝净利润－非经营净收益

＝875 341.30－（－209 614.84）＝1 084 956.14（元）

净收益营运指数＝经营净收益/净利润

＝1 084 956.14÷875 341.30＝1.24

（2）计算经营活动产生的现金流量净额

＝经营净收益＋非付现费用－经营资产净增加－息负债净减少

＝1 084 956.14＋8 240 000－3 250 000

＝6 074 956.14（元）

（3）计算经营所得现金

经营所得现金＝经营活动净收益＋非付现

费用＝1 084 956.14＋8 240 000＝9 324 956.14（元）

（4）现金营运指数

＝经营活动现金流量净额÷经营所得现金

＝6 074 956.14÷9 324 956.14＝0.65

需要注意的是：①用净利润减去非经营净收益后的差额，就是经营净收益，再加上非付现费用，即是经营所得现金（非付现费用不支付现金，但计算净收益时已减去，因此，应该加回）。

②在经营所得现金即“经营净收益＋非付现费用”基础上，减去经营资产净增加、无息负债净减少即得经营活动产生的现金流量净额（这两项都是与净收益无关但减少经营活动现金流量的项目）。

第 14 章 所有者权益变动表

所有者权益变动表反映本期企业所有者权益（股东权益）总量的增减变动情况及结构变动的情况，特别是要反映直接记入所有者权益的利得和损失。

14.1 所有者权益变动表编制方法

所有者权益变动表反映本期企业所有者权益（股东权益）总量的增减变动情况及结构变动的情况，特别是要反映直接记入所有者权益的利得和损失。

14.1.1 所有者权益变动表项目

所有者权益变动表各项目均需填列“本年金额”和“上年金额”两栏。

所有者权益变动表各项目的列报说明

1. “上年年末余额”项目

反映企业上年资产负债表中实收资本（或股本）、资本公积、盈余公积、未分配利润的年末余额。

2. “会计政策变更”和“前期差错更正”项目

分别反映企业采用追溯调整法处理会计政策重要的累计影响金额和采用追溯重述法处理会计差错更正的累积影响金额。

3. “本年增减变动额”项目

（1）“综合收益总额”项目，反映净利润和其他综合收益扣除所得税影响后的净额相加后的金额。

（2）“所有者投入和减少资本”项目，反映企业接受投资者投入形成的实收资本（或股本）和资本溢价（或股本溢价）。

（3）“利润分配”项目，反映企业当年的利润分配金额。

（4）“所有者权益内部结转”各项目，反映企业构成所有者权益各组成部分之间的增减变动情况。

在“所有者权益内部结转”下新增“设定受益计划变动额结转留存收益”明细项目。

其中：①“资本公积转增资本（或股本）”项目，反映企业以资本公积转增资本或股本的金额。

②“盈余公积转增资本（或股本）”项目，反映企业以盈余公积转增资本或股本的金额。

③“盈余公积弥补亏损”项目，反映企业以盈余公积弥补亏损的金额。

14.1.2 所有者权益变动表编制案例

【例 14-1】 2019 年 3 月，扬子电子有限公司有关所有者权益账户年初余额基本年增减变动情况及原因见表 14-1。据此编制所有者权益（股东权益）变动表见表 14-2（上年金额略）。

表 14-1　　有关所有者权益账户 2019 年 3 月变动情况及原因

单位：元

账户	年初余额	本年增加及原因	本年减少及原因	年末余额
实收资本	6 000 000	接受投资 4 751 399 元		10 751 399
资本公积	324 000	0		324 000
盈余公积	298 700	从净利润中提取 56 637.21 元		355 337.21
未分配利润	1 900 000	实现净利润 509 734.86 元	提取盈余公积 56 637.21 元	2 353 097.65
合计	8 522 700	5 317 771.07	56 637.21	13 783 833.86

表 14-2　　所有者权益变动表

编制单位：扬子电子有限公司　　年度：2019　　单位：元

<table>
<tr><th rowspan="3">项　　目</th><th rowspan="3">行次</th><th colspan="10">本年金额</th></tr>
<tr><th rowspan="2">实收资本（或股本）</th><th colspan="3">其他权益工具</th><th rowspan="2">资本公积</th><th rowspan="2">其他综合收益</th><th rowspan="2">盈余公积</th><th rowspan="2">未分配利润</th><th rowspan="2">库存股（减项）</th><th rowspan="2">所有者权益合计</th></tr>
<tr><th>优先股</th><th>永续债</th><th>其他</th></tr>
<tr><td>一、上年年末余额</td><td></td><td>6 000 000</td><td></td><td></td><td></td><td>324 000</td><td></td><td>298 700</td><td>1 900 000</td><td></td><td>8 522 700</td></tr>
<tr><td>加：会计政策变更</td><td></td><td></td><td></td><td></td><td></td><td></td><td></td><td></td><td></td><td></td><td></td></tr>
<tr><td>前期差错更正</td><td></td><td></td><td></td><td></td><td></td><td></td><td></td><td></td><td></td><td></td><td></td></tr>
</table>

续上表

项目	行次	本年金额									
		实收资本（或股本）	其他权益工具			资本公积	其他综合收益	盈余公积	未分配利润	库存股（减项）	所有者权益合计
			优先股	永续债	其他						
二、本年年初余额		6 000 000				324 000		298 700	1 900 000		8 522 700
三、本年增减变动金额（减少以“—”号填列）		4 751 399						56 637.21	453 097.65		5 261 133.86
（一）综合收益总额									509 734.86		509 734.86
（二）所有者投入和减少资本		4 751 399									4 751 399
1. 所有者投入的普通股											
2. 其他权益工具持有者投入资本											
3. 股份支付计入所有者权益的份额											
4. 其他											
（三）利润分配											
1. 提取盈余公积								56 637.21	—56 637.21		0
2. 对所有者（股东）的分配											
3. 其他											

续上表

项　目	行次	本年金额									
		实收资本（或股本）	其他权益工具			资本公积	其他综合收益	盈余公积	未分配利润	库存股（减项）	所有者权益合计
			优先股	永续债	其他						
（四）股东权益内部结转											
1. 资本公积转增资本											
2. 盈余公积转增资本											
3. 盈余公积弥补亏损											
4. 设定受益计划变动额结转留存受益											
5. 其他											
四、本年年末余额		10 751 399				324 000		355 337.21	2 353 097.65		13 783 833.86

14.2 所有者权益变动表分析

所有者权益变动表各项目分析，是将组成所有者权益的主要项目进行具体剖析对比，分析其变动成因、合理合法性、有否人为操控的迹象等事项的过程。所有者权益变动表的主要项目，可以从以下公式具体理解：

本期所有者权益变动额＝净利润＋直接计入所有者权益的利得－直接计入所有者权益的损失＋会计政策和会计差错更正的累积影响＋股东投入资本－向股东分配利润－提取盈余公积

【例 14-2】 天文公司 2018 年实现净利润 580 万元，分配股利 120 万元，增发新股360万元，向甲公司投资，股权占甲公司的40%，甲公司本年亏损60万元，试确定所有者权益变动额。

根据净利润与所有者权益变动额的关系公式，该公司所有者权益变动额为：

580－24－120＋360＝796（万元）

项　　目	人民币（万元）
税后利润	580
加：直接计入所有者权益的利得与损失	－24（60×40%）
减：股利	120
加：新增股本	360
所有者权益净增加额	796
期初所有者权益	4 120
期末所有者权益	4 916

14.2.1　资本收益率

资本收益率是企业在一定时期净利润与平均资本的比率，它反映的是企业获取收益的能力。其计算公式为：

资本收益率＝净利润÷平均资本×100%

其中，平均资本＝［（年初是实收资本＋年初资本公积）＋（年末实收资本＋年末资本公积）］÷2

资本公积＝实收资本中的资本溢价

该比率越高，说明企业自有投资的经济效益越好，投资者的风险越少，值得投资和继续投资。因此，它是投资者和潜在投资者进行投资决策的重要依据。对企业经营者来说，如果资本收益率高于债务资金成本率，则适度负债经营对投资者来说是有利的；反之，如果资本收益率低于债务资金成本率，则过高的负债经营就将损害投资者的利益。

14.2.2　资本保值增值率

资本保值增值率是企业扣除客观因素后的本年年末所有者权益总额与年

初所有者权益总额的比率，反映企业资本的运营效果和状况，是企业当年资本在企业自身努力下的实际增减变动的情况。其计算公式为：

资本保值增值率＝扣除客观因素的年末所有者权益总额÷年初所有者权益总额×100％

资本保值增值结果的分析指标有 3 个，具体内容如图 14-1 所示：

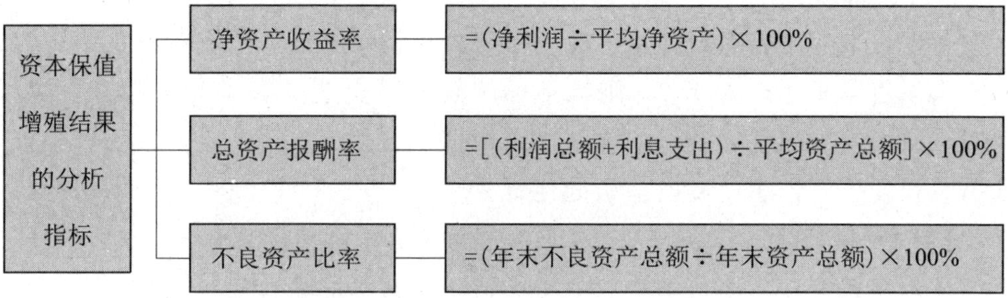

图 14-1　资本保值增值结果的分析指标

一般认为，资本保值增值率越高，表明企业的资本保全状况越好，所有者权益增长越快，债权人的债务越有保障。该指标通常应当大于 100％。

资本保值增值率是指所有者权益的期末总额与期初总额之比，计算公式为：

资本保值增值率＝期末所有者权益÷期初所有者权益×100％

＝扣除客观因素后的年末所有者权益总额÷年初所有者权益总额

【例 14-3】扬子电子有限公司 2018 年财务报表有关资料见表 14-3。

表 14-3　　2018 年财务报表有关资料　　单位：万元

资产负债表项目	年初数	年末数
资产	8 083	9 393
负债	4 749	6 068
所有者权益	4 320	3 860
利润表项目	上年数	本年数
销售收入净额	（略）	3 568
净利润	（略）	2 319

2018 年资本保值增值率＝3 860÷4 320×100％

＝89.35％

14.2.3 资本积累率

资本积累率是指企业本年所有者权益增长额同年初所有者权益的比率。它反映的是企业当年的积累能力，是评价企业发展潜力的重要标志，也是企业扩大再生产的源泉，展示了企业的发展潜力。其计算公式为：

资本积累率＝本年所有者权益增长额÷年初所有者权益×100％

其中，本年所有者权益增长额＝所有者权益年末数－所有者权益年初数

如果资本积累率大于0，则该指标越高表明企业的资本积累越高，应付风险、持续发展的能力越大；如果该指标值小于0，表明企业资本受到侵蚀，所有者权益受到损害，此时应引起注意。

【例14-4】根据表14-3，2018年扬子电子有限公司资本积累率为：

资本积累率＝本年所有者权益增长额÷年初所有者权益×100％

＝（3 860－4 320）÷4 320×100％

＝－10.65％

参考文献

[1] 企业会计准则编审委员会．企业会计准则及应用指南实务详解[M]．北京：人民邮电出版社，2019.

[2] 财政部会计司．企业会计准则第14号——收入应用指南2018[M]．北京：中国财政经济出版社，2018.

[3] 樊剑英，段文涛，王骏．房地产开发企业税收与会计实务大全[M]．北京：中国市场出版社，2018.

[4] 栾庆忠．增值税纳税实务与节税技巧[M]．5版．北京：中国市场出版社，2018.

[5] 林佳良．土地增值税清算指南[M]．5版．北京：中国市场出版社，2018.

[6] 计敏，王庆，王立新．全行业增值税操作实务与案例分析[M]．北京：中国市场出版社，2018.

[7] 栾庆忠．增值税发票税务风险解析与应对(实战案例版)[M]．北京：中国人民大学出版社，2019.

[8] 刘霞，庞思诚．金税三期管控下增值税会计核算及纳税风险实务[M]．上海：立信会计出版社，2018.

[9] 蔡昌．房地产企业全程会计核算与税务处理[M]．4版．北京：中国市场出版社，2018.

[10] 李曙亮．房地产开发企业会计与纳税实务 [M]．2版．大连：大连出版社，2018.

[11] 曾勤，张程程．会计科目设置与应用大全书[M]．北京：人民邮电出版社，2018.

[12] 中华人民共和国财政部．企业会计准则应用指南(2018年版)[M]．上海：立信会计出版社，2018.

[13] 邱银春．新手学会计[M]．北京：清华大学出版社，2018.

[14] 马泽方．企业所得税实务与风险防控[M]．2版．北京：中国市场出版社，2018.

[15] 吴健．新个人所得税实务与案例[M]．北京：中国市场出版社，2018.

[16] 王月明，吴健．企业所得税优惠实务操作指南与案例解析[M]．北京：中国税务出版社，2018.

[17] 本书编写组．中华人民共和国现行税收法规及优惠政策解读[M]．上海：立信会计出版社，2018.

[18] 中国注册会计师协会．会计 CPA [M]．北京：中国财政经济出版社，2018.

[19] 中华人民共和国财政部．企业会计准则(2018版)[M]．北京：经济科学出版社，2017.

[20] 国家税务总局财产和行为税司．契税、耕地占用税政策解读和征管指南[M]．北京：中国税务出版社，2014.

[21] 国家税务总局货物和劳务税司．消费税业务操作手册[M]．北京：中国税务出版社，2014．
[22] 国家税务总局教材编写组．企业所得税汇算清缴实务[M]．北京：中国税务出版社，2016．
[23] 秦东生，于烨．优秀税务会计从入门到精通（零基础学习税务会计入门畅销书）[M]．北京：中国华侨出版社，2015．